체인지 메이커

세상을 전복하고 새로운 규칙을 만드는 변화의 창조자들

체인지 메이커

이나리 지음

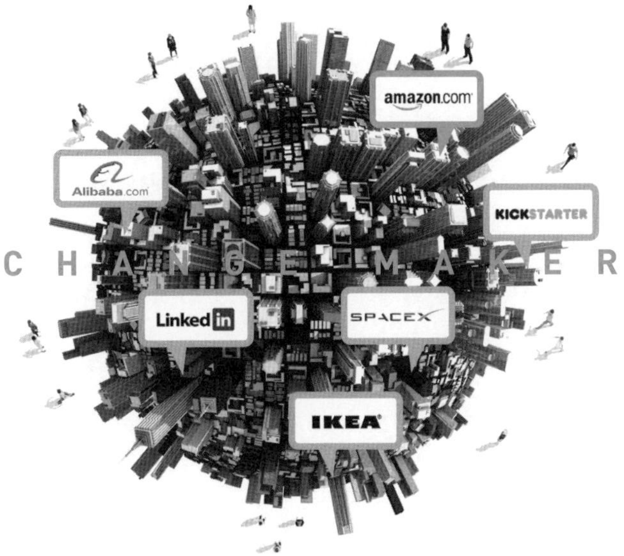

와이즈베리
WISEBERRY

다양한 연결로 만드는 새로운 세상

김범수(카카오 이사회 의장)

세상을 바꾸는 방법은 여러 가지가 있다. '왜 세상을 바꾸는가'에서 '누가 세상을 바꾸는가'로 질문을 바꾸면 '세상 바꾸기Change the World'에 대한 답은 더 분명해진다. 주어진 문제를 해결하는 능력보다, 드러나지 않은 문제를 인지하고 정의하는 능력이 더 중요하기 때문이다. 자신만의 프레임으로, 새로운 방식과 관점으로 문제를 바라보면 훨씬 더 다양한 해결책을 얻을 수 있다. 그리고 이런 새로운 시각을 가진 사람이 세상을 바꾼다. 지금도 세상은 무서운 속도로 변화하고 있고, 곳곳에 수많은 문제들이 숨어 있다. 이런 문제들을 찾아내 정면 돌파하려면 변화를 예측하고 미리 준비해야 한다. 또 남이 아닌 나를 중심으로 세상을 움직이는 용기가 필요하다.

변화, 혁신이라는 단어의 의미가 다소 퇴색된 요즘이지만 여전히 '새로움'이라는 무언가를 만들어내기 위해 다양한 방법으로 노력하는 사람들이 있다. 누군가는 과거 트렌드를 끄집어내어 재창조하기도 하고, 기존 질서를 재편해 게임의 규칙을 바꾸기도 한다. 한때는 괴짜들로 폄하되었을 텐데도 그들은 신념을 갖고 움직였다. 《체인지 메이커》는 바로 그렇게 남다른 아이디어로 변화를 만들어낸 사람들의 용기와 실행력을 담은 책이다.

사실 여기 등장하는 체인지 메이커들을 제대로 소개하자면 각기 책 한 권씩을 써도 부족할 것이다. 이런 그들의 삶을 저자는 남다른 분별력과 정보 소화력으로 탁월하게 재구성했다. 또한 날카로운 통찰력으로 추출해 낸 각각의 성공 키워드와 핵심 메시지들을 구석구석 촘촘하게 배치함으로써 글의 밀도를 높였다. 이는 저자가 다름 아닌 이나리 제일기획 본부장이기에 가능했던 일이라고 생각한다. 이 본부장은 과거 은행권청년창업재단의 기업가정신센터장으로서 한국 최초의 복합 창업 생태계 허브인 D.CAMP를 만든 인물이다. 이를 통해 국내외 창업자와 투자자, 각종 지원기관 등이 협업하고 교류하는 장을 열었다. 또한 우리 사회에 기업가정신의 가치를 드높이고 스타트업 문화를 확산시키는 데 큰 기여를 했다.

지금 우리는 이른바 '연결의 시대'에 살고 있다. 애플과 구글은 경쟁이 심한 기존 IT 시장을 지배하던 기준을 과감히 파괴하고 새로운 연결 생태계를 만들어냈다. 지금의 모바일 기술과 IT 인프라는 소비자의 수요에 즉각적이고 촘촘하게 대응 중이다. 사람과 서비스, 사람과 상품뿐 아니라 사람과 사람, 사람과 정보, 사람과 사물들도 긴밀하게 연결되고 있다. 연결의 무게중심이 웹에서 앱으로 옮겨가는 추세도 뚜렷하다. 이제는 모바일 세상에서 앱으로 모든 것을 보고, 느끼고, 생각하고, 주문하고, 결제하는 시대가 되었다.

연결된 세상과 직면한 플랫폼의 성장 전략 또한 예전 하나의 서비스를 성장시키는 것을 목표로 할 때와는 달라져야 했다. '무엇을 만들어서 어떻게 팔까'가 아닌, '누구를 참여시키고 이들을 어떻게 서로 연결할까'를 먼저 생각해야 하는 것이다. 연결된 모바일 시대에 대해 여러 문제를 인식하고 고민한 끝에 카카오 플랫폼 비즈니스를 구상해 실행할 수 있었다. 다양한 연결을 통해 만드는 새로운 세상에 대한 생각은 여전히 가슴을 뛰게 한다.

과거 인터뷰에서도 수차례 밝힌 것처럼, 나는 삼성SDS 직원이던 때부터 남들과 다른 길을 가려 애썼다. 모두가 프로그래밍에 미쳐 있을 때 나는 PC통신이 가져올 변화를 예견하고 관련 기술 개발에 매달렸다. 6개월 후의 모습을 떠올리며 인터넷이 미래라고 믿었다. 남들이 인지하지 못하는 문제를 발견하고 해결하려고 노력한 것이 힘이 되었다.

아이폰 출시 이후 여러 가지 고민에 빠졌을 때에도 나만의 문제를 찾아내어 다르게 보고자 했다. 모바일로 연결될 세상에 대비해야 한다는 신념으로 카카오 서비스 모델을 구체화하는 데 온 힘을 기울였다. 아울러 전체 생태계를 만들고 부가가치를 창출하며 사회에 영향을 끼치는 것이 중요하다는 철학하에 '플랫폼'을 고민했다. 모바일 시대의 핵심은 커뮤니케이션이라는 판단에 따라 카카오톡을 선보였고, 현재 누적 가입자가 1억 6500명에 달하는 성공적인 서비스로 키울 수 있었다.

이 책에서도 소개되고 있는 '대륙의 실수' 샤오미는 얼마 전까지만 해도 애플의 짝퉁 제조사 정도로 치부되었으나 성장을 거듭해 지금은 세계 시장을 위협하고 있다. 이를 포함한 중국 거대 기업들은 곧 다가올 폭풍을 기다리면서 세상을 바꿀 준비를 하고 있다. 예전에는 이런 위협 속에서도 기회를 엿볼 수 있었는데 이제는 막연한 공포감이 엄습하는 것은 과연 나만의 느낌일까? 어떻게 하면 샤오미, 텐센트, 알리바바와 경쟁하는 새로운 전략을 찾아내어 궁극적으로 세상을 변화시킬 수 있을까. 두렵기는 구글, 페이스북, 우버, 에어비앤비, 테슬라모터스 같은 회사들도 마찬가지다.

이들의 천문학적 기업 가치나 인수 · 합병 소식을 언론을 통해 접할 때면 그들이 과연 어떻게 시작하고 성장했는지 사뭇 궁금해지기도 한다. 어떤 고민으로 출발하여 어떻게 세상을 바꾸었을까, 과연 어떻게 움직였을까? 저자가 찾아낸 이들의 공통점은 바로 자기만의 문제의식을 끝까지 밀어붙이고, 생각을 주저 없이 실행에 옮겼다는 것이다. 기존의 성공 방식을 과감히 탈피하고 세상을 뒤집고자 용기 있게 도전했던 이들 덕분에 세상은 조금씩 앞으로 나아가고 있다. 현재의 성공에 안주할 만도 한데, 이들은 함께 나누고 연결하면 더 많은 사람들이 혜택을 누릴 수 있다는 확신으로 지금 이 순간에도 상생의 생태계를 펼쳐나가고 있다.

저자가 소개하는 Y컴비네이터의 폴 그레이엄이나 세쿼이어 캐피털의 마이클 모리츠가 펼쳐 나가는 액셀러레이터-인큐베이터 모델처럼, 2007년 네이버를 그만둔 시점에 나도 세상과 큰 약속을 해버렸다. 자금과 노하우를 지원함으로써 100명의 능력 있는 벤처 기업인을 탄생시키겠다고 선언한 것이다. '100인의 CEO 성장 프로젝트'라고 명명한 이 계획을 통해 2015년 말 현재 70개 이상의 스타트업을 지원 육성했다. 목표

달성을 눈앞에 둔 셈이다. 실리콘밸리의 페이팔 마피아처럼 성공한 혁신 기업가들이 스타트업들에게 새로운 기회를 제공하기 위해 힘을 합친다면 세상을 보다 나은 곳으로 바꾸는 '소셜 임팩트'를 발휘할 수 있을 것이라고 나는 생각한다.

그런 의미에서 이 책《체인지 메이커》가 던지는 의미는 분명하다. "Just do it", 바로 이것이다. 윌리엄 깁슨의 말대로 "미래는 이미 와 있다. 다만 널리 퍼져 있지 않을 뿐이다." 보이지 않는 세상을 보는 것은 불가능하지만 보이는 세상에서 다른 생각으로 다른 질문을 던져보는 것은 가능하다. 남에게 물어서 쉽게 튀어나오는 답에는 미래가 없다. 깊게 고민하고 단호하게 결정하며 될 때까지 "Do it!", 시도해야 한다. 연결된 세상을 꿈꾸며 나는 그렇게 해왔고, 저자가 소개하는 체인지 메이커들도 마찬가지다. 해보지 못해 후회하는 것보다는 해본 다음 후회하는 것이 낫다.《체인지 메이커》를 통해 변화에 대해 단호한 메시지를 던지는 저자에게 박수를 보낸다.

세상은 누가 바꾸는가?

누군가 "전문 분야가 무엇이냐"고 묻는다면 나는 "사업가entrepreneur 그 자체"라고 답하겠다. 오랜 세월 나는 기자로서, 창업지원기관 리더이자 투자자로서, 또 기업의 신사업 담당 임원으로서 수많은 사업가들을 만나왔다. 그중에는 일국의 경제를 좌지우지할 만큼 거대한 영향력을 가진 사람도 있었고, 이제 막 동네 어귀에 작은 카페를 연 초짜 사장님도 있었다. 특정 분야에서 일가를 이룬 사람들 또한 내게는 넓은 의미에서 사업가다. 남다른 비전과 아이디어, 비상한 노력으로 세상을 바꾸고 자기 삶의 주인으로 우뚝 섰기 때문이다.

이들이 가진 공통점을 한 단어로 축약하면 기업가정신entrepreneurship 이다. 나는 이것을 '기회를 포착해, 제약과 위험 부담을 뚫고, 혁신적 사고와 행동으로 시장에 새 가치를 더하는 것'이라고 정의한다. 미국의 비즈니스 전략 전문가인 캐럴 로스는 저서 《당신은 사업가입니까The Entrepreneur Equation》에서 "각각의 성공은 모두 독특하다. 성공을 복제

해 내기란 대단히 어렵다"고 했다. 나도 동의한다. 하지만 성공에는 분명 최소한의 필요충분조건이 있다. 바로 기업가정신이다.

이는 내게도 평생을 쥐고 갈 화두다. 지금껏 지은 책들을 관통하는 주제 또한 여기서 멀지 않다. 2012년 국내 최대 창업지원 민간기관인 은행권청년창업재단의 운영을 맡게 됐을 때도 애초 권유받은 '사무총장' 대신 '기업가정신센터장'이라는 직함을 고집했다. 5천억 원이나 되는 재원을 제대로 운용해 척박한 한국 창업 생태계를 활성화하려면 무엇보다 필요한 것은 '사무' 능력이 아닌 기업가정신이라고 봤기 때문이다. 같은 기준으로 학벌이나 경력보다 혁신 에너지 넘치는 인재들을 불러 모았고, 이들과 함께 한국 최초의 창업 생태계 플랫폼인 '디캠프D.CAMP'를 창안할 수 있었다. 이후 D.CAMP는 매일 수백 명의 국내외 창업자와 투자자가 몰려드는 동아시아 대표 창업 생태계 허브가 됐다.

디캠프에서 매일 수많은 사업가와 예비창업자들을 만나면서, 더불어 수천억 원 규모의 투자자금 운용을 책임지면서 기업가정신에 대해 더 잘 알고 싶어졌다. 엄청난 수익률을 자랑하는 일급 투자자들은 어떻게 '될성부른 스타트업startup'을 알아볼 수 있을까. 산업 트렌드나 비즈니스 모델도 중요하지만 관건은 역시 핵심 멤버들의 자질일 것이다. 시장에서 어떤 문제를 발견했는가? 수많은 제약과 위험부담 —자금 부족, 법적 이슈, 기술적 한계, 경쟁 심화 등을 무엇으로 돌파했는가? 그 발상과 실행 방식은 충분히 혁신적인가? 이를 통해 세상을 어떻게 바꾸려고 하는가?

생각의 갈피를 잡기 위해 위대한 사업가와 혁신가들의 삶에 천착했다.

마침 중앙일보사 〈중앙선데이〉에 이를 연재할 수 있는 기회가 생겼다.

의논 끝에 시리즈 제목을 '세상 바꾸는 체인지 메이커'로 정했다. 기업가정신을 발휘해 시장과 사회, 지역과 국가, 나아가 인류의 삶을 보다 나은 방향으로 변화시킨 챌린저들을 소개하기로 했다. 2013년 2월 시작한 연재는 만 2년을 훌쩍 넘도록 이어졌다. 그 탐색의 결과물들을 종합하고 업그레이드한 것이 이 책이다.

여기 등장하는 마흔세 명의 체인지 메이커들은 저마다의 영역에서 놀라운 혁신으로 이전에는 없던 뭔가를 만들어낸 사람들이다. 창업가도 있고, 엔지니어나 과학자, 사회혁신가도 있다. 이들에게는 뚜렷한 공통점이 있는데, 이를 기업가정신의 주요 요소 혹은 성공 창업의 필수 덕목이라고 봐도 크게 틀리지 않을 것이다.

남은 미처 발견하지 못한 문제를 찾아 해결을 도모한다

체인지 메이커는 '문제와 결혼한 사람'이다. 남들은 심상하게 넘겨버리는 것들에서 반드시 해결하고픈 문제를 찾아낸다. 유니클로는 창업자 야나이 다다시가 "왜 옷은 라면이나 간장처럼 부담 없이 살 수 없을까"라는 문제의식으로부터 시작한 사업이다. 발명가이자 소프트웨어 엔지니어인 짐 뉴튼은 자신처럼 '만들기'가 취미인 사람들이 좀더 쉽게 각종 장비를 빌려 쓸 수 있는 방법을 고심하다 '테크숍'을 창업했다. 알리바바 창업자 마윈은 이런 말을 했다. "많은 이들이 불만을 갖고 있는 것에 감사한다. 사람들이 불평불만할 때야말로 당신에게는 기회다."

기술 발달로 인한 세계의 변화에 호기심과 사명감을 느낀다

하루가 멀다 하고 등장하는 신기술, 새 비즈니스 모델들은 종종 우리를 혼란과 불안에 빠뜨린다. 뒤처지는 느낌이 싫어서, 혹은 그저 골치가 아파 이런 이슈들과 담 쌓고 사는 이들이 적지 않다. 반면 체인지 메이커들은 '새 것'에 대한 방어벽이 현저히 낮다.

이들에게 기술은 두려움의 대상이 아니라, 문제 해결을 위한 최고의 파트너다. 엘론 머스크는 영화 〈아이언맨〉의 주인공 캐릭터에 영감을 준 것으로 유명한 실리콘밸리 대표 창업자다. 그는 대학 시절 인류의 미래에 대해 깊은 고민에 빠졌다고 한다. 언젠가 지구는 여러 위협으로 인해 결국 종말을 맞을 것이다. 이를 막으려면 어떻게 해야 할까. 그는 인터넷과 화성 개척, 청정 에너지 개발에 답이 있다고 봤다. 머스크가 인터넷 결제 시스템인 페이팔을 창업하고, 그렇게 번 돈으로 다시 전기차 회사 테슬라모터스, 태양광업체 솔라시티, 우주항공기업 스페이스X를 일으킨 연유다.

마이클 모리츠 세쿼이아 캐피털 회장은 당대 최고의 기술산업 투자자다. 하지만 그는 기술을 모른다. 대학에서는 역사학을 전공했고, 전직은 미국 시사 주간지 〈타임〉의 기자였다. 대신 그는 테크놀로지가 세계의 변화에 어떤 영향을 끼칠 것인지에 대한 통찰력이 있다. 기술은 그 자체보다는 각종 사회, 경제, 문화 시스템과의 상호작용을 통해 우리 삶을 바꾼다. 인터넷은 세상을 보다 평평하게 만들 수도 있고, 반대로 부의 집중을 가중시킬 수도 있다. 로봇은 인간의 가장 충실한 보조자가 될 수 있는 한편, 어쩌면 인류 멸망의 도화선이 될지도 모른다. 그래서 대부분의 체인지 메이커들은 독서광이다. 기술이 양날의 칼임을 누구보다 잘 알고 있기 때문이다.

'나를 둘러싼 사람들'이 곧 나 자신이다

드루 휴스턴 드롭박스 창업자는 2013년, 모교인 MIT에서 졸업식 축사를 했다. 그는 이 자리에서 '사람을 둘러싼 원circle'에 대해 이야기했다. "1분만 생각해 보라. 당신이 대부분의 시간을 함께 보내는 5명의 사람circle of 5은 누구인가?" 그는 재능 또는 노력만큼이나 어울리는 사람이 누구이냐가 중요하며, 그것이 사람의 미래를 결정한다고 말했다.

실제 체인지 메이커들은 때때로, '무엇을 아느냐'보다 '누구를 아느냐'가 더 중요하다는 점을 이해한다. 체인지 메이커는 남다른 꿈을 꾸고 독특한 시도를 하는 사람들이다. 이들에게는 그 가치를 알아봐 주는 투자자, 함께 어려움을 헤쳐갈 동반자, 지식과 경험이 탁월한 조언자가 반드시 필요하다. 도움을 받을 수 있는 가장 좋은 방법은 평소 그와 같은 사람들과 어울리며 관계의 폭과 깊이를 더해 가는 것이다.

예를 들어 테슬라모터스의 엘론 머스크, 링크트인의 리드 호프먼, 팰런티어의 피터 틸, 유튜브의 스티브 첸 창업자는 모두 '페이팔 마피아'의 일원이다. 과거 페이팔에서 함께 일했던 이들은 회사를 이베이에 판 뒤에도 끈끈한 유대를 이어가며 오늘날 실리콘밸리를 대표하는 회사들을 수십 개 공동 창업 또는 공동 투자했다. 알리바바의 마윈은 제리 양 야후 창업자를 통해 손정의 소프트뱅크 회장을 만난 덕분에 중국 혁신산업계의 대부가 될 수 있었다.

에어비앤비는 세계 최고의 스타트업 액셀러레이터인 Y컴비네이터에 합류함으로써 실리콘밸리 심장부로 단번에 치고 들어갈 수 있었다. 그러니 체인지 메이커가 되고 싶다면 무엇보다 사람 보는 눈을 높여야 한다. 주변에 있는 보석 같은 사람들을 알아볼 수 있어야 한다. 어떤 집단에 속할 것인지를 주체적으로 판단하고 공들여 관리해야 함은 물론이다.

거부와 비난, 손가락질에 흔들리지 않는다

체인지 메이커는 거부당하는 데 익숙하다. 브루스 크라우더가 영국 랭커셔의 소읍 가스탱에서 처음 공정무역 운동을 시작했을 때 주민들의 반응은 냉담하기 그지없었다. 하지만 그는 꿋꿋이 버텼고, 결국 꿈속에서 얻은 영감에 힘입어 가스탱을 세계 1호 공정무역 마을로 탈바꿈시키는 데 성공했다.

글로벌 IT업계에서 샤오미만큼 '뒷말'이 많았던 회사도 드물 것이다. 이 회사 창업자 레이쥔은 2014년만 해도 '짝퉁 스티브 잡스', 여기서 만든 스마트폰은 '짝퉁 아이폰'으로 불리곤 했다. 오죽하면 회사 별명마저 '대륙의 실수'였을까. 하지만 레이쥔은 개의치 않았다. 실제 당시 샤오미는 애플을 비롯한 실리콘밸리 회사들을 열심히 벤치마킹하고 있었고, 레이쥔 또한 잡스의 옷차림까지 그대로 따라 하며 화제를 불러일으키려 애썼다. 1년여 뒤 결국 샤오미는 중국 스마트폰 시장에서 애플을 앞섰다. 사물인터넷IoT 영역에서는 심지어 세계적 트렌드를 선도하기 시작했다.

차량 공유 플랫폼 우버, 숙박 공유 플랫폼 에어비앤비처럼 세계 각지의 지역자치단체들과 다양한 갈등을 빚고 있는 회사들도 있다. 음악 스트리밍 서비스 스포티파이, 온라인 서점으로 출발한 아마존, 온라인 비디오플랫폼 넷플릭스 등은 혁신적 비즈니스 모델로 기존 업계를 해체하다시피 해버렸다. 그 과정에서 엄청난 비난과 심각한 갈등에 시달렸음은 물론이다. 체인지 메이커들이 추구하는 변화는 종종 이렇게 '파괴'의 양상을 띤다. 그 폐허 위에 변화를 위한 새로운 질서를 정립하는 것이 체인지 메이커의 숙명이기 때문이다.

계획대로 되는 일은 아무것도 없음을 안다

창업이 됐든 사회 혁신이나 발명, 예술 프로젝트가 됐든 애초 그렸던 아이디어가 마지막까지 유지되는 일은 생각보다 드물다. 막상 해보지 않고는 알 수 없는 것들이 많기 때문이다. 그런 난관에 부딪혔을 때 핵심 비전을 포기하지 않는 가운데 새 해결책을 찾고, 필요하다면 사업 전체를 재검토하는 용기를 내는 것 또한 체인지 메이커가 할 일이다.

앤디 루빈은 안드로이드라는 모바일 운영체제OS를 정립하기까지 이루 셀 수 없을 만큼 많은 시행착오를 거쳤다. 페이팔도 비즈니스 모델을 여섯 번이나 바꿨다. 아마존, 자포스, 스포티파이 같은 온라인 기업들은 지금도 고객 반응에 근거해 크고 작은 수정을 가하는 것이 일상이다.

그래서 링크트인 창업자 리드 호프먼의 사업철학은 '생각은 크게, 행동을 빠르게Think big, act fast'이다. 당장 먹힐 것 같은 소소한 아이템에 집중하는 것이 아니라, 지금은 작은 시장이지만 시대의 흐름 속에 갈수록 가치가 커질 영역을 겨냥해 존재감을 빠르게 갖춰나가라는 것이다.

훌륭한 팀워크야말로 리더의 핵심 역량이다

Y컴비네이터는 엑셀러레이팅 대상 스타트업을 뽑을 때 창업자가 몇 명이냐를 따져 묻는 것으로 유명하다. 반드시 2명 이상이어야 한다는 것이 그레이엄의 생각이다. 스타트업은 "40년간 할 일을 4년 동안 하는 것"이다. 그만큼 엄청난 노력과 체력, 지력이 요구된다. 많은 체인지 메이커들이 이 과정을 넘기지 못해 사업을 접는다. 하지만 소수의 팀은 스스로의 신념을 믿고 어떻게든 이 보릿고개를 넘는다. 이때 큰 힘이 되는 것이 바로 공동 창업자의 존재다. 피터 틸 또한 "세상을 더 나은 곳으로 변화시킨 주체는 일종의 사명감으로 똘똘 뭉친 소규모 집단"이라고 말한다.

실수를 인정하고 실패로부터 배운다

'실패'를 주제로 한 '페일콘 Failcon'이라는 컨퍼런스가 있다. 2011년 이 무대에 우버 창업자 트래비스 칼라닉이 섰다. 그는 2000년, 대학까지 중퇴하고 초기 멤버로 합류했던 스타트업이 저작권 소송에 휘말려 파산한 이야기를 했다. 실의에 빠진 나머지 하루 14시간씩 침대에 누워 있었다고 한다. 하지만 곧 털고 일어나 새 회사를 만들었다. 이전 회사에서의 교훈에 따라 저작권만큼은 확실히 챙겼다. 문제는 엉뚱한 곳에서 터졌다. 공동 창업자와의 사이가 돌이킬 수 없이 틀어진 것이다. 결국 상대방이 직원 대부분을 데리고 회사를 그만둬 버렸다. 그런데도 칼라닉은 3년간 월급 없는 생활을 견딘 끝에 회사를 성공적으로 매각했다. 이후 다시 우버를 창업했을 때에는 애초 내세웠던 CEO를 끌어내리면서까지 경영권을 강화했다. 역시 직전 회사에서의 경험 때문이었을 것이다.

레이쥔은 샤오미 창업 전 킹소프트라는 소프트웨어 회사의 사장이었다. 마이크로소프트에 맞서 워드프로세서와 오피스 프로그램 개발에 올인했지만 쉽지 않았다. 사장이 된 지 11년 만인 2007년, 다섯 차례 시도 끝에 겨우 회사를 증시에 상장한 뒤 사표를 내버렸다. 이전 방식에 매몰된 나머지 새로 열린 인터넷 시장에 진입하지 못했고, 결국 회사와 직원들에게 큰 손해를 끼쳤다는 죄책감 때문이었다. 하지만 레이쥔은 이때의 뼈아픈 반성을 지렛대 삼아 모바일 세상에만큼은 누구보다 저돌적이고 혁신적인 방식으로 뛰어들었다.

체인지 메이커들은 직원들에게도 '실패할 권리'를 강조한다. 이케아 창업자인 잉바르 캄프라드가 쓴 글 중에는 이런 구절이 있다. "실수는 행동하는 자의 권리다. 실수를 할까 두려워하는 것은 관료주의의 요람이고 모든 발전의 적이다. 백 퍼센트 옳은 결정이란 없다. 추진력 있게 일해 보면 그 결정이 올바른 것이었는지 알게 될 것이다. 우리는 실수를 얼마든지 허락한다."

때때로 '미친 결정'을 한다

체인지 메이커들은 때로 이해하기 힘든 결정을 한다. 특별한 성장의 계기를 마련하기 위해서는 비상한 전략이 필요하다는 것이 가장 큰 이유일 것이다. 또 때로는 신념을 지키기 위해, 가끔은 일반인들이 상상하기 힘든 생각의 스케일로 인해 결단을 내린다.

넷플릭스의 리드 해스팅스는 2011년, DVD 대여사업을 축소하고 동영상 스트리밍 서비스 가격을 60퍼센트 인상한다는 발표를 했다. DVD

와 스트리밍, 양쪽 소비자 모두로부터 엄청난 항의가 쏟아졌다. 가입자 80만 명이 이탈하고 주가는 4분의 1로 떨어졌다. 각종 매체들은 잇따라 그에게 '그해 최악의 기업인'이라는 불명예를 안겼다. 하지만 해스팅스의 결단은 결과적으로 탁월한 선택이었다. 소비자들은 넷플릭스의 편리함과 다양한 콘텐츠에 끌려 결국 이전보다 비싼 가격에 재가입을 신청했다. 아울러 스트리밍 서비스 중심 기업이 됨으로써 넷플릭스는 국경 없는 인터넷을 통해 글로벌 시장에 진출할 수 있게 됐다.

테슬라모터스의 엘론 머스크는 2014년, 회사가 가진 핵심 기술 관련 특허 모두를 일반에 공개해 버렸다. 보다 많은 기업들이 전기차 생산에 뛰어들게 해, 시장의 파이 자체를 키우려는 대담한 발상이었다. 2009년 미국 금융 위기 당시 코스트코 창업자 제임스 시네갈은 직원을 해고하기는커녕 외려 이후 3년간 시급 1.5달러를 인상했다. "경제가 어려우니 월급을 더 줘야 한다"는 것이었다.

피터 틸은 저서 《제로 투 원》에서 이렇게 주장했다. "사회를 위해서 정말로 좋은 일은 뭔가 남들과 '다른' 일을 하는 것이다…가장 덤벼볼 만한 문제는 아무도 해결해 보려고 하지조차 않은 문제일 때가 많다."

돈이 목적은 아니다

체인지 메이커인 창업자들에게 가장 큰 목적은 돈이 아니다. 빌 게이츠 마이크로소프트 창업자, 워렌 버핏 버크셔해서웨이 회장, 마크 저커버그 페이스북 창업자는 물론, 이 책에 등장하는 대부분의 억만장자들이 재산의 상당 부분을 이미 기부했거나 기부하기로 약정했다.

이들의 특징은 돈만 내놓는 것이 아니라, 자신의 혁신 역량 자체를 자선사업에 투여한다는 것이다. 창업을 통해 시장을 바꿨듯 세상 또한 바꾸려 한다.

이들에게 또 하나 중요한 것은 '가슴 뛰는 삶'이다. 아마존의 제프 베저스는 오래전 연설에서 자신이 왜 인터넷 사업에 뛰어들게 됐는지를 이렇게 설명했다. "80세가 되면 어떨까 상상했다. 그때 삶을 돌아보며 월스트리트에서 받던 보너스를 포기한 일을 후회할 가능성은 없을 것 같았다. 어쩌면 기억나지도 않을 것이다. 하지만 인터넷이란 세계, 내 마음속 열정이 향하는 그 세계에 뛰어들지 않은 것은 크게 후회할 것 같았다. 설령 실패한다 해도 후회하지 않을 거라 생각했다."

리누스 토발즈는 자신이 개발한 컴퓨터 OS인 리눅스를 무료 개방함으로써 엄청난 재산을 포기한 셈이 됐다. 왜 그랬을까. 토발즈의 대답은 "그냥 재미로 Just for fun"이다. 엔지니어라면 누구나 아는 사실, 그러니까 기술적 문제를 해결했을 때 목덜미 털이 쭈뼛 설 정도의 짜릿한 기분이 너무 좋아 그 일을 했을 뿐이라고 말한다.

요즘처럼 먹고 살기 힘든 시대에 이런 체인지 메이커들의 지향과 스케일은 일견 비현실적인 것으로 보일지 모른다. 양질의 일자리는 줄어들고 경쟁은 더욱 치열해진다. 미친 듯 일하고 밤새워 공부해도 계층 상승의 사다리를 찾기 힘들다. 더구나 이는 우리나라만의 문제가 아니다. 세계의 경제 시스템과 메커니즘 자체가 대격변의 시기를 맞고 있기 때문이다.

과거 유효했던 각 산업 분야의 가치 사슬은 이미 걷잡을 수 없이 붕괴

되고 있다. 데이터의 폭발적 성장과 이를 실시간 분석할 수 있는 기술의 발달은 기존 대기업 중심의 경제구조를 뿌리째 흔들고 있다. 이제는 거대 자본 없이도 유전자 분석, 스마트폰 제조, 방송국 설립부터 전국 단위의 유통망 구축까지 가능하다. 서울 내 방에 앉아 전 세계를 상대로 옷을 팔 수도 있고, 노트북 컴퓨터 하나로 해외의 특정 사이트에 광고를 집행할 수도 있다. 소프트웨어 가격과 서버 구축 비용 또한 나날이 떨어진다. 창업하기 좋은 시대, 한편으로는 창업 외엔 별 방법이 없는 시대다.

더 이상 평생 직장이라는 에스컬레이터는 없다. 부모님 세대의 성공 방정식은 이제 통하지 않는다. 리드 호프먼의 말마따나 나 자신이라는 스타트업을 경영해야 한다. 시장의 변화를 읽고, 민첩하게 움직이며, 합리적 위험을 감수해야 한다. 이제야말로 한 번쯤 나만의 승부를 걸어볼 만한 때가 된 것이다. 단, 체인지 메이커여야 한다.

그러니 이 책을 자신의 체인지 메이킹 역량을 가늠해 보는 도구로 써도 좋을 듯하다. 특히 창업과 취업 사이에서 고민 중인 사람, 오랜 직장생활 끝에 독립을 꿈꾸는 사람, 작게라도 내 일을 시작해 보려는 사람, 나만의 방식으로 세상의 변화를 이끌어내고 싶은 사람이라면 여러 팁을 얻을 수 있을 것이다. 대기업의 신사업이나 혁신 업무 담당자, 창업 관련 정책을 다루는 사람, 10~20대 자녀를 둔 부모에게도 도움이 되리라고 본다. 무엇보다 최신 산업 트렌드의 핵심을 쉽고 재미있게 흡수하고 싶은 분들에게 매우 유용할 것이다.

오랜 기간 귀한 지면을 내어주신 〈중앙선데이〉 편집국, 내 마감 스트레스를 받아주느라 고생한 가족, 참고자료 리스트업을 도맡아준 김혜연님,

무엇보다 늘 시간에 쫓기는 저자를 너그러이 보듬어준 와이즈베리 출판사에 두루 감사드린다.

차례

PART 5 거래의 규칙을 바꾸다

PART 6 열린 플랫폼으로 혁신하라

PART 7 소통의 지평을 넓히다

PART 8 지구촌 문제에 도전하다

PART 1

답은 사람에게 있다

01

전 세계 창업자의 스승

Y컴비네이터

폴 그레이엄 Paul Graham

- Y컴비네이터 공동 창업자
- 비아웹 공동 창업자
- 《해커와 화가》 저자

Y컴비네이터 데모데이　　출처: www.mattermark.com

얼마 전까지만 해도 소수의 관심사였던 단어들이 요즘 부쩍 자주 들린다. '스타트업', '엑셀러레이터', '벤처캐피털VC', '엑시트' 같은 것들이다. 창업에 대한 관심이 그만큼 높아졌기 때문이다.

스타트업Startup은 신생 벤처기업을 뜻한다. 엑셀러레이터Accelerator는 초기 자금, 멘토링, 네트워크 등을 제공하는 스타트업 육성 시스템이다. 이 단계를 잘 마치면 벤처캐피털VC, Venture Capital, 즉 창업투자사의 본격적인 투자 대상이 된다. 이후 성공적인 기업 활동으로 증권시장에 상장되거나 높은 가치로 인수·합병이 되면 이를 엑시트Exit라고 한다.

창업이 일종의 '시대적 어젠다'가 되면서 이 정도도 모르면 어느 자리에서든 대화에 끼어들기 어렵게 됐다. 대신 공허한 말잔치가 흔하다. 짧은 경험과 지식을 내세워 스스로를 창업 구루Guru나 멘토로 포장하는 이들이 크게 늘었다. 아마도 우리나라에 '스타트업—엑셀러레이팅—투자—엑시트'의 사이클을 실제 경험해 본 이들이 많지 않기 때문일 것이다. 창업 생태계가 그만큼 덜 여물었다는 뜻이다. 그러다 보니 이스라엘이니 어디니 다른 나라에서 잘하는 것을 따라 하자는 이들이 많다. 이왕 그럴 거면 '진짜 원조'를 배웠으면 싶다. Y컴비네이터Y-Combinator, YC 말이다.

YC는 세계 최초의 엑셀러레이터다. 실리콘밸리 창업의 역사는 YC 이전과 이후로 나뉜다. 우리가 지금 엑셀러레이팅이라고 부르는 창업 지원 시스템의 핵심 요소들을 창안한 곳이다. 경제 잡지《포브스》가 매년 선정하는 '세계 최고의 엑셀러레이터' 순위에서 1위를 놓친 적이 없다. 2005년 설립된 이후 YC는 30개국, 7백 개가 넘는 스타트업을 탄생시켰다. 그중 생존에 성공한 회사들의 평균 기업가치는 2012년 초 이미 5천만 달러(약 580억 원)를 넘어섰다. YC의 '작품' 중 하나인 드롭박스의 기업가치는 2015년 6월 기준 1백억 달러(약 11조 5천억 원)에 이른다. 글로벌 숙박 공유 서비스 에어비앤비Airbnb의 기업가치는 무려 240억 달러(2015년 6월 기준)를 돌파했다. 미국의 세계적인 IT 잡지《와이어드》는 YC를 '스타트업 신병 훈련소boot camp'라고 명명했다.

그 결과 YC는 전 세계의 인재들이 가장 선망하는 엑셀러레이터가 됐다. 페이스북 창업자 마크 저커버그 같은 거물들이 멘토를 자청한다. 성과의 중심에는 창업자 폴 그레이엄Paul Graham이 있다. 미국 경제 전문지《Inc.》는 그에게 '스타트업 구루'라는 별명을 붙여주었다. 그가 에세이를 올리는 개인 홈페이지(paulgraham.com)는 세계에서 가장 유명한 창업 관련 사이트 중 하나다.

세계 최고, 최대의 스타트업 신병 훈련소

영국에서 태어나 미국에서 성장한 그레이엄은 학창 시절, 본인 표현에 따르면 전형적인 '너드nerd(얼간이, 컴퓨터 마니아, 촌스러운 공부벌레 등을 뜻한다)'였다. 학교 공부를 경멸하고 또래 집단에 섞이길 거부했던 그는 코넬대학교 철학과에 들어갔다. 원래 꿈은 작가였지만 방향을 바꿔 하버드대학교 대학원에서 컴퓨터 과학 박사 학위를 받았다. 그리고 세계적인 명문 로드아일랜드스쿨오브디자인RISD(약칭 리즈디)에서 정식으로 미술 교육까지 받았다. 그에게 예술과 프로그래밍은 본질적으로 같은 행위다. 자신의 책 《해커와 화가Hackers & Painters : Big Ideas from the Computer Age》에서 그는 "해커(일급 프로그래머)는 과학자라기보다 창조자에 가깝다"고 주장한다. 《Inc.》는 이런 그를 '극히 뛰어난 지능'을 가진 '약간 거만한 사내'로 묘사했다.

1995년 폴 그레이엄은 친구와 비아웹Viaweb이라는 세계 최초의 웹 기반 애플리케이션 회사를 설립했다. 3년 뒤 야후는 이 회사를 4960만 달러에 인수했다. 지금의 '야후 스토어'다. 이후 그레이엄은 새 컴퓨터 프로그래밍 언어Arc를 창안하고, 스팸 필터링 원천 기술을 개발하는 등 전설적인 해커의 반열에 올랐다. 그리고 2005년, 하버드대학교 컴퓨터 학회에서 했던 강연이 그의 인생을 또 한 번 바꿔놓았다.

그는 몇몇 인터뷰에서 이렇게 설명했다. "창업에 대한 일장 연설을 하고 난 뒤 학생들과 얘기를 나누다 '나도 엔젤Angel(초기 개인투자가)이 없었다면 스타트업을 못했겠지'라는 생각이 들어 YC를 시작했다." 당시의 강연을 정리한 '스타트업을 어떻게 스타트할 것인가How to Start a

Startup?'라는 제목의 글은 이후 IT 분야 창업자들의 바이블이 됐다.

핵심 메시지는 간단하다. "창업에 성공하려면 좋은 사람들과 시작하고, 고객이 정말 원하는 것을 만들며, 돈을 최대한 아끼라"는 것이다. 아이디어란 실상 그리 중요하지 않으며, 강박적일 만큼 무섭게 일하는 파트너를 구하고, 첫 번째 서비스를 무조건 빨리 내놓아야 한다는 조언도 곁들인다. 공동 창업자 간 지분 분배는 '모두 약간씩 박하다는 느낌이 들 정도'가 적당하다는 식의 현실적인 가이드라인도 제시한다. 무엇보다 스타트업은 '40년 할 일을 4년에 몰아서 할 만큼의' 엄청난 노력과 체력을 요구하지만, 세상의 부富를 창출하는 데 이보다 더 빠르고 좋은 길은 없다고 강조한다.

이런 생각에 따라 그해 여름 그레이엄은 비아웹의 옛 동료들, 그리고 훗날 아내가 된 제시카 리빙스턴과 함께 YC를 설립했다. 비아웹 매각 등을 통해 번 돈을 재투자한 것이다. 이어 엑셀러레이팅의 표준이 된 프로그램을 시작했다. 될성부른 예비 창업자를 뽑아 한 팀(2~4명)당 1만 4천~2만 달러의 초기 자금을 지원하고, 3개월간 집중적인 멘토링과 기술 및 경영 조언을 제공하며, 그 대가로 약 6퍼센트의 지분을 받는다. 13주 차에는 유력 투자가들을 초대해 '데모 데이'를 갖는다. 데모 데이demoday는 스타트업이 투자가 앞에서 사업 모델과 성과, 비전 등을 프레젠테이션하는 일종의 발표회다. 이런 프로그램을 매년 1~3월, 6~8월 두 차례 진행한다.

이것 못지않게 중요한 것이 매주 화요일 저녁에 열리는 '만찬'이다. 2013년 3월 미국 출장 중 캘리포니아 주 마운틴뷰에 있는 YC를 찾았을 때 만난 한 멤버는 "실리콘밸리 유력 투자가와 멘토들이 참여하는 만찬이야말로 YC의 진면목을 보여준다"고 말했다. 아무리 돈이 많고 유명해도 YC 특유의 '검증'을 통과하지 못하면 그 만찬에 초대받을 수 없다. 만찬에서 나눈 대화를 밖에 나가 퍼뜨리지 않는 것도 불문율이다. 이렇게 모인 사람들은 늦은 저녁까지 새로운 아이디어와 투자에 대해 토론하고 조언을 주고받는다. 그야말로 실리콘밸리 네트워크의 결정판이다.

미국의 벤처투자가이자 블로거 프레드 윌슨은 "그레이엄은 아이들(창업자들)에게 돈만 주는 것이 아니라 방법론과 가치 체계까지 알려준다. YC는 단순한 투자회사가 아니라 컬트cult(종교집단)이며, 그레이엄은 그 교주"라고 평했다.

2014년 2월 그레이엄은 YC 공식 블로그를 통해 CEO에서 물러나기로 했다고 밝혔다. YC 1기 출신으로 창업에 성공한 샘 올트먼이 다음 CEO를 맡게 됐다. 1986년생인 올트먼은 스탠퍼드대학교에 다니던 2005년 모바일 위치추적 기술업체 '루프트'를 창업해 2012년 4300만 달러에 매각했다. 블로그에 올린 글에서 그레이엄은 "YC는 성장해야 하며 그 일에 가장 알맞은 사람은 내가 아니다. 진화 단계에 있는 YC가 필요로 하는 사람은 샘"이라고 설명했다. 아울러 "스타트업 창업이 활성화되면서 10년 뒤면 지금보다 훨씬 많은 회사가 탄생할 것"이라며, YC 역시 향후 상황에 걸맞게 조직의 규모를 키워야 한다고 강조했다.

물론 이후에도 그레이엄은 여전히 스타트업 멘토링에 적극 참여하며, 실리콘밸리 여론과 투자의 향배를 이끄는 '큰손'으로 막강한 영향력을 행사하고 있다. 2014년 12월에는 자신의 블로그를 통해 "소프트웨어 개발자의 이민을 확대해야 한다"는 주장을 강하게 펼쳐 국제적으로 화제를 모았다. 그는 이 글에서 "이민 반대론자들은 그저 경쟁력 있는 프로그래머와 예외적인 인물의 역량 차이가 어마어마하다는 것을 알지 못한다"고 말했다. 훈련을 통해 경쟁력 있는 사람으로 키울 수는 있지만 특출한 인재를 배출할 수는 없다는 것이다. 진정 뛰어난 개발자와 보통 사람의 차이는 '측정할 수 없을 정도'이며, 그들은 "프로그래밍 자체에 재미를 느끼는 사람"이라고 강조했다. 그런 만큼 미국의 IT 기업들이 자국 내에서만이 아니라, 세계 인구의 95퍼센트가 살고 있는 해외에서 역량 있는 개발자들을 마음껏 데려올 수 있어야 한다고 역설한다.

재능을 타고난 1퍼센트의 인재, 특히 천재적 개발자에 대한 그레이엄의 확신과 편애는 유명하다. 그의 책《해커와 화가》의 주제 또한 그것이다. 민주당 지지자들이 대부분인 실리콘밸리에서 그는 몇 안 되는 공화당 지지자이기도 하다. 그런 성향 때문에 가끔은 설화에 휘말리거나 논란의 중심에 서기도 한다. 그런데 이런 고집과 집요함, 주변을 의식하지 않는 태도는 국내외 성공한 창업자들에게서 흔히 볼 수 있는 특징이다. 업종이 무엇이고 정치적 성향이 어떻든, 창업자는 남의 기준이 아닌 자신의 기준에 따라 삶을 헤쳐 나가는 이들이다. 그리고 그레이엄은 그런 이들이 가장 존경하는 인물 중 하나다. 실리콘밸리는 물론 세계 스타트업 생태계의 역사를 바꿔버렸으니 말이다.

02

실리콘밸리 생태계를 디자인하다

세쿼이아 캐피털

마이클 모리츠 Michael Moritz

- 세쿼이아 캐피털 회장
- 구글, 페이팔, 링크트인, 알리바바, 시스코, 유튜브의 투자자 겸 멘토
- 전 〈타임〉지 기자

세쿼이아 캐피탈 HQ 출처 www.tgp-inc.com

'2014년 세계 산업계 최고의 사건'을 꼽는다면 아마도 알리바바그룹Alibaba의 뉴욕 증시 상장일 것이다. 그해 9월 상장 이후 50여 일 만에 알리바바의 주가는 50퍼센트가량 올랐다. 연말 시가총액은 우리 돈으로 310조 원을 돌파했다. 덕분에 알리바바 창업자 마윈은 중국 최고 부자가 됐다. 최대 투자자인 손정의 소프트뱅크 회장 역시 일생일대의 성취를 이루었다. 이 가운데 뒤에서 가만히 웃고 있는 남자가 있었다. 미국 실리콘밸리 벤처투자사 세쿼이아 캐피털Sequoia Capital의 마이클 모리츠Michael Moritz 회장이다.

모리츠는 알리바바가 상장되기 전에 경제 전문지 《블룸버그》와의 인터뷰에서 "몇 년 전 조용히 이 회사에 투자했다. 알리바바의 기업공개는 인터넷 산업의 전 지구적 진화에 있어서 하나의 이정표가 될 것"이라고 말했다. 아울러 "우리(세쿼이아)는 십이삼 년 전부터 중국에 거대한 기술기업 가치가 형성되리라는 것을 예견했다. 향후 30여 년간 제대로 된 비즈니스를 하려면 중국으로 가야 할 것"이라고 덧붙였다. 세계 ICT(정보통신기술) 업계 리더 중 그의 이야기를 흘려듣는 사람은 없을 것이다. 모리츠는 1990년대 이후 실리콘밸리 창업 생태계를 사실상 디자인한 사람이기 때문이다.

모리츠가 투자한 기업 리스트를 보자. 구글, 야후, 페이팔, 시스코, 유튜브, 링크트인, 자포스, 왓츠앱, 드롭박스, 스트라이프……. 그는 이 회사들의 초기 투자자이자 이사회 멤버였고, 강력한 후견인이자 헌신적인 멘토였다. 자신이 직접 투자하지는 않았지만 세쿼이아의 주요 포트폴리오 기업인 애플, 오라클, 에어비앤비, 일렉트로닉 아츠, 텀블러, 스퀘어, 애드몹, 그린닷, 넷앱, 팰로앨토 네트웍스 같은 회사들의 경영과 성장에도 깊숙이 관여했다.

이 같은 활약을 통해 모리츠는 세쿼이아를 세계 최고 벤처캐피털VC로 키웠고, 그 자신도 3조 원이 넘는 자산을 보유한 거부가 됐다. 더욱이 재산의 최소 50퍼센트를 기부하기로 약정한 가운데, 이미 약 2500억 원을 영국과 미국의 여러 대학에 장학금으로 쾌척했다. 특히 옥스퍼드대학교에는 유럽 대학 역사상 최고액인 2100억 원을 기부했다. 덕분에 매해 이 학교에 입학하는 저소득층 자녀 1백여 명이 학비와 생활비 전액을 지원받게 됐다. 2013년에는 이 같은 공을 인정받아 엘리자베스 여왕에게 기사 작위를 받았다.

애플과 구글의 후견인이자 멘토

사실 모리츠는 캘리포니아 출신 ICT(정보통신기술) 전문가들이 장악한 실리콘밸리에서 이질적인 존재다. 그는 영국 사우스웨일즈 카디프 지방의 유대인 가정에서 태어났다. 카디프대학교 교수였던 아버지는 소년 시절 나치 독일에서 탈출해 영국으로 이주한 뒤 옥스퍼드대학교를 장학생으로 졸업한 입지전적인 인물이다. 모리츠는 옥스퍼드 크라이스트처치 칼리지에서 역사학을 전공했다. 이후 미국으로 건너가 펜실베이니아대학교 와튼스쿨에서 MBA(경영학 석사)를 취득했다. 동기 대부분이 월스트리트 금융가를 택한 것과 달리 그는 언론계에 뛰어들었다. 시사 주간지 《타임》의 산업 담당 기자가 됐다.

1983년 모리츠는 애플에 대한 특집 기사를 쓰게 되었다. 애플 창업자 스티브 잡스는 매우 협조적이었다. 하지만 우호적인 관계는 오래가지 않았다. 모리츠가 잡스의 숨겨진 딸 리사 이야기를 포함해 그의 내밀한 측면을 파고든 기사를 썼기 때문이다. 덕분에 모리츠는 애플 출입증을 가진 최초이자 최후의 기자가 됐다. 그럼에도 이듬해 모리츠는 애플에 관한 이야기를 담은 책 《스티브 잡스와 애플 Inc.Return to the Little Kingdom》를 출간했다. 급기야 1986년에는 애플의 초기 투자사인 세쿼이아에 합류했다. 잡스와의 인연이 그의 인생을 바꾼 것이다.

지난해 《비즈니스위크》와의 인터뷰에서 모리츠는 "잡스와 지난 10년간 일 말고 친구로 만난 적은 없다"면서도 "잡스야말로 위대한 소통자, 놀라운 세일즈맨, 메시아적 사명감에 불타는 인간, 중독되지 않을 수 없고 지금껏 만난 사람 중 가장 흥미로운 인간"이라고 상찬했다.

모리츠는 세쿼이아 합류 직후 시스코 투자를 결정하는 것을 시작으로 신화적인 성공 스토리를 써나갔다. 그는 특히 다른 투자사에게 외면당한 회사를 주목했다. 시스코, 야후, 페이팔 모두 그랬는데, 그중 정점을 찍은 것은 '경쟁자는 많지만 사업 모델이라고는 없는 작은 회사' 구글이었다.

모리츠는 구글의 공동 창업자 래리 페이지와 세르게이 브린의 집념, 열정, 지적 역량과 원대한 비전에 높은 점수를 줬다. 1999년 그는 경쟁 투자사인 '클라이너퍼킨스코필드&바이어스'와 매칭 투자를 감수하면서까지 구글에 합류했다. 당시 모리츠가 구글에 투자한 돈은 1250만 달러였다. 2015년 6월 현재 구글의 시가총액은 3750억 달러(약 430조 3천억 원)다. 그가 1백만 달러를 투자한 야후는 인터넷의 역사를 바꿨고, 8백만 달러를 투자한 유튜브는 인류의 미디어 경험을 획기적으로 확장했다. 링크트인은 2억 명이 넘는 직장인이 가입한 글로벌 비즈니스 네트워크가 됐다.

모리츠는 2007년까지 구글의 이사회 멤버로 활동하며 놀라운 성장을 이끌었다. 예를 들어 오직 '기술 혁신을 통한 검색 혁명'에만 몰입하는 구글에 에릭 슈미트라는 걸출한 전문 경영인을 영입한 것도 모리츠였다. 이 같은 통찰력과 행동력으로 그는 믿기 힘든 성공 신화를 써 내려갔다. 한때 모리츠와 세쿼이아가 투자한 회사들의 시가총액이 나스닥 전체 시가총액의 10퍼센트를 넘은 적도 있다.

지금도 모리츠는 직원이 대여섯 명밖에 없는 스타트업의 이사회에 참여하는 것을 즐긴다. 이를 통해 경영 일반은 물론 인재 영입, 판로 개척, 법적·제도적 문제 해결, 추가 투자 유치까지 도와주고 때로는 리드한다. 그에게 투자 결정은 일의 끝이 아닌 시작인 셈이다.

또한 모리츠는 '젊은 피'에 열광한다. 그는 2013년 〈조선일보〉와의 인터뷰에서 미래는 22세와 23세의 시대가 될 것이라 장담했다. 이들은 놀라운 몰입도와 자신감, 문제를 해결하려는 열의를 갖고 있다는 것이다. 미국의 주간지《뉴리퍼블릭》에 따르면 모리츠는 "새로운 아이디어를 낼 수 있는가 하는 측면에서 볼 때 45세 이상은 죽은 것이나 다름없다"는 말을 공공연히 한다. 가족, 연애 등으로 인해 신경이 분산되는 것도 치명적이라고 본다.

더불어 모리츠는 이민자들의 에너지를 존중한다.《포브스》에 따르면 세쿼이아가 투자한 스타트업의 59퍼센트는 외국 태생 공동 창업자가 한 명 이상이다. 이들을 만나기 위해 세쿼이아 투자가들은 쥐가 나올 것 같은 사무실이나 싸구려 셋방을 방문하는 것도 마다하지 않는다. 다른 투자사 임원들이 호화로운 골프장이나 휴양지에서 잡담을 즐기는 것과 대비된다. "차세대 창업가가 그런 곳에 있을 리 없기 때문"이라고 한다. 더불어 세쿼이아는 신속한 결정과 일 처리로 유명하다. 페이팔과 테슬라모터스의 창업자 엘론 머스크의 말에 따르면, 1999년 세쿼이아는 페이팔 투자를 결정하자마자 변호사가 서류 작업을 마치기도 전에 5백만 달러를 입금했다고 한다.

모리츠의 탁월한 감식안은 짐작건대 기술 자체에 매몰되기보다 창업자와 사업 모델, 당대의 사업 환경 등을 통합적으로 고려할 줄 아는 통찰력에서 비롯된 듯하다. 이러한 능력은 그가 역사학도이자 기자 출신인 것과 무관하지 않을 것이다. 저널리스트 조슈아 쿠퍼 라모는 이와 관련해 자신의 책《언싱커블 에이지The Age Of the Unthinkable》에서 이런 주장을 폈다.

"모리츠를 당대 최고의 기술 투자가로 만든 것은 기술 자체에 별 관심을 보이지 않는다는 기묘한 특징이었다. 대다수 벤처 회사에는 칼텍Caltech이나 스탠퍼드에서 박사 학위를 받은 인재들이 수두룩했다……모리츠는 기술을 이해했으나 기술을 사고의 중심에 두지는 않았다. 모리츠의 주장을 빌리면 IT 산업처럼 급변하는 시장에서 투자 성패를 좌우하는 것은 기술도, 거래 구조도, 천재적인 재능도 아니었다. 그보다는 해당 기업과 환경 사이에 존재하는, 예측하기 힘들고 언제나 변화하는 상호작용이 성패를 결정지었다."

2012년 그는 이름을 밝히지 않은 희귀 만성질환으로 세쿼이아의 경영 일선에서 물러난다고 발표했다. 하지만 투자 업무만큼은 여전히 정력적으로 수행하고 있다. 2013년에는 샌프란시스코에서 열린 테크크런치 디스럽트 컨퍼런스의 기조연설자로 나서 "구글이나 애플 같은 데이터 공장들은 중산층을 만들어내지 못한다"는 문제 제기를 해서 비상한 주목을 받았다. 그는 행사장을 가득 메운 창업자들에게 "(당신들이 이끌어낼 변화가) 지속 가능한 것인지 자문해 보라"고 주문했다.

"각종 서비스들이 엄청난 데이터와 돈을 기술 거인들에게 집중시키고 있다. 돈은 이런 거인과 일부 직원들에게 몰릴 뿐 전통적인 공장처럼 다수에게 나누어지지 않는다. 이것은 무엇을 뜻하는가? 모든 이들의 삶이 더 힘들어졌다는 것이다. 현재 미국인 중 30퍼센트가 풀타임 직장이 없다. 앞으로 10년 뒤에는 60퍼센트가 그러할 것이다……우리가 이처럼 중간 계급의 일자리를 없애고 부를 독식하는 것이 계속 가능할까? 아니면 피라미드의 하부를 약화시켜 결국 세계적인 붕괴를 초래할 것인가?"

모리츠의 문제 제기는 불과 2년 사이 가장 심각한 미래의 난제로 부상하고 있다. 바로 이런 점, 세계 최고의 투자가이면서도 돈과 기술의 발전만을 생각하는 것이 아니라 '관계'와 '사회'와 '미래'를 통찰할 줄 아는 안목, 이것이야말로 모리츠가 'VC(벤처캐피털) 업계의 구루'로 칭송받는 진정한 이유일 것이다.

03

자선 영웅이 된 e커머스의 원조

이베이 | 오미다이어 네트워크

피에르 오미다이어 Pierre Omidyar

- 이베이 창업자
- 오미다이어 네트워크 설립자
- 온라인 독립 언론 '디 인터셉트' 투자자 겸 설립자
- 아쇼카 위키피디아, 크리에이티브커먼즈의 후원자

이베이 로고 출처: the nextweb.com

나는 2012년부터 2014년까지 비영리재단인 은행권청년창업재단을 이끌었다. 창업 지원과 일자리 창출을 목적으로 만들어진 민간기구이다. 국내 20개 주요 금융기관이 5천억 원이란 거금을 출연한 덕분에 상대적으로 운신의 폭이 넓었다. 하지만 일반적인 비영리재단은 상시적인 자금 부족에 시달린다. 미국의 비영리단체는 업무 시간의 65퍼센트를 기금 마련에 소진한다는 통계도 있다. 이렇다 보니 비영리 기관 운영자들의 가장 큰 고민은 사업의 영속성을 확보하는 것이다.

어떻게 하면 외부의 선의나 기부에만 의존하지 않고 자생할 수 있을까? 아울러 그 '선한 영향력'을 더욱 확장하고 심화할 수 있을까? 그래서 등장한 것이 사회적 기업이다. 비영리 조직과 영리기업의 중간 형태로서, 사회적 목적을 추구하면서 영업 활동을 수행한다.

이런 사회적 기업들의 '젖줄' 역할을 하는 것이 바로 임팩트 투자impact investment다. 수익 창출과 사회문제 해결을 함께 도모하는 이 분야의 세계적 리더가 있다. '개인 대 개인P2P 전자상거래'의 원조 이베이eBay의 피에르 오미다이어Pierre Omidyar 창업자다. 지금은 이사회 의장을 맡고 있는데, 이베이의 2014년 매출은 약 180억 달러(약 20조 7천억 원), 영업이익은 35억 달러가 넘는다. 개인 자산 규모는 826억 달러(2015년 6월 기준). 세계 부자 순위 52위이지만 '자선 영웅'이라는 호칭이 더 잘 어울리는 전업 '벤처 자선사업가Venture Philanthropist'다. 임팩트 투자 전문 벤처캐피털 '오미다이어 네트워크'를 이끌며 자선사업의 최전선에서 새 역사를 쓰고 있다.

오미다이어는 프랑스의 이란계 이민자 가정에서 태어났다. 아버지는 외과 의사, 어머니는 언어학 박사였다. 그가 여섯 살 때 가족 모두 미국 워싱턴 D.C.로 이주했다. 10대 때 컴퓨터에 흥미를 갖게 된 그는 보스턴의 터프츠대학에서 컴퓨터 공학을 전공했다. 1988년 실리콘밸리에 있는 애플컴퓨터의 자회사 클라리스에서 직장 생활을 시작했다. 그리고 3년 뒤 친구 3명과 함께 링크 디벨로프먼트라는 회사를 설립했다. 마이크로소프트가 이 회사를 인수한 뒤 다시 직장 생활을 하던 그는 1995년 기발한 생각을 떠올렸다. '온라인에서 경매 방식을 통해 물건을 사고팔면 어떨까?'

오미다이어는 당장 자신의 홈페이지에 직접 프로그래밍한 경매 기능을 덧붙였다. 장난삼아 고장 난 레이저 포인터를 올렸는데, 얼마 지나지 않아 구매자가 나타났다. 깜짝 놀란 오미다이어는 "이 물건이 고장 난 걸 알고 사는 거냐?"고 물었다. 구매자는 "나는 망가진 레이저 포인터를 수집하는 사람"이라고 답했다. 이 경험을 통해 오미다이어는 온라인을 이용하면 상상 이상의 것들을 사고팔 수 있음을 알았다.

1996년 본격적인 사업을 시작했다. 이베이는 제프 스콜(스콜 재단 설립자), 메그 휘트먼(현 휴렛패커드HP 최고경영자) 같은 걸출한 경영진을 잇따라 영입하면서 급성장했다. 1998년 기업공개를 통해 오미다이어는 억만장자가 됐다. 2002년 페이팔을 인수하는 등 탁월한 경영 역량을 발휘했다. 그리고 2004년 그는 이사회 의장직을 제외한 이베이의 모든 자리에서 물러났다. 자선사업에 전념하기 위해서였다.

이것은 갑작스러운 결정이 아니었다. 그는 2011년 인터넷 신문 허핑턴포스트와의 인터뷰에서 "사람은 근본적으로 선하다는 생각으로 이베이를 창업했다"고 말했다. 누구나 자신의 관심거리를 공유할 수 있는 기회와 수평적 소통 방법을 제공한 결과 큰 성공을 거둘 수 있었다는 것이다. 기업은 사회에 공헌해야 한다는 신념에 따라 그는 상장 전 이미 '이베이 재단'이라는 비영리 기관을 만들었다. 비상장 기업이 자사주 출연 방식으로 공익 재단을 만든 최초 사례다. 2001년에는 아내 팸과 함께 살아생전 대부분의 재산을 기부하겠다고 선언했다.

세계 사회적 기업가의 후원자

2004년 이들 부부는 오미다이어 네트워크를 설립했다. 임팩트 투자를 본격화하기 위해서였다. 이들은 빌 게이츠와 워런 버핏이 이끄는 억만장자 기부 프로그램 '더 기빙 플레지'에 보낸 편지에서 이렇게 밝혔다. "이베이 상장 당시 우리는 갑작스럽게 엄청난 부를 얻었음을 자각했다…… 그 부를 통해 오늘 당장 세상의 가장 다루기 힘든 문제들을 해결할 수 있다면, 돈을 지니고 있을 이유가 없다."

이들은 빌 게이츠 부부처럼 직접 자선사업의 최전선에 섰다. 게이츠 재단이 질병 퇴치에 초점을 맞추는 만큼, 이들은 그것을 제외한 교육과 과학, 암 퇴치 및 환경보호에 주력한다. 단기적 구호보다 장기적 성과를 통해 지속적이고 근본적인 변화를 이끌어낼 방법을 고심한다. 그 결과 오미다이어 네트워크는 실리콘밸리 벤처캐피털들과 같은 사업 방식을 택하게 됐다. 자신들이 직접 도울 곳을 찾고, 경영 전반에 대해 전문적인 컨설팅을 집중적으로 제공하며, 과감한 후속 투자를 통해 수익 창출은 물론 사회적 파급력을 극대화하는 것이다. 이를 통해 수천 명이 아닌 수백만 명의 삶을 개선하는 것이 목표다.

경제 전문지 《이코노미스트》는 이런 그의 독창적인 자선사업 전략을 '오미다이어 방식'이라고 명명했다. 현재 오미다이어 네트워크는 전 세계 사회적 기업 진영의 가장 강력한 후원자이자 사실상의 리더다. 세계 최대 사회적 기업가정신 지원기관인 '아쇼카', 저소득층을 위한 온라인 소액 대출 플랫폼 '키바', 위키피디아를 운영하는 '위키미디어 재단', 저작권 공유 단체 '크리에이티브커먼즈', 태양열 랜턴 제조사 '디라이트' 등이 오미다이어 네트워크의 전폭적인 지원을 받고 있다.

그뿐 아니다. 이들은 모교인 터프츠대학교에 마이크로파이낸스 진흥기금으로 1억 달러를 기부했다. 자신들의 주요 거주지 중 하나인 하와이 지역 발전을 위해서도 5천만 달러를 기부했다. 전 세계 인신매매 문제 해결을 위한 기구 '휴머니티 유나이티드'를 설립하고, 1억 1500만 달러를 쾌척한 것도 이들이다. 어린이 건강을 지원하는 '호프랩', 미국 내 정치 관련 사회적 기업가를 지원하는 '데모크라시 펀드'도 이들 작품이다.

2013년 말에는 에드워드 스노든의 미국 국가안전보장국NSA 기밀문서 폭로를 주도한 영국 일간지 〈가디언〉의 글렌 그린월드 기자와 손잡고 미디어 벤처 창업에 나서서 또 한 번 화제가 됐다. 무려 2억 5천만 달러를 투입해 온라인 독립 언론사 '디 인터셉트The Intercept'를 설립했다. 그는 자신의 블로그를 통해 "대중의 관심과 알 권리를 옹호하기 위한 방안으로 독립적 언론인에 대한 지원에 관심을 가져왔다"고 밝혔다.

현실적인 문제 해결에 관심이 많은 오미다이어는 정치적 의사 표명에도 적극적이다. 2013년에는 미국 민주당의 유력 대선 후보 힐러리 클린턴 전 국무장관에게 거액의 정치 후원금을 냈다. 액수는 1천만~2500만 달러에 이르는 것으로 추정된다. '전국 이란계 미국인 협의회'의 리더 역할도 한다.

해외에는 이처럼 자선사업가로 변신해 놀라운 혁신 역량을 보여주는 창업가들이 적지 않다. 이들은 단지 돈을 기부하는 것이 아니라, 창업을 통해 시장을 바꿨듯이 세상 또한 바꾸려 한다. 필요하면 부와 재능은 물론 영향력과 네트워크를 총동원한다. 정치적 입장도 분명한 편이다. 우리나라에서는 찾아보기 힘든 일이다. 경제 분야의 영향력은 선진국 못지않게 크지만 전근대적 '관치'의 틀을 완전히 벗어나지 못한 때문일 것이다. 창업자들은 기본적으로 기존 시장의 틈새를 파고들어 파괴적 혁신으로 새로운 가치를 창출해 낸 사람들이다. 이들이 산적한 사회, 정치 문제에 본격적인 관심을 가진다면 우리나라의 선진국행이 보다 빨라지지 않을까.

04

인류의 삶 바꾼 '페이팔마피아' 대부

페이팔 | 팰런티어

피터 틸 Peter Thiel

- 페이팔 공동 창업자
- 팰런티어 공동 창업자
- 페이스북 이사회 의장
- 클라리움 설립자
- 《제로 투 원》 저자
- 테슬라모터스, 에어비앤비, 스포티파이, 링크트인 투자자

팰런티어 부스 출처: www.blueflame.events

2015년 창업자들 사이에 가장 화제가 된 책은 무엇일까? 짐작건대 2014년 말 출간된 피터 틸Peter Thiel의 《제로 투 원Zero to One》이다. '경쟁하려 들지 말고, 구글처럼 0(無)에서 1(有)을 만드는 창조적 독점으로 인류의 미래를 바꾸라'고 독려한다. 아마존 선정 '2014년 최고의 책'이기도 하다. 풍부한 경험, 융합적 사고, 통념을 뒤집는 명제 설정과 자신감 넘치는 통찰이 빛난다. 무엇보다 강력한 매력은 바로 그 피터 틸이 썼다는 사실 자체다.

피터 틸은 21세기 실리콘밸리의 중흥을 이끈 '페이팔 마피아'의 대부다. 세계 최대 결제 서비스 페이팔, 세계 최고 빅 데이터 분석 기업 팰런티어 테크놀로지Palantir Technologies(이하 팰런티어)의 공동 창업자다. 페이스북 이사회 의장이자 최초의 외부 투자자이기도 하다. 링크트인, 테슬라 모터스, 에어비앤비, 스페이스X, 옐프, 스포티파이, 스트라이프도 창업 초기 그의 투자를 받았다. 그가 운용하는 펀드의 총 규모는 공개된 액수만 32억 달러(약 3조 7천억 원)가 넘는다. 2013년에는 IT 전문 블로그 테크크런치가 선정한 '올해의 벤처 캐피털리스트'에 선정되기도 했다.

캐릭터는 더욱 흥미롭다. 그는 커밍아웃한 게이이자 열렬한 극우 자유지상주의자libertarian다. 복음주의 기독교 신자이며, 르네 지라르의 '희생양 이론'에 경도된 철학도이기도 하다. 체스 챔피언으로서 21세 이하 전미 랭킹 1위 기록을 갖고 있다.

피터 틸은 급진적 기술과 사업 모델에 대한 공격적 투자로도 유명하다. 공해상에 자치국을 세운다는 비전의 인공섬 프로젝트, 노화 방지 및 장수 연구, 가상화폐 비트코인 거래, 전기자동차와 우주왕복선 개발, 인공 달걀 공장 설립, 대마초 사업, 카페인 패치 개발 등. 모두 성공 여부가 불확실하고 지나치게 도전적이며, 때로는 사회 통념이나 현행법에 위배되는 측면마저 없지 않은 사업들이다. 하지만 틸은 이런 것들이야말로 인류가 처한 각종 문제를 해결할 수 있는 위대한 도전이라고 믿는다. 그는《제로 투 원》에서 이렇게 주장한다.

"사회를 위한 정말 좋은 일은 뭔가 남들과 '다른' 일을 하는 것이다. 그리고 그렇게 하는 것이야말로 기업이 새로운 시장을 독점해 이윤을 만드는 방법이기도 하다. 최고의 프로젝트는 다들 떠들어대는 것이 아니라 남들에게 간과되고 있을 가능성이 크다. 가장 덤벼볼 만한 문제는 아무도 해결해보려고 하지조차 않은 문제일 때가 많다."

물론 그는 '일반적으로 말하는 유망 스타트업'에 대한 투자도 게을리하지 않는다. 2015년 초 벤처 투자가들이 10억 달러(약 1조 4천억 원) 이상의 가치라고 인정하는 스타트업 리스트를 〈월스트리트저널〉이 발표했는데,

문득 호기심이 당겨 따져보니 15위권 중 최소 6개가 그가 초기 투자했거나 직접 창업한 회사였다.

틸은 독일 태생 미국인이다. 엔지니어 아버지의 두 아들 중 차남으로 태어났으며, 그가 한 살 때 가족 모두 미국 캘리포니아 주로 이주했다. 틸은 스탠퍼드대학교에서 20세기 철학을 전공했다. 대학 시절 이미 자유지상주의임을 공언한 그는 1987년 친구와 함께 〈더 스탠퍼드 리뷰〉라는 학내 신문을 창간했다. '정치적 올바름'은 물론 헤이트 스피치(특정 성향에 대한 폄하 발언)' 제제에 반대하는 극우 성향의 매체였다. 오늘날 이 신문은 스탠퍼드대학교를 대표하는 보수 신문으로 성장했다. 실제로 틸의 정치적 성향은 상당히 과격한 자유지상주의를 표방하며, 정부와 대학 등 기존의 권위에 대한 반감도 매우 강하다. 2010년에는 대학 중퇴를 조건으로 20세 미만 청소년 20명을 뽑아 각각 10만 달러의 창업 자금을 지원하는 '틸 펠로십'을 만들었을 정도다.

"경쟁하지 말고 독점하라"

틸은 스탠퍼드대학교 로스쿨을 졸업하고 펀드매니저가 되었다. 3년간 크레딧 스위스 그룹에서 경험을 쌓은 뒤 1996년 직접 투자관리 회사를 차렸다. 1998년에는 스탠퍼드대학교에 출강했는데, 그때 자신의 수업을 청강하던 맥스 레브친을 만났다. 둘은 '각국 정부의 통제에서 세계인을 구할 수 있는 안전하고 편리한 전자 통화通貨'에 대한 비전을 공유했다. 그렇게 탄생한 회사가 페이팔이다.

이들은 자신들과 비슷한 성향의 괴짜들을 끌어모아 사업 모델을 몇 차례 수정한 끝에 이메일을 통한 결제 서비스를 개발했다. 마침 사업 모델이 유사한 엑스닷컴이 등장했다. 초반 치열한 경쟁을 벌이던 두 회사는 2000년 초, 닷컴 버블 붕괴의 징후를 동시에 느꼈다. 위기 의식을 공유한 틸과 엑스닷컴 창업자 엘론 머스크가 두 회사의 딱 중간 지점에 있는 카페에서 만나 50대50 합병에 전격 합의한 일화는 유명하다. 이를 통해 닷컴 버블 붕괴의 파고를 이겨냈고, 2002년 이베이에 회사를 매각하는 데 성공했다.

이베이가 지불한 15억 달러 덕분에 틸을 비롯한 페이팔의 공동 창업자와 초기 멤버들 모두 백만장자가 됐다. 하지만 이들은 그 돈으로 인생을 즐기는 대신 새로운 회사를 창업하거나 투자가로 변신했다. 이것이 페이팔 마피아의 탄생이다. 모험심이 강하고 자유주의적이며 비주류 성향의 이민자 가정 출신이 대부분인 그들은 서로 죽이 잘 맞았다. 일주일에 한 번 정도 누군가의 집에 모여 사업 아이디어와 새로 떠오르는 스타트업에 대한 정보를 나눴다. 이들의 손에서 링크트인과 유튜브, 옐프, 어펌, 야머, 슬라이드 등이 탄생했다. 이들이 직접 창업해서 기업가치 10억 달러를 돌파한 기업만 7개에 이른다. 엘론 머스크의 경우 테슬라모터스와 스페이스X를 창업함으로써 인류의 미래를 바꿀 혁신가로 떠올랐다. 이들은 서로의 회사에 투자하고 이사회에 참여하며, 고객이나 새로운 투자자를 연결해 주는 등 강력하고 정밀한 네트워크를 구축했다.

페이팔 마피아의 일원인 링크트인 창업자 리드 호프먼은 자신들의 성공 요인으로 다음 네 가지를 꼽았다. 첫째, 멤버 모두 높은 역량을 보유하고 있다. 둘째, 멤버들 사이에 공유할 수 있는 경험과 그로 인해 쌓인 신뢰가 있다. 셋째, 물리적으로 빈번히 교류할 수 있도록 가까이 살고 있다. 넷째, 심지어 경쟁 상황에서도 서로를 도울 수 있는 문화가 형성돼 있다.

틸은 뛰어난 리더십과 정확한 미래 예측력으로 페이팔 마피아의 중심에 섰다. 그는 투자와 재창업 양쪽에서 탁월한 성과를 거뒀다. 특히 페이스북의 최초 투자자이자 이사회 의장으로서 엄청난 부와 명성을 쌓았다. 애초 그 영예는 링크트인 창업자 리드 호프먼에게 돌아갈 뻔했다. 2004년 페이스북 대표를 맡고 있던 션 파커에게 첫 투자 및 이사회 참여 제안을 받은 것이다. 하지만 이미 링크트인을 창업한 호프먼은 양사 간 이익 충돌을 우려해 이를 거절했다. 대신 틸에게 파커와 페이스북 창업자 마크 저커버그를 소개했다. 틸은 저커버그와 죽이 잘 맞았다. 틸은 50만 달러를 투자해 페이스북 지분 10.2퍼센트를 획득했다. 동시에 이사회 의장을 맡기도 했다. 틸은 페이스북의 경영에는 거의 관여하지 않았다. 대신 적극적으로 투자자를 연결해 주는 등 페이스북이 실리콘밸리의 대표 스타트업으로 우뚝 서는 데 결정적인 역할을 했다. 틸은 페이스북 투자를 통해 약 10억 3400만 달러의 이익을 거뒀다. 그러고도 여전히 페이스북 주식 5백만 주 이상을 보유하고 있다(2015년 초 기준).

그가 페이팔 동료 조 론스데일과 함께 2004년 창업한 팰런티어는 기업가치가 93억 달러(약 10조 7천억 원)에 이른다. 팰런티어는 그가 《제로 투 원》에서도 거듭 강조한 '남들이 아직 동의하지 않지만 정말 중요한 진실은 무엇인가'에 대한 고민의 결과물이다. 틸은 '컴퓨터가 인간을 속속 대체하게 될 것'이라는 통념에 동의하지 않는다. 컴퓨터는 엄청난 데이터를 효율적으로 처리할 뿐, 계획과 판단은 결국 사람의 몫이라는 것이다.

그는 이런 판단에 따라 컴퓨터와 인간 분석가가 효과적 협업을 통해 빅데이터를 분석하고 위험 요인을 찾아내는 기업 팰런티어를 창업했다. 실제로 이 회사는 아프가니스탄 반군의 폭탄 설치 지점을 찾아냈고, 세계 최대 아동 포르노 단체를 색출하는 등의 성과를 올렸다. 빈 라덴의 은신처를 특정한 것도 팰런티어라는 소문이 있다. 이 회사의 2014년 매출액은 약 10억 달러다.

이처럼 '남들이 예기치 못한 곳에서 가치를 찾아내는 것'에 집중하는 틸은 《제로 투 원》을 통해 "퍼스트 무버first mover보다 라스트 무버last mover가 돼라!"고 조언한다. 물론 빠른 시장 진입은 좋은 전략이지만 목표가 될 수는 없다. 곧 경쟁자들이 따라붙기 때문이다. 차라리 "특정 시장에서 마지막으로 훌륭한 발전을 이뤄냄으로써 몇 년, 심지어 몇십 년간 독점 이윤을 누리는 것"이야말로 답이라고 본다. "틈새시장부터 장악한 뒤 차차 규모를 확장해 야심 차고 장기적인 비전을 향해 나아가라"는 것이다. 알고 보면 구글과 페이스북도 각각의 시장에서 후발 주자였으며 대학 캠퍼스를 무대로 첫 서비스를 시작했다. 무엇보다 틸은 '경쟁은 좋은 것'이라는 경제학의 오랜 신화를 강하게 비판한다. 특정 분야에서 독보적인 역량을 갖춰 다른 회사들은 감히 비슷하게조차 쫓아올 수 없는 독점기업이야말로 인류에게 더 나은 삶을 가져다줄 원동력이라는 것이다.

그가 또 하나 강조하는 것은 '팀'이다. "세상을 더 나은 곳으로 변화시킨 주체는 일종의 사명감으로 똘똘 뭉친 소규모 집단"이며, 무언가를 시작할 때 결정해야 할 가장 중요한 것은 '누구와 함께하느냐'는 것이다. 그런 집단이, 권위 있는 결정을 내릴 수 있고 강력한 개인적 충성을 이끌어내며 수십 년을 내다본 계획을 세울 수 있는 한 명의 독특한 창업자를 중심으로 단합할 때, 비로소 인류는 더 나은 미래를 향한 특이점Singularity(놀라운 신기술이 인간의 삶을 결정적으로 바꾸는 극적 지점)에 도달할 수 있다고 역설한다.

"우리의 미래는 아무것도 없거나, 무언가가 있거나 둘 중 하나다. 그리고 그것은 전적으로 우리에게 달려 있다. '미래는 지금보다 낫겠지'라고 당연하게 생각해서는 안 된다. 더 나은 미래를 만들고 싶다면 지금 우리가 노력해야 한다."(《제로 투 원》)

한편으로는 그런 '한 명의 독특한 창업자'가 갖춰야 할 자질로, 회사의 모든 이들에게서 최선의 성과를 끌어내는 것을 꼽는다. 마치 그 자신이 옛 동료들의 잠재력을 최대한 끌어올려 실리콘밸리 역사를 바꿨듯이 말이다.

05

전복과 혁신의 디자인 씽커

IDEO | D스쿨

데이비드 켈리, 톰 켈리

David Kelly, Tom Kelley

- IDEO 창업자
- 스탠퍼드대학교 D스쿨 설립자
- Design thinking 창안자
- 《유쾌한 크리에이티브》, 《이노베이터의 10가지 얼굴》 저자

스탠포드 D스쿨 Hack. D　　출처: dschool.stanford.edu

미국 실리콘밸리 스탠포드대학교에는 2개의 유명한 '스쿨school'이 있다. 하나는 B스쿨, 또 하나는 D스쿨이다. B스쿨은 비즈니스스쿨, 즉 경영대학원을 말한다. D스쿨은 디자인 스쿨, 그러니까 디자인연구소Hasso Plattner Institute of Design의 줄임말이다.

스탠포드대학교 비즈니스스쿨은 잘 알려진 명문이다. 졸업하면 MBA를 받는다. 반면 D스쿨은 열심히 다녀봐야 학위는커녕 학점도 인정받지 못한다. 그렇다면 실리콘밸리 혁신 기업들이 더 큰 찬사를 보내는 쪽, 스탠포드 방문객들이 줄 서서 견학하는 곳은 어디일까? 바로 D스쿨이다.

D스쿨의 리더는 데이비드 켈리David Kelly다. 세계 최고 디자인 기업으로 꼽히는 아이디오IDEO의 창업자 겸 회장이며, 스탠퍼드대학교 석좌교수이기도 하다. 동생 톰 켈리Tom Kelly는 그와 함께 IDEO를 '디자인 업계의 맥킨지'로 키워낸 인물이다. 톰 켈리는 IDEO의 전 CEO이자 현직 파트너로서, 처음 합류할 당시 직원 수가 15명에 불과하던 IDEO를 6백 명

이 넘는 인재들이 집결한 글로벌 혁신 기업으로 키워냈다. 그는《이노베이터의 10가지 얼굴The Ten Faces of Innovation》을 공동 집필한 베스트셀러 작가이기도 하다.

최근 켈리 형제는《유쾌한 크리에이티브Creative Confidence》라는 창의력 계발 책을 집필했다. D스쿨에 참여하는 학생들은 실제 이들이 창안한 방식에 따라 훈련받는다. 의학, 물리학, 철학, 공학, 음악, 역사학 등 다양한 전공자들이 섞여 있다. 이들은 그저 뭔가를 좀더 미끈하고 편리하게 만드는 것을 뛰어넘어, 사용자 경험UX을 바꾸고 문제를 해결하며 조직을 혁신하는 디자인적 사고Design Thinking에 집중한다. 한마디로 생각을 디자인하는 법을 배우는 것인데, 이것이야말로 IDEO를 오늘의 자리에 서게 한 원동력이다. 애플, P&G, 삼성전자, 루프트한자, BBC, AT&T 등 수많은 기업들이 IDEO에 제품과 서비스 디자인뿐 아니라 마케팅, 조직, 경영 혁신 컨설팅까지 의뢰하는 이유이기도 하다.

〈뉴욕타임스〉는 이 회사를 '세계에서 가장 혁신적인 기업'이라고 평했다. 경영학의 구루로 불리는 톰 피터스 또한 "IDEO는 내가 유일하게 일하고 싶은 회사"라는 말로 이 회사의 혁신성을 상찬했다.《비즈니스위크》가 매년 선정하는 '산업디자인대상'을 10년 연속 수상하는 등 지금까지 250여 개의 디자인 상을 수상했다. 1천 개 이상의 특허를 보유한 기업이기도 하다.

켈리 형제는 미국 오하이오 주에서 태어났다. 형 데이비드는 카네기멜론대학에서 전기공학을 전공한 뒤 보잉 사에 취직했다. 하지만 얼마 지나지 않아 다시 학교로 돌아갔다. 스탠퍼드대학교에서 산업디자인 석사 학위를 받았다. 이어 취업 대신 창업을 택했다. "개인의 창의력을 무시당한 채 하루 10시간씩 일하는 조직에서 평생을 보낼 수는 없다"는 생각 때문이었다.

1978년 실리콘밸리 심장부 팰로앨토의 허름한 건물 2층에 '데이비드 켈리 디자인' 사무실을 차렸다. 이 시기 대표작은 스티브 잡스 애플 창업자의 의뢰로 만든 PC 마우스였다. 데이비드에게 지금의 아내를 소개해 준 것도 잡스였다. 1980년대 중반에는 초기 기업 전문 투자사인 온세트 벤처스Onset Ventures, 영화 〈프리윌리〉 등에 참여한 특수효과 전문 기업 엣지 이노베이션스Edge Innovations를 잇따라 공동 창업했다. 인간 중심, 팀 중심의 디자인적 사고에 대한 기틀을 다진 것도 이때였다.

1987년에는 동생 톰이 합류했다. 오벌린대학교를 졸업한 뒤 UC버클리에서 MBA를 취득한 톰은 제너럴 일렉트릭GE 등에서 컨설턴트로 일했다. 톰은 IDEO를 빠른 속도로 키워나갔다. 마케팅부터 경영 개발, 기업문화 정립까지 전방위로 활약했다. 1991년 형제는 '아이디 투ID Two', '매트릭스 프로덕트 디자인' 등 3개의 회사를 합병해 IDEO를 출범했다. IDEO라는 이름은 '이데올로기ideology'에서 '아이디어idea'를 뜻하는 접두사만을 따온 것이다.

문제 해결을 위한 디자인

켈리 형제는 우선 다른 곳에서는 볼 수 없는 기업문화를 만들었다. 실리콘밸리를 비롯한 세계 9개의 IDEO 사무실은 산만한 놀이터를 연상케 한다. 천장에는 직원들이 타고 다니는 자전거와 전투기 프로펠러 등이 매

달려 있다. 벽 여기저기에 포스트잇과 사진들이 덕지덕지 붙어 있다. 전망이 가장 좋은 곳은 임원실이 아닌 주방과 자료실이다. 사실 이 회사에는 직위나 조직도, 고정 보직 같은 것이 없다. 직원들은 본인이 원하는 팀장과 프로젝트를 자유롭게 선택해 집중적으로 일한다. '생각을 막으면 생각이 태어나지 못한다', '회사에 있는 시간을 사랑하고 뚜렷한 문제의식을 지닌 열정적 팀이 가장 높은 성과를 낸다'는 켈리 형제의 신념 때문이다.

IDEO는 특히 공감력을 중시한다. 이 때문에 직원 대부분을 이른바 'T자형' 인재로 채웠다. T자의 가로획은 폭넓은 지식과 경험을, 세로획은 특정 분야에 대한 깊이 있는 지식을 의미한다. IDEO에 목수, 기술자, 과학자, 고고학자, 심리학자, 언어학자, 인류학자, 경영 컨설턴트, 회계사 등 다양한 분야의 전문가들이 그득한 이유다. IDEO는 이들에게서 최고의 역량을 이끌어내기 위해 '5단계 사고법'을 활용한다.

첫째, 고객에 대한 관찰. 이를 통해 무엇이 문제인지 찾아내고 고객이 진정 원하는 것이 무엇인지 통찰한다. 둘째, 팀 브레인스토밍. 1시간 내에 최소 1백 개 이상의 아이디어를 전투적으로 제시한다. 이때 지켜야 할 몇 가지 규칙이 있다. '판단을 유보하라', '한 번에 한 가지만 생각하라' '포스트잇에 생각나는 것을 적어라', '손을 움직여 마인드맵을 그려라' 등이다. 셋째, 프로토타이프 만들기. 완벽하지 않아도 된다. 오히려 다양한 시행착오를 독려한다. 계속 만들고 수정하며 개선할 점을 찾다 보면 어느새 결승점에 도달해 있다. 이때는 3R 원칙을 지키도록 강조한다. '대략적으로Rough, 빠르게Rapid, 톡 찍어서Right' 시행하라는 것이다. 넷째, 소비자들의 세심한 의견을 반영하고 미세한 조정을 통해 최적의 해결책을 찾는다. 다섯째, 실행. 엔지니어부터 디자이너까지 제품 생산과 관련한 모든 전문가를 동원해 완성품을 내놓는다.

1999년 미국 ABC방송 〈나이트라인〉은 IDEO가 바로 이 같은 방식으로 5일 만에 혁신적인 쇼핑 카트를 개발하는 모습을 심층 취재해 큰 반향을 불러일으켰다. 뱅크오브아메리카BOA와는 소비자가 물건을 살 경우 딱 떨어지는 정수로 계산되고, 실제 물건 값의 차액인 잔돈은 자동으로 저축되는 '잔돈 가지세요Keep the change' 직불카드 서비스를 디자인해 1200만 명의 신규 고객을 유치하는 기록을 세우기도 했다.

요즘 켈리 형제의 주요 관심사는 사회적 혁신을 디자인하는 것이다. 개발도상국의 사회 혁신가들이 쉽게 사용할 수 있는 '인간 중심 디자인 툴킷Human-centered Design Toolkit', 세계 디자이너들이 인류 공통의 문제를 함께 해결할 수 있는 온라인 플랫폼 '오픈 IDEO', 사회적 디자인을 위한 국제기구 'IDEO.org' 등을 속속 내놓고 있다.

2012년 TED에서 데이비드 켈리는, 자신이 몇 년 전 심각한 암으로 생존 확률이 40퍼센트밖에 되지 않는다는 말을 들었다고 고백했다. 그때 가장 하고 싶고 또 잘할 수 있는 일을 당장 실행하기로 했으며, '사람들에게 창조력에 대한 자신감을 찾아주는 것'이 바로 그 일이라고 말했다. 그는 "누구나 자신감을 갖고 꾸준히 노력하면 창의적인 사람이 될 수 있다. 스스로를 창의적이라고 생각하는 것이 핵심"이라고 강조했다. 남의 비난이나 비판을 두려워하지 말고, 자기 사고思考의 주인으로 용감하게 나서는 것. 오늘날 IDEO가 이룬 성공의 밑바탕에는 바로 그런 전복과 도전 정신이 살아 숨 쉬고 있다.

06

세계 최고의 혁신 공무원

샌프란시스코 시장

에드윈 리 Edwin Lee

- 샌프란시스코 최초의 아시아계 시장
- 앙트러프러너 인 레지던스 프로그램 운영
- 도시 개혁 프로젝트 '샌프란시스코 모델' 창안자
- 인권 변호사

샌프란시스코 시청 / 출처 source: kalw.org © Isabel Angel

2013년 말, 우리나라를 방문한 미국의 한 벤처캐피털 최고경영자에게서 흥미로운 이야기를 들었다. 이제 미국 창업의 중심지는 팰로앨토가 아닌 샌프란시스코라는 것이었다. 스탠퍼드대학교가 위치한 캘리포니아 주 팰로앨토는 수십 년간 우리가 흔히 실리콘밸리라고 부르는 지역의 심장부였다. 고등학교가 2개밖에 없는 소도시county이지만 워낙 쟁쟁한 기업과 창업자들이 이곳에 뿌리를 두다 보니, 동네 카페에서 억만장자를 마주치는 일이 흔한 곳이 됐다.

그런데 그런 위상과 명성을 팰로앨토에서 차로 1시간가량 떨어진 샌프란시스코가 무서운 속도로 빨아들이는 중이라는 것이었다. 그 때문에 팰로앨토와 그 주변에 사무실을 갖고 있던 벤처캐피털이 샌프란시스코로 이주하는 경우가 많다고 했다. 이 얘기를 전한 CEO도 본사를 샌프란시스코로 옮겼다고 했다. 그는 "특히 20대 젊은 창업자들을 만나려면 이제 (한가로운 분위기의 팰로앨토가 아닌) 북적대는 샌프란시스코 도심으로 뛰어들어야 한다"고 강조했다.

이 같은 변화는 수치로도 확인할 수 있다. 2013년 8월 샌프란시스코 지역 벤처캐피털의 총 투자액은 43억 9천만 달러로, 팰로앨토(12억 9100만 달러)의 3배가 넘었다(샌프란시스코 경제발전센터 자료). 샌프란시스코 실업률은 2011년 9.5퍼센트에서 2013년 말 5.6퍼센트로 떨어졌다. 2012년과 2013년에만 3만 개의 일자리가 생겼다. 트위터, 인스타그램, 징가, 핀터레스트, 에어비앤비, 드롭박스, 옐프, 리프트, 세일즈포스닷컴 등 세계적 산업 트렌드를 이끌어가는 기업들이 이곳에서 탄생했거나 속속 이주해 온 덕이다. 현재 샌프란시스코에는 2천 개가 넘는 첨단기술 기업이 있으며, 5만 명 이상의 고급 두뇌가 일한다. 2012년《블룸버그 비즈니스위크》는 샌프란시스코를 '미국 최고의 도시'로 선정했다. 경제 회복에 성공했을 뿐 아니라 과정 또한 혁신적이라는 이유였다.

물론 이전에도 샌프란시스코는 미국을 대표하는 도시 중 하나였다. 인구 84만여 명, 미국 서부 금융의 중심지이자 관광 도시. 그러나 경제 도시 혹은 혁신 도시로 명성을 떨친 적은 없었다. 되레 다른 많은 대도시들과 마찬가지로 만성적인 재정 적자와 교통, 주거, 교육, 의료 문제로 몸살을 앓아왔다. 그처럼 늙고 병든 공룡 같던 도시가 최근 몇 년 사이 놀라운 변화를 보인 것이다. 남다른 비전과 탁월한 리더십으로 이를 이끌어낸 사람이 에드윈 리Edwin Lee 시장이다.

샌프란시스코 최초의 아시아계 시장인 그는 현재 마이클 블룸버그 뉴욕 시장과 함께 미국 공공 영역에서 가장 혁신적인 인물로 주목받고 있다. 그가 창안한 도시 개혁 프로젝트는 '샌프란시스코 모델'이라는 이름으로 미국은 물론 전 세계 도시들의 벤치마킹 대상이 되고 있다. 창업자 양성을 통해 각 지역의 교육, 의료, 에너지 문제 등을 해결하는 '앙트러프러너 인 레지던스Entrepreneur-in-Residence' 프로그램을 백악관과 공동으로 운영한다. 그의 키워드는 혁신innovation과 기술technology이다. 그 두 가지가 만나는 지점에 창업이 있다.

리 시장의 부모는 1930년대 중국 광저우에서 미국으로 이주했다. 제2차세계대전 참전 군인이자 요리사였던 아버지는 그가 열다섯 살 때 세상을 떠났다. 어머니가 재봉사와 웨이트리스로 일하며 그를 길렀다. 1974년 미국 동부 명문 보든칼리지를 졸업한 리는 1978년 UC버클리 로스쿨을 졸업한 뒤 변호사가 됐다. 이후 10년간 이민자와 소수 인종을 위한 인권 변호사로 활약했다. 특히 이들의 주거 문제를 해결하는 데 앞장섰다. 시를 상대로 무수한 소송을 진행했는데, 이에 지친 당국자가 '당신이 직접 한번 해보라'는 제안을 하면서 공직자의 길로 들어섰다.

공유 경제로 도시를 되살리다

1989년 첫 직함은 시 내부고발자 법령 조사관이었다. 이후 시 인권위원회, 구매, 공공사업 등의 책임자로 일했다. 2005년부터는 고위 공직인 행정관으로 근무했다. 2011년 1월 당시 시장이던 개빈 뉴섬이 캘리포니아 주 부지사가 되면서 남은 기간 동안 시장직을 대행하게 됐다. 취임 초기만 해도 그는 '선거에 출마하지 않겠다'는 뜻을 밝혔다. 하지만 그해 11월, 결국 4년 임기의 시장직에 도전한다. 지지자들이 지원단체까지 결성해 가며 열성적으로 밀어붙인 덕분이었다. 뉴섬을 비롯한 여러 전직 시장과 중국계 미국인 사회의 영향력 있는 인사들도 그에게 힘을 실어주었다.

샌프란시스코 시장에 당선된 그는 "샌프란시스코를 미국의 혁신 수도로 만들겠다"는 야심 찬 계획을 밝혔다. 이를 통해 경제 회복을 촉진하고 일자리를 만들며 효율적인 시 행정을 구현하겠다고 약속했다. 그는 우선 혁신과 기술로 무장한 창업자들을 시정의 파트너로 받아들였다. 그 결과 샌프란시스코는 세계 '공유 경제Sharing Economy 허브'로 거듭나게 됐다.

공유 경제란 공간, 차, 각종 물품 등을 소유가 아닌 대여 혹은 차용의 개념으로 인식하는 경제활동을 말한다. 집이나 차, 쓰지 않는 물건들을 누군가에게 빌려주고 그 대가를 받는 것이 가장 기본적인 형태다. 주차장, 텃밭, 각종 기계, 옷, 온라인 서비스까지 공유 대상은 무궁무진하다. 비용 감소, 자원 절약, 환경보호, 공동체 회복, 소비문화 개선 등 경제, 사회, 문화 면에서 효과도 크다. 단순히 사업 모델이라기보다는 경제 패러다임의 거대한 변화를 의미한다. 그렇다면 리 시장은 이를 통해 어떻게 도시를 바꿨을까?

예를 들어 차량 공유 서비스 집카ZipCar를 통해 교통, 주차, 매연 문제를 개선했다. 택시 기사와 승객을 연결해 주는 우버Uber 또한 교통 문제 해결에 큰 도움이 됐다. 자전거 공유 서비스까지 더해, 시민들이 차 구입에 쓸 돈을 지역 상권에서 소비하는 구조를 만들었다. 에어비앤비 같은 공간 공유 서비스를 통해 주택 문제를 개선했다. 이런 공유 서비스는 지역민들의 부가 수익원이 될 뿐 아니라 그 자체로도 사업성이 높다. 우버의 기업가치는 2015년 8월 현재 우리 돈으로 60조 원에 육박한다. 에어비앤비는 27조 원 수준이다.

리 시장은 공유 경제를 활성화하고 더 많은 창업자를 유치하기 위해 각종 규제를 철폐하고 세제를 개편했다. 트위터가 샌프란시스코를 떠나려 하자 세금 부과 기준을 직원 수가 아닌 매출로 바꾼 것이 대표적이다. 초기 기술 기업은 매출이 높지 않고 직원 수가 많은 것이 특징이다. 이를 감안해 세제를 바꾼 덕분에 트위터는 떠나지 않았고 되레 수많은 기업을 유치할 수 있었다.

이런 환경 덕분에 샌프란시스코 시민들은 세계 어느 도시 사람들보다 더 빨리 최신 산업 트렌드를 접할 수 있다. '생활 자체가 혁신'인 상황이다. 세계 창업자들이 샌프란시스코를 동경하고 어떻게든 그 물결에 합류하기를 열망하는 연유다.

리 시장은 경제적 성취뿐 아니라 지역민의 일상과 문화 자체를 바꾸는 근본적인 개혁에 성공했다는 평가를 받는다. 그는 각종 인터뷰에서 "샌프란시스코는 인종과 문화의 용광로이며, 그런 다양성과 서로 다른 사람들 간의 협업과 부대낌이 혁신의 동력"이라는 취지의 말을 여러 차례 했다. 그는 창업자들의 창의력과 문제 해결 능력이야말로 도시를 바꿀 수 있는 가장 강력한 힘이라고 말한다. 이를 위해 사람들이 모이고, 밀착하며, 협력할 수 있는 기회를 만드는 것이야말로 공공 정책자의 책무라고 강조한다. 우리나라의 경제 정책 입안자들 또한 귀담아 들어야 할 말이다.

07

린 인, 성공한 여성의 금기를 깨다

페이스북

셰릴 샌드버그 Sheryl Sandberg

- 페이스북 최고운영책임자
- 비영리재단 린인(LeanIn.org) 설립자
- 《린 인》 저자
- 전 구글 부사장
- 서베이 몽키 사외이사
- 디즈니, 스타벅스 전 사외이사

2012년 페이스북 나스닥 상장 축하장면　　출처: www.bloomberg.com

한 여성 기업인 모임에서 짧은 발표를 한 적이 있다. 이야기가 끝나자 누군가 물었다.

"여성이 커리어를 쌓고자 할 때 가장 경계해야 할 사람이 누구라고 생각하십니까?"

내 대답은 이랬다.

"친절한 공감자共感者입니다. '그만하면 애썼다, 마음 가는 대로 해라'며 등 토닥이는 사람들이죠."

청중들의 얼굴에 '뭔 소리야?'라는 표정이 떠올랐다. 나는 말을 이었다.

"직위가 올라가고 영향력이 커질수록 여성의 불안감은 커집니다. 사람들이 자신을 욕심 많고 설쳐대는 여자라고 생각할까 봐 노심초사하죠. 가족에 대한 죄책감도 커집니다. 그만 주저앉고 싶을 때 바로 그 공감자들이 나타나 속삭입니다. '때려치워. 욕 먹을 필요도 없고 스트레스도 사라질 거야.' 거기에 호응하면 당신의 커리어는 단절돼 버립니다."

그리고 덧붙였다.

“때려치우려고 할 때 ‘정말 할 만큼 했느냐, 네 자신을 스스로에게 충분히 증명했느냐’고 진지하게 물어주는 사람을 만나야 합니다. 당신에게는 더 큰 야망이 어울린다고 격려해 주는 친구를 사귀어야 합니다.”

내 경우 위기의 순간마다 그런 이야기를 해주는 멘토가 있었기에 지금까지 경력을 이어올 수 있었다. 한 분은 “칼이 짧으면 한 발 더 다가가 찔러라!”는 말로 나를 독려했다. 또 한 분은 “장長 역할을 해보기 전에는 사표를 쓰지 말라!”고 조언했다. 엄마 없이 크다시피 하는 아들에게 미안해 울 때 또 다른 분은 이런 이야기를 해줬다. “상처 없는 어린 시절이 어디 있어. 엄마가 정말 애쓰고 있다는 걸 아이가 알면 되는 거야.”

2014년 여름, 일면식도 없는 동갑내기 여성의 책에서 그와 비슷한 위로와 격려를 받았다. 페이스북 최고운영책임자COO 셰릴 샌드버그Sheryl Sandberg의 《린 인Lean In》이다. 우리말로는 ‘뛰어들어라’, ‘들이대라’ 정도로 해석할 수 있을 것이다. 샌드버그가 여성의 사회 진출을 독려하고자 만든 비영리재단(LeanIn.org)의 이름이기도 하다. 원서에는 다음과 같은 부제가 붙어 있다.

‘Women, Work, and the Will to Lead(여성, 일, 그리고 주도하려는 의지)’

말 그대로 여성에게 ‘자신감을 가지고 세상의 변화를 주도하라’는 주문이다. 다른 누구도 아닌 샌드버그의 말이기에 강력하고 설득력 있다. 이 책은 본인이 서문에서 예견한 것처럼 ‘남녀 모두의 심기를 건드리며’ 거센 논쟁을 불러일으켰다. 일부 여성들은 엘리트 고액 연봉자의 배부른 주장이라는 비판을, 어떤 남성들은 이미 알파 걸이 넘쳐나는 세상에서 여자가 얼마나 더 잘나가야겠냐는 비아냥을 쏟아냈다.

책이 출간되고 1년이 좀더 지난 현재, 샌드버그는 논란에서 살아남았을 뿐 아니라 미국의 가장 유력한 여성 대통령 후보 중 하나로 급부상했다. 사업에서도 눈부신 성공을 거뒀다. 창업자 마크 저커버그보다 더 높은 연봉을 받는 페이스북 이인자로서, 자신이 세운 수익 모델을 통해 회사의 가치를 크게 끌어올렸다. 샌드버그는 자기 혼자 힘으로 1조 원 이상의 재산을 일군 미국의 대표적인 여성 갑부이기도 하다. 그녀 말처럼 온갖 두려움에 맞서 위험을 감수한 대가다.

구글이라는 로켓에 올라탄 여성

유대계인 샌드버그는 워싱턴 D.C.에서 태어나 마이애미에서 자랐다. 하버드대학교 경제학과와 경영대학원을 최우등으로 졸업하고 맥킨지, 미국 재무부 등을 거쳐 2001년 구글에 입사했다. 그녀가 신생 벤처기업인 구글에 합류하기를 주저하자 당시 CEO이던 에릭 슈미트가 했다는 말은 유명하다.

"직업을 선택할 때 중요한 단 한 가지는 성장 속도다. 로켓에 탈 기회가 생긴다면 어떤 자리인지 묻지 마라. 그냥 올라타라."

구글에 입사한 샌드버그는 글로벌 비즈니스 책임자로서 놀라운 성과를 거뒀다. 구글 매출의 절반이 그녀의 부서에서 발생할 정도였다. 하지만 2008년 새로운 로켓으로 옮겨 탄다. 바로 페이스북이다. 이미 다른 기업으로부터 CEO 자리를 제안받은 상태였지만 스물네 살밖에 안 된 마크 저커버그 밑에서 일하기로 결정했다. 샌드버그는 2012년 하버드대학교 경영대학원 졸업식에서 이런 요지의 말을 했다.

"실시간 소통이 일반화된 세상에서 커리어는 더 이상 사다리가 아니다. 정글짐이다. 수직 승진은 생각지도 마라. 직함이나 연봉에 매몰되지 마라. 대신 회사의 사명mission과 성장성, 담당 업무의 영향력을 따져라. 이력 말고 직무 능력을 쌓아라."

몇 달 뒤 그녀는 세계 최대 지식 컨퍼런스 테드TED 무대에 섰다. 사람들은 그녀가 소셜 마케팅의 미래를 이야기하리라 짐작했지만 예상은 빗나갔다. 샌드버그는 '왜 여성 리더는 소수인가'라는 주제로 사회 최상위층에 오른 여성들의 은밀한 금기를 깨뜨렸다. 이들은 자신이 '여성이기에 주목받는 상황'을 극도로 꺼린다. 남성과 대등하게 경쟁해서 이겼다는 사실을 무엇보다 중시한다. 그런데 그들의 대표 격인 샌드버그가 무대에 올라 뜻밖에도 자신의 '여자로서의 삶'을 담담히 털어놓기 시작한 것이다.

실패한 첫 결혼, 재혼과 임신, 극심한 입덧, 자리에서 밀려날까 봐 출산휴가 중에도 노트북을 끼고 살았던 일, 회사에서 결국 울음을 터뜨린 사연. 샌드버그는 이런 자신의 경험과 주변 여성들의 삶을 통해 몇 가지 사실을 깨달았다고 했다. 유능하고 야망이 큰 여성은 남녀 모두에게 미움을 받는다. 여성들은 이를 해결하고자 끊임없이 자신을 희생하려 든다. 부정적인 경험이 반복되면서 불안과 두려움, 죄책감이 커진다. 결국 자신감을 잃고 뒤로 물러앉게 되고 만다는 것이었다.

샌드버그는 상황을 타개하려면 여성들이 먼저 '일을 주도하고자 하는 의지'를 가져야 한다고 강조한다. 《포춘》 선정 '500대 기업' CEO 중 여성은 겨우 4퍼센트, 미국 상원의 여성 의원은 20퍼센트에 불과하다. 더 많은 여성들이 내면의 두려움을 깨고 리더가 되겠다는 열망을 품을 때 세상은 바뀐다. 그녀는 자신이 중역이 됨으로써 기업문화를 바꾸고 여성 후배들의 멘토이자 롤모델로서 긍정적인 영향력을 행사하게 되었다고 말한다.

그렇다고 무한 경쟁에 뛰어들라는 의미는 아니다. 그녀는 매일 오전 9시에 출근해 오후 5시 30분에 퇴근한다. 그녀는 "아이들과 저녁을 함께 먹으려면 어쩔 수 없다. 못다 한 일은 아이들을 재우고 나서 한다. 중요한 건 일과 삶의 균형을 위해 보다 적극적으로 발언하고 자신 있게 실천하는 것"이라고 주장한다. 아울러 배우자의 지원 없이 여성이 고위직에 오르기는 어렵다는 사실을 강조한다. 그녀는 사업가 남편과 가사 및 육아를 절반씩 부담하기까지 지난한 논쟁을 거쳤다고 고백했다.

샌드버그의 남편은 실리콘밸리 기업 서베이 몽키의 CEO 데이비드 골드버그였다. 샌드버그는 페이스북 포스트에 이런 글을 올린 적이 있다.

"첫 결혼 후 1년 만에 이혼하고 2002년 골드버그를 만났다. 그는 곧 최고의 친구가 되었다. 이사할 때 짐 옮기는 것을 도와주는 친구 같은 사람이다. 그와 함께 있으면 어디든 마치 내 집처럼 편하다."

누구보다 바쁜 사업가이면서도 골드버그는 아내를 위해 기꺼이 많은 것을 희생했다. 두 사람은 업계를 대표하는 잉꼬부부였다. 2015년 5월 샌드버그는 그런 남편을 급작스럽게 잃었다. 헬스클럽에서 운동을 하다 사고를 당한 것이었다. 샌드버그는 사고가 나고 며칠 뒤 페이스북에 이런 글을 올렸다.

"데이브는 내게 바위 같은 사람이었다. 내가 화나 있을 때면 곁을 묵묵히 지켜주었고, 걱정에 휩싸여 있을 때는 괜찮다고 말해 주었다. 11년 동안 정말 행복한 시간을 보냈다. 내가 상상할 수 있는 가장 행복한 결혼 생활이었으며, 진실된 파트너 관계였다."

샌드버그는 감당하기 힘든 슬픔을 의연하게 딛고 일어서는 모습으로 사람들에게 감동을 주었다. 그녀는 남편이 죽은 지 열흘 만에 현업에 복귀했다. 아울러 골드버그가 경영하던 서베이 몽키의 사외이사가 됐다. 그녀는 자신의 페이스북에 서베이 몽키 직원들과 함께 찍은 사진을 올리며 이 같은 사실을 알렸다. 사진 속 그녀와 직원들이 입은 티셔츠에는 '#makedaveproud'라는 문구가 쓰여 있었다. 남편 데이브는 떠났지만 그가 하늘나라에서도 자랑스러워할 만한 회사를 만들겠다는 다짐이었다.

이런 일련의 업적과 스토리를 통해 샌드버그는 실리콘밸리의 성공한 사업가 그 이상의 인물이 됐다. 베스트셀러 작가이자 사회운동가이며, 재산의 절반을 기부하기로 한 자선가이기도 하다. 이제 그녀는 산업계를 넘어 정치와 사회 영역까지 영향력을 넓혀나가고 있다. 샌드버그가 즐겨 인용하는 저커버그의 말이 있다.

"위험을 짊어져라. 두려움을 모른다면 무엇을 할 수 있겠는가."

두려움 자체를 없앨 수는 없다. 하지만 맞서 싸울 수는 있다. 대차게 한 번 붙어보지도 않고 회의 테이블에서 지레 물러앉고 마는 여성들에게 샌드버그가 주는 진심 어린 조언이다.

PART 2

한계를 뛰어넘다

08

알파독, 로봇의 미래를 열다

보스턴 다이내믹스

마크 레이버트 Marc Raibert

- 보스턴 다이내믹스 창업자
- MIT 로봇공학연구소 '레그 랩' 설립자
- 전 카네기멜론대학교 공대 교수

와일드캣 로봇　　출처: www.bostondynamics.com

미국의 로봇 개발업체 보스턴 다이내믹스Boston Dynamics를 알게 된 것은 외신을 통해서였다. 2013년 12월 14일자 〈뉴욕타임스〉는 구글이 이 회사에 대한 인수를 마무리했다는 뉴스를 비중 있게 다뤘다. 몇몇 국내 언론도 이를 인용 보도했다. 구글의 기술기업 쇼핑은 어제오늘 일이 아닌데도 국내의 전문가들의 반응이 심상찮았다.

'Terry'라는 아이디ID를 가진 로봇 공학자는 온라인 미디어 슬로뉴스에서, 이 회사를 "로봇에 대해 우리가 아는 거의 모든 신기원을 이룩한 위대한 기업"이라고 평가했다. 많은 로봇 개발자들이 '통제된 환경에서 검증된 동작만을 시연하는 동영상'을 보여줄 때, 이 회사는 로봇 학대라는 말이 튀어나올 만큼 리얼한 상황에서 탁월한 적응력과 균형 감각을 지닌 로봇들을 선보였다는 것이다.

실제 이 회사가 유튜브에 올려놓은 동영상은 입이 쩍 벌어질 정도였다. '알파독'이라는 이름의 4족足 보행 로봇은 낙엽 쌓인 숲길은 물론 급경사,

모래언덕, 습지까지 척척 걸어 다녔다. 누군가 발로 차거나 얼음에 미끄러져 기우뚱대다가도 곧 균형을 잡았다. 또 다른 4족 보행 로봇 '치타'는 아스팔트 위를 시속 29마일(약 47킬로미터)로 달렸다. 이는 전 세계 보행 로봇 중 최고 속도로, 자메이카 육상 선수 우사인 볼트의 1백 미터 세계 신기록(시속 28마일)을 앞서는 것이다. 최신 인간형 보행 로봇 '아틀라스'는 걷기, 앉았다 일어서기는 물론 팔굽혀펴기까지 자연스럽게 소화했다.

이들의 움직임은 우리가 흔히 '로봇 같다'고 하는 딱딱하고 각진 동작이 아니었다. 실제 동물들이 걷고 뛰는 것처럼 유연했다. 동영상을 본 많은 네티즌들이 '영화 〈터미네이터〉 속 세계가 현실화될 것 같은 두려움을 느꼈다'는 반응을 보인 것도 무리는 아니다.

실제 보스턴 다이내믹스는 미국의 국방부 산하 방위고등연구계획국DARPA 등과 계약을 맺고 군사 활동 및 재난 대응용 로봇을 주로 개발했다. 이를 의식한 듯 구글은 회사 인수 직후 〈뉴욕타임스〉를 통해 "국방부와의 기존 계약은 존중하지만 군수업체가 될 계획은 없다"고 밝혔다. 그러나 이 회사가 군사 로봇 분야에서 차지하는 비중을 고려할 때 논란은 쉽게 가라앉지 않을 전망이다. 이를 포함해 로봇 산업 발달은 인류 미래의 경제, 사회, 문화 면에서 엄청난 영향을 끼칠 수밖에 없다.

로봇의 신기원을 이룩하다

보스턴 다이내믹스의 창업자 겸 최고기술책임자CTO 마크 레이버트Marc Raibert는 이처럼 복잡다단한 논쟁과 논란 속에서 34년간 세계 로봇 공학계를 이끌어온 인물이다. '보행 로봇의 아버지'로 불리며 카네기멜론대학교CMU와 매사추세츠공과대학MIT을 이 분야 최고 명문으로 키웠다.

레이버트는 미국 매사추세츠 주의 노스이스턴대학교에서 전기공학을 전공했다. 1977년 MIT에서 로봇 공학 기술과 생물학적 움직임을 연결한 논문으로 박사 학위를 받았다. 캘리포니아공과대학Caltech의 제트 추진력 연구소를 거쳐, 1980년 카네기멜론대학교 로봇 연구 및 컴퓨터 과학 부문의 교수로 부임했다. 여기서 이른바 '다리leg형 로봇'에 대해 본격적인 연구를 시작한다. 1986년 MIT의 전기공학 및 컴퓨터 과학 담당 교수로 옮기자마자 '레그 랩Leg Lab'이라는 로봇 공학 연구소를 설립했고, 이후 MIT 레그 랩은 보행 로봇 연구의 총본산이 되었다.

MIT 교수 시절 레이버트는 생물처럼 자연스럽게 움직이는 로봇을 만드는 데 집중했다. 2010년 말 영국의 공학 전문 미디어 '더 엔지니어'와의 인터뷰에서 그는 당시를 회상하며 이런 요지의 말을 했다. "사람들이 일명 로봇 춤이라는 것을 출 때는 움직였다 멈췄다를 반복하며 덜컥거리는 몸짓을 한다. 나는 이런 '테이블처럼 균형 잡기'에 대한 생각을 레그 랩에서 몰아냈다. 대신 움직이는 몸체에 조응하는 발의 위치와 동작 에너지를 이용했다. 로봇의 자연스러운 연속 동작을 이끌어내려면 시스템 자체가 다이내믹하게 돌아가야 하기 때문이다."

레이버트는 MIT에 교수로 있던 1992년 보스턴 다이내믹스를 설립했다. 애초 이 회사는 로봇과 인간의 동작을 시뮬레이션하는 소프트웨어를 개발하고, 일본 소니의 로봇 프로젝트를 컨설팅하는 일을 했다. 그러던 것이 2003년 미국 국방부 산하 DARPA와 '빅독'(알파독의 전신) 프로젝트

계약을 맺으면서 실물 로봇 개발 및 제작에 발을 들이게 되었다. 오랫동안 꿈꿔 온 '생물학적 원리에 입각한 다리형 로봇'의 세계에 본격적으로 뛰어든 것이다.

국방부가 다리형 로봇 개발에 적극적으로 투자하기 시작한 것은 아프가니스탄 전쟁에서의 뼈아픈 경험 때문이라고 한다. 미국식 물량전을 수행하려면 각종 군수물자를 대량으로 실어 날라야 하는데 아프가니스탄에는 큰 트럭과 탱크가 달릴 수 있는 도로 자체가 부족했다. 반면 탈레반은 노새를 이용해 효율적으로 전투를 수행했다. 이를 보면서 비슷한 기능을 할 수 있는 로봇의 필요성을 깨달았다는 것이다.

어쨌든 보스턴 다이내믹스는 2005년 빅독 개발에 성공했다. 이어서 2008년 개량형 알파독을 공개했다. 알파독의 움직임을 담은 메인 동영상 하나만으로 유튜브 조회수 1600만 회를 돌파할 만큼 세계적인 화제를 불러일으켰다. 지금도 개량 중인 이 로봇은 181킬로그램의 짐을 싣고 각종 험로를 24시간 동안 32킬로미터까지 이동할 수 있다. 2012년에는 '치타', 이듬해에는 그 개량형인 '와일드캣'이라는 속보 로봇을 선보였다. 이 역시 DARPA의 투자를 받은 것이다. 이외에도 8미터가 넘는 장애물을 뛰어넘을 수 있는 소형 점프 로봇 '샌드플리SandFlea, 직각 벽을 자유자재로 기어오르는 '라이즈RiSE' 등 다양한 로봇을 개발했다.

그렇다면 구글은 왜 이 회사를 인수한 것일까? 당시 구글의 로봇 프로젝트를 이끌고 있던 앤디 루빈 부사장은 명확한 답을 내놓지 않았다. 하지만 수년 내 구글이 어떤 식으로든 상업용 로봇을 출시하리라는 것은 확실해 보인다. 보스턴 다이내믹스는 구글이 2013년 하반기에 인수한 여덟 번째 로봇 개발사다. 2005년 MIT를 퇴직하고 회사 일에 전념하고 있는 레이버트는 이 인수에 대해 "엄청난 스케일로 생각하며, 이를 현실화할 수 있는 구글과 앤디에게 감명받았다"고 〈뉴욕타임스〉에 밝혔다.

다시 '살상 로봇'의 탄생 가능성 문제로 돌아가 보자. 2010년 인터뷰에서 레이버트는 "난 그저 엔지니어일 뿐이다. 왜 사람들이 로봇의 활용에 대한 윤리적 질문을 나한테 던지는지 모르겠다. 내게 로봇은 운송 수단이다. 쌀을 실을 수도 있고 탄환을 실을 수도 있다. 난 여전히 생각 중이며 아직 명확한 답을 찾지 못했다"고 말했다.

구글로 합류한 것은 방위산업체가 아닌 민간기업으로의 전환을 의미하는 것일까, 아니면 구글의 가공할 만한 정보력과 네트워크에 엄청난 물리적 파괴력을 더하는 결과로 이어질까? 2014년 말 공개된 보고서에 따르면, 구글 인수 뒤 보스턴 다이내믹스가 미 국방부로부터 받는 연구비는 급격하게 줄어들었다. 2014년 4월 단 한 번 110만 달러를 수령했는데, 이는 정부가 개최하는 로봇 대회 참가비였다. 구글이 군사 프로젝트나 미국 정부와 공식적인 관계를 맺기를 꺼리는 것은 분명해 보인다. 구글이 인수한 또 다른 로봇 개발업체 샤프트Schaft 또한 2014년 이후 국방부 자금을 받지 않고 있다. 그렇더라도 로봇과 인간의 미래에 대한 논쟁은 이제 시작이다. 기술의 몰가치성 뒤에 숨기에는 로봇 산업 발전이 던지는 화두가 너무 크고 무겁다.

09

공상과학을 실현하는 남자

스페이스 X | 테슬라모터스 | 페이팔

엘론 머스크 Elon Musk

- 스페이스X 창업자
- 테슬라모터스 창업자
- 솔라시티 창업자
- 페이팔 공동 창업자

팰컨 9호 발사장면　　출처: www.spacex.com

잊을 만하면 찾아오는 헐리우드 블록버스터 시리즈 〈아이언맨〉. 현실 세계에 그 주인공 '토니 스타크' 같은 인물이 있다면 어떨까? 천재적 두뇌, 원대한 비전, 독설과 카리스마, 게다가 거대한 부富와 화려한 여성 편력을 자랑하는 엄청난 워커 홀릭. 그런 사람이 진짜 있다. 스타크 역을 맡은 배우 로버트 다우니 주니어가 실제 모델 삼아 만났다는 남자, 엘론 머스크Elon Musk다.

로버트 다우니 주니어는 엘론 머스크를 만난 소감을 이렇게 밝혔다.

"머스크는 열정과 유머, 호기심의 본보기이며, 우리 시대의 진정한 르네상스맨이다."

지나친 과장이라고 할 수 없는 것이, 머스크는 미국 언론이 '제2의 스티브 잡스'를 논할 때 늘 첫손가락으로 꼽는 인물이다. 누군가는 잡스보다 한 수 위라고도 한다. 잡스는 뛰어난 경영자였지만 기술 전문가는 아니었다. 머스크는 기술과 경영 양쪽에서 천재적인 능력을 발휘해 왔다. 또한

'공상과학을 현실화하는 남자'로 불릴 만큼 도발적이고 혁신적이다. 블룸버그 통신은 그를 "아이디어에서 수십 억 달러를 끌어낼 수 있는 사람"이라고 평했다. 이 표현처럼 그는 어마어마한 부자가 됐다. 블룸버그 억만장자 지수에 따르면 머스크의 재산은 2015년 6월 기준 136억 달러(약 15조 6천억 원)다. 2년 전(48억 달러)에 비해 3배 가까이 증가한 액수다. 무엇보다 머스크는 인류의 삶에 근본적인 변화, 말 그대로 '우주적 변화'를 몰고 올 인물로 꼽힌다.

엘론 머스크는 세계 1위 전자 지불 솔루션 회사 '페이팔'의 공동 창업자다. 현재 세계에서 가장 앞선 기술을 보유한 민간 우주항공 기업 '스페이스X'의 창업자이자 최고경영자CEO, 최고기술책임자CTO다. 세계 최초의 양산형 전기자동차 생산업체 '테슬라모터스'의 창업자 겸 CEO, 제품 개발자이기도 하다. 게다가 태양광업체 솔라시티의 창업자이자 이사회 의장을 맡고 있다.

세계 최대 지식 컨퍼런스 TED의 리더 크리스 앤더슨의 말마따나, 머스크는, "서로 완전히 다르고 하나같이 엄청난 규모의 분야에서 혁신을 이룬" 사람이다. 더 놀라운 사실은 이 모든 것을 꿈꾸고 계획한 때가 대학생 시절이라는 것이다. 물론 그때 그의 주장에 귀 기울인 사람은 거의 없었다. 오히려 '미쳤다'는 비아냥을 더 많이 들었다고 한다. 요즘도 제법 듣는 소리이기는 하지만 말이다.

머스크는 남아프리카공화국에서 태어났다. 아버지는 엔지니어, 캐나다 국적의 어머니는 모델이자 피트니스 전문가였다. 공상과학 소설 마니아였던 그는 열 살 때 독학으로 컴퓨터 프로그래밍을 익히고, 열두 살 때 게임 소프트웨어를 개발해 5백 달러에 팔기도 했다. 청소년기에는 미국을 동경했다. 그에게 미국은 뭔가 "위대한 일이 실현될 수 있는 나라"였다. 고등학교를 졸업하고 캐나다로 가서 벌목꾼 등 험한 일을 하며 대학 진학을 준비했다. 퀸즈대학교에 입학했다가 2년 뒤 장학금을 받고 미국 펜실베이니아주립대학교 와튼스쿨 학부 과정에 편입했다. 이어서 물리학 학위까지 받았는데, 이를 통해 상식과 통념에 기대지 않는 물리학의 비직관적 사고방식을 체화했다. 그는 2013년 2월 크리스 앤더슨과의 테드 대담에서도 "양자역학처럼 완전히 새로운 것을 하려면 물리학적 접근을 해야 한다"고 강조했다.

대학 시절 그는 세계와 인류의 미래에 대해 심각한 고민에 빠졌다고 한다. 소행성 충돌, 화산 폭발, 환경오염…… 다양한 위협으로 인해 지구는 언젠가 종말을 맞을 것이다. 위기를 늦추고 멸종되지 않으려면 인류는 무엇을 해야 할까? 그는 '인터넷'과 '청정에너지', '우주'에 답이 있다고 여겼다. 이 세 가지는 이후 그의 필생의 목표가 되었다. 1995년 머스크는 스탠퍼드대학교의 응용물리학 및 재료과학 대학원 박사 과정에 들어간 지 이틀 만에 학교를 그만두었다. 친동생과 'Zip2'라는 온라인 콘텐츠 출판 소프트웨어 회사를 창업하기 위해서였다.

초창기 머스크는 돈이 없어서 작은 임대 사무실에 담요를 깔고 자고 샤워는 근처 YMCA 회관에서 해결했다. 당시 그는 직원들에게 "실패는 우리 회사의 옵션이다. 실패하지 않는다면 충분히 혁신적이지 않다는 것"이라는 말을 종종 했다고 한다. 종잣돈이 없다 보니 투자자에게 지분을 크게 양보할 수밖에 없었다. 1999년 당시 유력 검색엔진 기업 알타비스타가 회사를 약 3억 4천만 달러에 인수했다. 그가 가진 7퍼센트의 지분만으로도 2200만 달러를 거머쥘 수 있었다. 물론 그는 여기서 멈추지 않았다.

전기차와 민간 우주 시대를 열다

1999년 머스크는 오늘날 페이팔의 모태가 된 엑스닷컴X.com을 창업했다. 온라인 금융 서비스와 이메일 결제 서비스를 제공하는 회사였다. 1년 뒤 콘피니티Confinity라는 전자금융 솔루션 회사와 50대50 비율로 합병을 한다. 훗날의 페이팔이다. 머스크는 첫 거래를 트기만 하면 10달러를 주는 혁신적인 마케팅으로 가입자를 무섭게 늘려나갔다. 2002년 이베이가 회사를 15억 달러에 인수했다. 최대주주였던 머스크는 억만장자가 됐다. 첫 목표인 인터넷 분야에서 확고한 족적을 남긴 것이다.

이 회사를 팔기 직전에 머스크는 스페이스X를 설립했다. 이어서 순수 전기차 개발업체 테슬라모터스까지 설립했다. '성공에 취해 무모한 짓을 벌인다'는 비아냥이 쏟아졌다. 그는 '우주산업과 전기차 개발이야말로 벤처기업이 해야 할 일'이라고 맞받아쳤다. 둘 다 신기술 개발과 이를 통한 비용 절감이 중요한데, 기존 산업계에서는 이루기 힘든 목표라고 본 것이다.

끊임없이 돈을 쏟아붓고 일주일에 1백 시간 넘게 일하는 나날이 이어졌다. 마지막에 설립한 솔라시티까지, 좀처럼 흑자를 내지 못했다. 특히 2008년 금융 위기 당시에는 존폐의 기로에 몰리기도 했다. 그는 물러서기보다 더 공격적으로 밀어붙였다. 테슬라모터스의 경우 전문 경영인 대신 자신이 직접 CEO로 나섰다. 같은 해 스페이스X는 미국항공우주국NASA의 우주왕복선 대신 국제우주정거장ISS에 화물과 우주인을 실어 나르는 16억 달러 규모의 계약을 따냈다. 2012년 세계 최초 민간 상업 로켓 팰컨 9호를 통해, 역시 세계 최초 민간 우주선 드래건을 국제우주정거장에 도킹시키는 데 성공했다. 본격적인 민간 우주 사업 시대를 연 것이다.

이후 순항하던 우주왕복선 프로젝트는 2015년 6월 발사한 로켓이 공중 폭발하면서 또 한 번 난관에 부딪혔다. 하지만 머스크는 포기할 뜻이 전혀 없어 보인다. 늦어도 2030년에는 스페이스X를 통해 인류가 화성에 발을 디딜 수 있을 것이라고 예상한다. 인류가 '다중 행성의 삶'을 사는 종이 되느냐, 아니면 자연재해나 핵전쟁 등으로 인해 결국 멸망하고 말 것이냐는 바로 이 화성 프로젝트의 성패에 달려 있다는 것이다.

테슬라모터스의 성공 신화는 스페이스X를 능가한다. 세계 최초, 최고의 양산형 전기차 생산업체로서 입지를 확고히 했다. 2012년 출시된 '모델S'는 자동차 전문 잡지 《모터트렌드》가 뽑은 '올해의 차'에 선정됐다. 덕분에 테슬라모터스는 2013년 1분기에 첫 흑자를 달성했다. 2014년에는 총 1만 8750만 대를 판매하며 아우디와 벤츠를 위협하는 고급 자동차 시장의 다크호스로 부상했다.

엄청난 연구개발비 때문에 테슬라모터스는 적자를 면치 못하고 있지만 미래는 밝다. 무엇보다 품질이 우수하기 때문이다. 2015년 8월 미국 소비자단체 컨슈머리포트는 모델S의 최신 버전 85D에 대해 100점 만점에 '103점'을 부여해 큰 화제를 모았다. 사상 초유의 점수가 나온 것은 제품이 압도적으로 탁월했기 때문이라고 한다. 아울러 이 회사는 미국 전역에 고속 충전소 인프라를 빠르게 늘려가고 있다. 2015년 9월에는 최초의 전기차 SUV인 모델X를 선보였다.

2020년에는 테슬라모터스가 전기차를 연 50만 대 팔게 될 것이라고 머스크는 장담한다. 이때를 기점으로 미국의 11개 주가 백 퍼센트 전기차 등 무공해 차량의 의무 판매 비중을 22퍼센트로 확대할 것이기 때문이다. 이를 대비해 머스크는 2014년 테슬라모터스가 가진 핵심 기술 관련 특허 모두를 일반에 공개하는 결단을 내렸다. 보다 많은 기업이 전기차 생산에 뛰어들게 함으로써 시장의 파이 자체를 키우려는 대담하고도 영리한 발상이다.

사실 테슬라모터스의 성공에는 첫 제품인 스포츠카 '로드스터' 출시 때부터 헐리우드 스타들에게 직접 차를 팔러 다닌 머스크의 열정이 큰 몫을 했다. 그는 영국 여배우 털룰라 라일리를 비롯해 두 전처와의 사이에 다섯 자녀를 뒀다. 과학 교육과 소아 건강 분야를 지원하는 머스크 재단을 설립했고, 버크셔 해서웨이의 워런 버핏 회장이 주도하는 기부 서약 운동에도 적극 참여한다.

머스크가 각종 인터뷰와 기고문에서 유독 강조하는 말이 있다. "크게 생각하라You have to think big." 큰 성공이든 큰 실패든, 인류의 역사를 바꿀 통 큰 꿈과 도전에 나서라는 것이다. 크리스 앤더슨은 "극히 적은 수의 사람만이 디자인과 기술, 사업을 동시에 생각하고 통합할 수 있다. 그들은 특히 매우 큰 위험을 감수해야 하는 일에 확신을 갖고 추진하는 능력이 있다"고 했다. 머스크를 가리키며 한 말이다. 비법을 묻자 머스크는 담백하게 답한다. "글쎄, 모르겠다. 나는 그저 일을 많이 한다. 진짜 많이 한다." 아울러 "친구들이 하는 평범한 조언이나 부정적인 평가에 귀 기울인다"고 했다. 무슨 말이 더 필요할까. 영화 속 아이언맨조차 놀라운 성능의 아머슈트를 제작하기 위해 맨 먼저 한 일은 자지 않고 연구하는 것이었다.

10

'대륙의 실수'에서 태풍의 눈으로

샤오미

레이쥔 Lei Jun

- 샤오미 창업자
- 전 킹소프트 사장

MI 모바일폰 출처: www.mi.com

모바일 업계만큼 경쟁이 치열한 시장은 거의 없다. 스마트폰 분야만 해도 유수의 글로벌 IT 기업들이 뺏고 뺏기는 격전을 치러온 지 어느새 10년이 되어간다. 블랙베리를 만드는 리서치인모션RIM부터 노키아, 소니, HTC, LG전자, 삼성전자, 애플까지, 거의 매해 매출 순위가 바뀌었다. 2014년 이후 이 시장에서 가장 주목받는 기업은 단연 샤오미Xiaomi Tech, 小米科技다.

2010년 4월 출범한 젊디젊은 회사. 하지만 설립 5년 만에 중국 스마트폰 시장 점유율 1위를 달성한 괴물 같은 기업이다. 이제는 스마트폰 시장을 뛰어넘어 동영상 사이트부터 가전, 핀테크, 헬스케어, 통신 기반 비즈니스까지 인터넷으로 연결 가능한 모든 분야로 영역을 넓히고 있다. 2015년 현재 기업가치는 460억 달러(약 52조 8천억 원). 세계에서 가장 주목받는 스타트업이다.

샤오미란 이름이 우리나라 언론에 본격적으로 오르내리기 시작한 것은

2014년 7월부터다. 발단은 삼성전자의 2분기 어닝 쇼크earning shock(실적 쇼크, 예상보다 훨씬 저조한 실적을 발표하는 것)였다. 매출과 영업이익이 전해 같은 기간에 비해 각각 9.5퍼센트, 24.5퍼센트 급감했다. 영업이익은 7조 2천억 원으로, 국내 증권가의 예상치를 1조 원가량 밑돌았다.

이전 같으면 부진의 원인으로 애플을 주목할 텐데 이때는 조금 달랐다. 이름도 생소한 중국의 샤오미가 지목된 것이다. 첫 제품을 내놓은 지 3년도 채 되지 않은 회사였다. 하지만 2014년 1분기에 벌써 세계 최대 스마트폰 시장인 중국에서 애플(10퍼센트)을 밀어내고 삼성(18퍼센트), 레노버(12퍼센트)에 이어 점유율 3위(11퍼센트)를 차지했다. 그해 4월에는 드디어 중국에서 스마트폰을 삼성전자보다 더 많이 팔아치웠다. 블룸버그 통신은 "(한때 샤오미를 '중국의 애플'이라 칭했지만) 머잖아 애플을 '미국의 샤오미'라고 부르게 될지 모른다"고 보도했다.

이 같은 질주의 중심에는 창업자 겸 최고경영자CEO 레이쥔雷軍이 있다. 오늘날 그를 만든 것은 뜻밖에도, 마흔 살 언저리에 불현듯 찾아온 인생의 '하프 타임'이었다.

후베이 성 출신인 레이쥔은 우한대학교 계산기학과 4학년이던 1990년 친구들과 첫 창업을 했다. 잠을 잊고 몰두해 PC에서 중국어를 구현하는 프로그램을 개발했다. 그러나 저렴한 복제품이 쏟아지면서 회사는 6개월 만에 문을 닫았다. 대학을 졸업하고 베이징으로 간 레이쥔은 신생 기업 킹소프트Kingsoft, 金山軟件의 여섯 번째 직원이 됐다. 회사는 성장을 거듭했고, 레이쥔도 고속 승진을 해 스물아홉 살에 사장이 됐다. 마침 마이크로소프트MS가 중국에 입성하자 킹소프트는 대항마로 자리매김하기 위해 고군분투했다. 특히 워드프로세서WPS와 오피스 프로그램 개발에 진력했다.

하지만 MS를 따라잡기는 힘들었다. 레이쥔은 다섯 차례의 시도 끝에 2007년 회사를 상장시킨 뒤 돌연 은퇴를 선언했다. 몸과 마음이 모두 지치기도 했지만, 근본적으로는 죄책감 때문이었다. 중국 매체 《신세기주간》에 따르면 레이쥔은 2003년에야 자기가 뒤처졌음을 깨달았다고 한다. 발 빠른 이들은 일찌감치 인터넷 세상을 향해 달려갔는데 본인은 워드프로세서에 매달리느라 대세를 놓쳤고, 그로 인해 회사와 직원들에게 큰 손해를 끼쳤다는 것이다.

이렇게 시작된 휴식기는 레이쥔이 세상의 변화와 시장의 흐름을 넓고 깊게 파악하는 계기가 됐다. 엔젤 투자자로서 모바일 쇼핑몰, 소셜 네트워크 서비스SNS 등 새로운 분야의 신생 기업에 자금을 지원했다. 사업에 대한 남다른 깨달음도 얻었다. 성공은 성실함만으로 이룰 수 없으며 가장 유망한 시장을 찾아 흐름을 타야 한다는 것이었다. 그는 이를 "태풍의 길목에 서면 돼지도 날 수 있다"는 말로 표현했다. 21세기의 산업 태풍은 바로 '모바일 인터넷'이었다.

오랜 모색과 성찰 끝에 레이쥔은 또 한 번 창업에 도전하기로 마음먹었다. 인터넷 열풍은 놓쳤지만 모바일 혁신의 거대한 흐름만큼은 놓치고 싶지 않았다. 그는 우선 전 구글차이나 임원 린빈林斌(현재 샤오미 최고경영자CEO) 등 쟁쟁한 실력자들을 찾아 나섰다. 끈질긴 설득 끝에 6명의 초기 멤버를 규합했다. 투자자들도 만났다. "이미 충분히 성공했는데 그 힘든 창업을 왜 또 하려 드느냐?"는 질문을 종종 받았다. 레이쥔은 세계 일류 기업을 만드는 것은 열여덟 살 때부터 꿈이었고, 다시 도전해서 실패한다 해도 후회는 없다는 뜻을 거듭 밝혔다. 지난해 말 한 중국 매체와의 인터뷰에서 그는 당시를 회상하며 "레노버 창업자 류촨즈는 마흔 살, 화웨이 창업자 런정페이는 마흔세 살에 창업했다. 마흔 살에 다시 시작한 것은 그리 대단한 일이 아니라고 생각한다"고 말했다.

애플 카피캣에서 사물 인터넷 시대의 총아로

2010년 4월 샤오미가 출범했다. 샤오미는 중국어로 '좁쌀'이라는 뜻이다. 창업 멤버들과 좁쌀죽을 먹으며 의지를 다졌다고 해서 붙여진 이름이다. 2011년 8월 첫 제품부터 전복적이었다. 스마트폰 단말기가 아니라 운영체제를 먼저 선보인 것이다. 안드로이드 OS를 기반으로 만든 미유아이MIUI였다. 디자인과 성능을 사용자의 입맛에 맞게 뜯어고칠 수 있는 소비자 친화형 OS였다. 자체 OS를 보유함으로써 샤오미는 1석 3조의 효과를 거뒀다.

첫째, 구글의 플레이스토어가 아닌 자체 앱스토어를 갖게 됐다. 삼성전자만 해도 자체 앱 플랫폼을 구축하려고 했으나 아직 크게 성공하지 못했다. 샤오미는 그 난제를 단숨에 뛰어넘은 것이다. 둘째, 기술 선도 회사로서 위상을 구축했다. 애초 부품 공급에 난색을 표했던 퀄컴 등 글로벌 업체들도 개방성이 크고 열성 팬을 확보하기 쉬운 미유아이MIUI의 장점을 높이 사서 샤오미와 손을 잡았다. 셋째, 수시로 업데이트가 가능하다. 샤오미 스마트폰은 요즘도 매주 1회 이상 업데이트를 시행한다. 덕분에 사용자들은 자신의 스마트폰이 마치 다마고치(전자 애완동물 사육기)처럼 성장하는 재미를 느낄 수 있다.

첫 스마트폰 미1Mi1이 나오자 반응은 폭발적이었다. 고사양 초저가 전략이 제대로 먹혔다. 샤오미 스마트폰은 첫 출시 때부터 1999위안(약 33만 원)을 고수하고 있다. 비슷한 사양의 아이폰이나 갤럭시폰의 절반도 되지 않는 가격이다. 샤오미가 애플, 아마존 등 글로벌 기업의 성공 사례를 철저히 벤치마킹한 덕분이다.

우선 샤오미는 애플과 마찬가지로 모든 제작 과정을 아웃소싱으로 진행한다. 그리고 애플처럼 1년에 제품 하나만 내놓는다. 그 대신 잦은 업그레이드와 다양한 소프트웨어를 제공함으로써 사용자의 경험을 높인다. 마케팅 비용은 매출 대비 1퍼센트만 사용한다. '미팬'이라 불리는 열성 팬클럽과 네티즌들의 입소문에 크게 의존한다. 그만큼 소비자와의 소통에 많은 공을 들인다. 제품 출시 직후에는 소량만 판매해 매진을 일으키는 등 온라인 마케팅에 능하다. 아이폰과 유사한 디자인과 제품 이름으로 후광 효과도 누린다. 레이쥔은 '레이 잡스'라는 비아냥에도 아랑곳하지 않고 스티브 잡스와 유사한 복장과 프레젠테이션 방식으로 화제를 모았다.

아마존에서 가져온 건 플랫폼 전략과 온라인 유통이다. 샤오미 제품은 대부분 자체 온라인 쇼핑몰에서 판매한다. 오프라인 판매망은 아예 없다. 아마존이 전자책 기기 '킨들'을 출시했을 때처럼, 기기는 저렴하게 팔되 거기에 들어갈 콘텐츠를 계속 생산함으로써 자체 생태계를 구축하고 수익의 극대화를 노린다. 델컴퓨터처럼 온라인을 통한 선주문 후제작 방식으로 재고를 최소화한 것도 주효했다.

샤오미는 2014년 5월 태블릿PC 미패드MiPad와 초고화질 텔레비전 미TVMiTV를 출시했다. 이렇게 해서 애플이나 삼성전자 등과의 전선은 스마트 기기 전반으로 확대됐다. 이후에도 에어컨, 스마트 정수기, 스마트 체중계, 스마트 러닝화, 심지어 배터리와 소형 선풍기까지 내놓으면서 중국은 물론 아시아와 유럽 시장까지 공략하고 있다.

레이쥔은 여러 인터뷰에서 이렇게 말했다. "우리는 소프트웨어에서 삼성전자를 앞선다. 갤럭시 소비자는 스마트폰을 사는 것으로 서비스가 끝난다고 생각하지만, 샤오미 소비자는 제품을 사는 것부터 서비스가 시작된다고 여긴다." 샤오미는 기기 회사가 아니라 자체 플랫폼에 기반한 모바일 인터넷 회사라는 것이다.

더 나아가 스마트폰을 중심으로 세상 모든 기기를 연결하는 사물인터넷IoT, Internet of Things(생활 속 사물들을 유무선 네트워크로 연결해 정보를 공유하는 것)의 맹주가 되고자 한다. 이를 위해 각 분야 스타트업 1백여 개를 인수하겠다고 공언했고, 실제로 그 계획을 착착 실천해 나가고 있다. 인터넷과 소프트웨어에 강한 기업, 소비자 커뮤니티가 곧 성장 동력인 기업, 경쟁자들은 도저히 따라갈 수 없는 속도로 시장을 넓혀가는 로켓 같은 기업. 샤오미가 진정 두려운 이유다.

11

발명하는 디자이너, 21세기 다빈치

헤더윅 스튜디오

토머스 헤더윅 Thomas Heatherwick

- 헤더윅 스튜디오 창업자
- 최연소 '왕실 산업 디자이너'
- 구글 사옥 공동 설계자

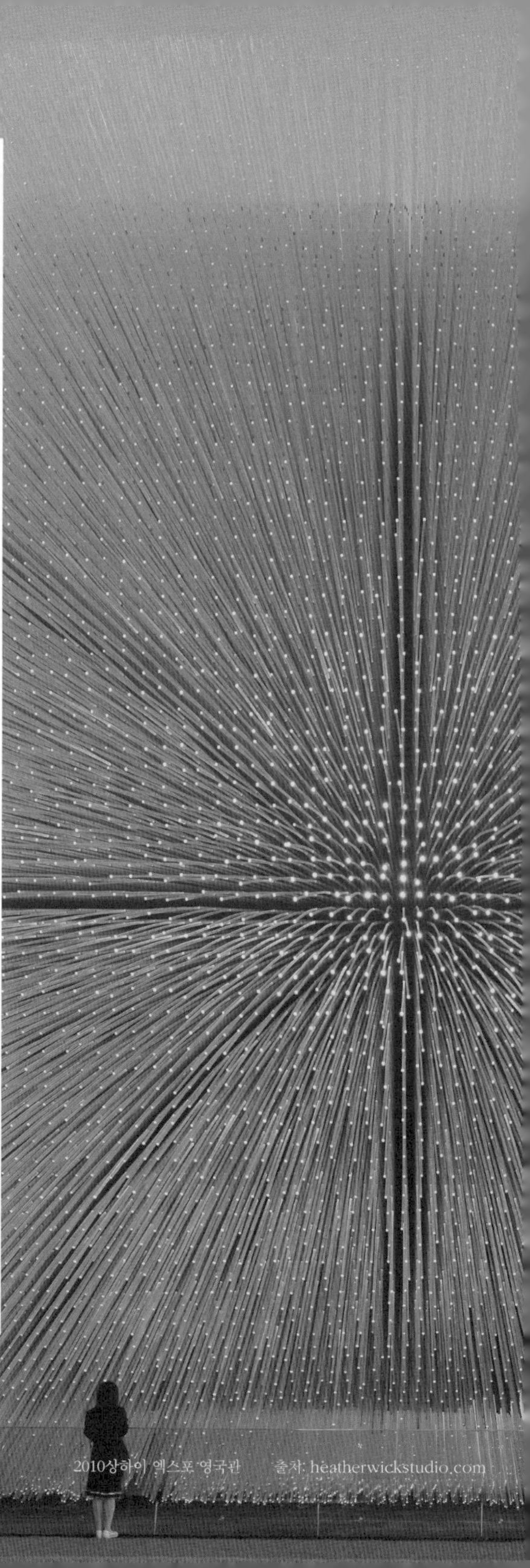

2010상하이 엑스포 영국관 출처: heatherwickstudio.com

2015년 2월 말, 구글이 신사옥 건립 계획안을 전격 발표했다. 세계의 내로라하는 건축가들이 출사표를 던졌다. 최종 선정된 것은 영국 헤더윅 스튜디오Heatherwick Studio와 덴마크 디자인 회사 BIGBjarke Ingels Group의 공동 설계안이었다. 토머스 헤더윅이 또 하나의 역사적 프로젝트를 이끌게 된 것이다.

헤더윅은 영국 왕립예술대학RCA, Royal College of Art 출신이다. 대학원 과정만 있는 RCA는 1837년 설립된 영국 최고의 예술 및 디자인 전문학교다. 이 학교의 폴 톰슨 총장은 2013년 11월 우리나라를 방문했을 당시 언론과의 인터뷰에서 융·복합을 강조하는 RCA의 다학제 커리큘럼을 유독 강조했다. 이를 통해 협업에 능한 창의적인 인재를 키운다는 것이었다. 상품, 시스템, 기술 등 모든 것이 점점 복잡해지는 21세기에는 '팀으로 일하기working in a team'가 화두이기 때문이다. 그리고 그 본보기로 RCA가 낳은 '영국 최고의 스타 디자이너' 토머스 헤더윅을 언급했다.

헤더윅은 RCA 교육이 지향하는 '협업에 능한 창의적 인재'의 상징과 같은 인물이다. 그는 패션 소품부터 가구, 대형 건축물까지 영역 간 경계를 허무는 작업으로 주목받았다. 재료공학자, 토목공학자, 컴퓨터 엔지니어, 조경설계자 등 각 분야 전문가들과 팀워크를 통해 불가능해 보이는 아이디어를 실현해 왔다. 루트마스터(런던 시내 노선 2층 버스), 키오스크(거리 가판대) 같은 공공 디자인으로 런던의 거리 풍경을 바꿔놓았다. 교량, 발전소, 주거 단지처럼 사회적 책임과 기술적 난이도가 높은 도시계획의 영역에까지 뛰어들었다. 2010년에 그가 선보인 상하이 엑스포 영국관은 그해 미국 시사 주간지 《타임》이 선정한 2010년 최고의 발명품에 꼽혔다. 2012년에는 런던 올림픽 성화대 디자인으로 또 한 번 화제를 모았다. 2015년 4월에는 템스 강에 나무 270그루와 꽃이 가득한 '정원 다리'를 건설하겠다는 계획을 런던 시와 함께 발표했다.

헤더윅은 2004년 최연소 '왕실 산업 디자이너RDI'로 지정되었으며, 2013년에는 '대영제국 기사단 훈장CBE'을 받았다. 영국이 낳은 세계적인 디자인 거장 테런스 콘랜 경은 그를 '우리 시대의 레오나르도 다빈치'라고 상찬했다. 예술적 역량과 과학적 사고력을 겸비한 인물이라는 뜻이다. 이후 '영국의 다빈치'는 헤더윅을 가리키는 대표적인 수식어가 됐다.

또 다른 관점에서 봤을 때 헤더윅은 뛰어난 창업자이자 전략가다. 그의 성장 스토리와 일하는 방식은 우리가 실리콘밸리의 성공한 창업자들에게서 발견할 수 있는 그것과 맥락이 같다. 다른 점이라면 그의 어린 시절을 지배한 것이 컴퓨터가 아닌 예술적 자극이었다는 것이다.

헤더윅은 구슬 공예가 어머니와 음악가 아버지 사이에서 태어났다. 런던에서 나고 자란 그는 어머니의 작업실 겸 가게에서 많은 시간을 보냈다. 2011년 세계 최대 지식 컨퍼런스 TED에서 그는 말했다. "공예품과 재료들, 작은 물건들을 만드는 환경에서 살았다. 작은 물건들에는 재료의 특성과 영혼이 담겨 있다. 반면 큰 건물들은 차갑고 영혼이 없는 것처럼 느껴져서, 처음 건축 디자인을 시작했을 때 (어린 시절 경험이) 영향을 끼쳤다."

실제 그의 작품들은 크기와 상관없이 공예의 인간미와 장인 정신이 돋보인다는 평을 듣는다. 런던 웰컴트러스트 재단 빌딩 중앙의 30층 높이 조형물의 경우, 골프공 크기의 구슬 14만 2천여 개를 연결해 액체가 위에서 아래로 떨어지면서 고체로 변화하는 모습을 형상화했다. 그와 동료들은 자연스러운 재현을 위해 금속을 녹여 물에 떨어뜨리는 실험을 수백 번 반복했다고 한다.

협업으로 기술과 감성의 완벽한 일치를 꿈꾸다

헤더윅은 맨체스터의 메트로폴리탄대학교에서 3차원 디자인을 전공하고, RCA에 들어가 테런스 콘랜 경과 특별한 인연을 맺었다. 학교 복도에서 콘랜 경과 우연히 마주친 그는 '5분만 조언해 달라'고 말을 걸었다가 3시간 동안 대화를 이어갔다. 이후 콘랜 경은 그의 멘토이자 후원자가 됐다. 덕분에 헤더윅은 버크셔 주에 있는 콘랜 경의 시골집에 4개월간 머물면서 생애 최초의 작은 건축물을 완성했다. 후에 그는 "당시 경험 덕분에 아이디어를 현실화하는 기쁨을 알게 됐고 자신감도 얻었다"고 회상했다.

1994년 RCA를 졸업하고 나서 헤더윅은 친구 몇 명과 함께 자신의 집에서 '헤더윅 스튜디오'를 창업했다. 1997년 하비 니콜스 백화점의 파사드(건축물의 주된 출입구가 있는 정면) 조형 작업으로 일찌감치 재능을 인정받았다.

그는 창업 초기부터 팀워크를 강조했다. 자신이 크리에이티브 디렉터 역할을 맡되, 아이디어 개발부터 실제 작업까지 전체 과정은 반드시 각 분야 전문가들과의 협업을 통해 진행했다. 헤더윅 자신이 "내 성공 비결은 다양한 배경을 가진 능력 있는 사람들과 함께 일한 덕분"이라고 말할 정도다. 가장 좋은 아이디어는 팀원들과의 상호작용에서 나온다는 것이다.

또한 그는 마치 기업인처럼 각 프로젝트를 문제 해결의 관점에서 접근한다. 지난해 영국의 일간지 〈가디언〉과의 인터뷰에서 그는 "그건 차라리 범죄 사건 해결에 가깝다. 정답은 있다. 그걸 발견하는 것이 우리의 일"이라고 말했다. '정밀한 수사'를 통해 의심스러운 것들을 하나씩 제거하고, 단서를 찾아 추적하면서 가능한 해결책의 범위를 좁혀간다는 것이다.

디자인 솔루션 회사인 헤더윅 스튜디오는 각종 재료에 대한 실험과 공학적 연구에 큰 비중을 둔다. 기업이 연구개발R&D에 열정을 쏟는 것과 비슷하다. 이를 통해 비행기 창문 제작법과 첨단 금속 가공법을 접목한 패션 브랜드 롱샴의 뉴욕 플래그십 스토어, 다리가 직선으로 들리는 것이 아니라 원통형으로 말려 올라가는 도개교(롤링 브리지) 같은 혁신적인 구조물이 탄생했다. 그의 대표작 상하이 엑스포 영국관은 6만 6천 개의 광학 막대를 통해 낮에는 햇살 변화와 구름의 움직임까지 내부로 전달되고 밤에는 안쪽의 빛이 밤하늘로 뻗어 나가는 장관을 연출했다. 외부로 길게 뻗은 막대들은 바람이 불면 갈대처럼 부드럽게 흔들리고, 내부로 향한 막대 끝에는 각기 다른 6만 6천 종의 식물 씨앗이 들어 있다. 이를 통해 영국이 식물학 연구와 도심 공원으로 대표되는 자연친화적 문화의 대표적인 나라라는 것을 웅변했다.

현재 헤더윅 스튜디오에는 120여 명의 전문가들이 일한다. 헤더윅은 '모든 프로젝트는 발명'이라고 말한다. 그저 멋진 것을 만드는 게 아니라 실제 물건을 사용하거나 건축물 안에 머무는 사람들에게 편안함을 제공해야 한다는 것이다. 이를 위해 전략적으로 사고하고, 다양한 사람들과 끊임없이 소통해야 한다고 강조한다. 무엇을 만들든 독창적인 문제 해결법과 사용자 환경UI에 집중하는 것, 기술과 감성의 완전한 일치를 꾀하는 것, 이를 위해 끊임없이 생각하고 또 생각하는 것. 마치 애플 창업자 스티브 잡스의 작업 방식을 연상하게 한다. 헤더윅을 그저 한 명의 디자이너가 아닌 혁신의 리더로 꼽는 이유다.

12

'고객 경험'의 가치를 높이다

자포스 | 다운타운 프로젝트

토니 셰이 Tony Hsieh

- 자포스 창업자
- '다운타운 프로젝트' 설립자
- 링크 익스체인지 창업자
- 《딜리버링 해피니스》 저자

자포스 직원들 출처 : zappos.com

몇 년 전 미국 실리콘밸리에서 1년을 살았다. 시간만 나면 며칠씩 차를 몰고 미국 서부와 중부 여기저기를 헤집고 다녔다. 나를 가장 설레게 한 건 네바다, 유타, 애리조나의 광막한 건조지대였다. 외롭고 때론 무서운 밤길을 달려, 어둠 속 불덩이처럼 타오르는 한 도시가 멀리 보이면 왠지 마음이 따뜻해졌다. 라스베이거스였다.

네바다 사막 한가운데 불쑥 솟은 쇼와 도박의 도시, 그래서 더 화려하고 진귀하지만, 한편으로는 신기루처럼 덧없이 느껴지는 곳. 이 라스베이거스가 진화하고 있다. 변화의 중심에는 한 젊은 기업인이 있다. 세계 최대 온라인 신발 쇼핑몰 자포스Zappos의 창업자이자 CEO 토니 셰이Tony Hsieh다.

2009년 7월 셰이는 그 10년 전 창업한 자포스를 세계 최대 전자상거래업체 아마존닷컴에 매각했다. 거래액은 12억 달러. 아마존 사상 최대 규모의 M&A였다. 아마존 창업자이자 CEO 제프 베저스는 거래를 마친 뒤 기쁨에 겨워, 집 현관 앞에서 종이 칠판에 핵심 키워드를 휘갈겨가며 아마존의 비전과 고객 가치 실현을 위해 자포스를 인수했다고 밝혔다. 이를 담은 8분짜리 동영상을 보면 베저스가 자포스 인수에 얼마나 흥분했는지 고스란히 느껴진다. 엄청난 M&A 비용이 아깝지 않을 만큼 자포스의 특별한 기업문화와 잠재력에 높은 점수를 준 것이다. 인수한 뒤에도 자포스의 경영권을 토니 셰이에게 일임한 것이 그 증거다.

이렇게 부를 이룬 셰이는 자포스 본사가 있는 라스베이거스의 혁신에 뛰어들었다. 이름하여 '다운타운 프로젝트.' 낙후된 도심지 중 한 곳인 프리몬트 거리를 차근차근 사들여서 여기에 오랫동안 꿈꿔 온 창의와 혁신의 공동체를 건설하기 시작한 것이다. 모토는 '충돌collision', '협업collaboration' '공유sharing.' 스타트업에 투자하고, 지역 주민의 소규모 가게 창업을 지원하며, 자전거와 전기차 공유 시스템을 구축한다. 프로젝트 홈페이지에는 매일 열리는 행사와 모임을 공지한다. TED와 비슷한 방식의 강연을 수시로 여는 공연장이 있고, 창의적인 인재들을 유치하기 위해 카페와 레스토랑을 무료 협업 공간Co-working Space으로 개방한다. 창업자들에게는 무료 숙박 시설까지 제공한다. 셰이는 이 사업에 3억 5천만 달러를 투자할 계획이다. 덕분에 라스베이거스는 지금 미국 중서부 제2의 실리콘밸리로 급부상하고 있다.

창업을 통해 거부가 된 이들은 많다. 하지만 특정 지역의 혁신과 공동체 복원을 위해 그 돈을 쏟아부은 사례를 찾기는 힘들다. 참으로 대담한 발상이자 놀라운 실행력이다.

토니 셰이는 어릴 때부터 생각이 남다른 아이였다. 셰이는 대만에서 미국으로 이주한 엘리트 부모에게서 태어났다. 어머니는 아들이 학자나 의사가 되기를 바랐지만, 어릴 때부터 그의 꿈은 창업이었다. 자포스 스토리와 철학을 담은 그의 책《딜리버링 해피니스Delivering Happiness》에서 그는 "창업을 하면 더 창의적이고 나 스스로 정의하는 삶을 살 수 있을 것이라고 생각했다"고 밝혔다. 셰이는 초등학교 때부터 이미 신문 발간, 맞춤 단추 납품 같은 장사를 시작했다. 하버드대학교 컴퓨터공학과에 다닐 때는 기숙사 1층에 간이 피자 가게를 열어 적지 않은 돈을 벌기도 했다.

대학교를 졸업하고 오라클에 입사했으나 5개월 만에 그만두고 친구와 첫 회사를 창업했다. 온라인 광고 회사 '링크익스체인지'였다. 5개월 뒤 한 자산가가 나타나 1백만 달러에 인수를 제안했으나 셰이는 거절했다. 6개월 뒤에는 야후 창업자 제리 양이 찾아와 2천만 달러를 내놓겠다고 했다. 평생 먹고 놀아도 될 돈이었다. 이 역시 거절했다. 그 돈으로 딱히 하고 싶은 일이 있는 것도 아닌데, 한창 재미있는 회사를 포기할 이유가 없었기 때문이다. 그리고 1년 뒤 마침내 회사를 마이크로소프트에 매각했다. 거래 금액은 2억 6천만 달러. 스물다섯 살에 억만장자가 된 것이다.

고객 서비스의 새로운 클래스를 만들다

이후 투자가로 변신한 그는 온라인 신발 판매 시장에서 가능성을 보았다. 자포스의 전신 '슈사이트닷컴'이라는 스타트업에 투자했다가 아예 CEO로 나서서 자기만의 비전을 펼치기 시작했다. 미국 전역 어디나 무료 배송, 무료 반품, 반품 기한 365일. 이것만으로도 미친 짓이라 손가락질 받을 일인데 셰이는 한 발 더 나아갔다. 회사 중심에 정규직으로만 구성된 고객충성팀Customer Loyalty Team, CLT, 즉 콜센터를 둔 것이다.

전체 인력의 60퍼센트를 CLT에 배정했다. 상담원들은 '평균 처리 시간'이나 '처리 건수', '매출 연결 건수' 같은 것들이 아니라, '고객을 얼마나 만족시켰는가'로 업무 역량을 평가받는다. 예를 들어 고객이 찾는 신발이 자포스에 없으면 상담원은 경쟁 사이트를 뒤져서라도 구매처를 찾아준다. 갑작스럽게 돌아가신 어머니의 신발을 반품하려고 했더니 무료 택배 서비스와 함께 위로 카드와 화환까지 보내주더라, 여행객인데 별 기대 없이 전화해 '이 동네 심야 배달 피자 가게가 어디냐'고 묻자 곧 연락처를 다섯 개나 알아봐 주더라……. 자포스의 놀라운 고객 서비스를 증언하는 스토리는 셀 수 없이 많다. 심지어 특정 고객과 무려 10시간 30분 동안 통화한 상담원도 있다.

셰이는 자신의 책과 몇몇 인터뷰에서 이런 생각을 밝혔다. "고객이 걸어 온 전화를 어떻게 먼저 끊겠는가. 또한 전화는 고객과 특별한 관계를 형성할 수 있는 최고의 통로다. 잊을 수 없는 경험과 감동을 제공함으로써 평생 인연을 맺는 것이다." 그 결과 자포스는 금융 위기가 한창이던 2008년에도 1300퍼센트의 놀라운 성장률을 기록했다.

자포스의 기업문화 또한 독특하기로 유명하다. 회사는 늘 떠들썩하고, 직원들은 자기 자리를 마음대로 꾸밀 수 있다. 각종 보험은 물론 치과와 정신과 치료, 법률 상담까지 제공한다. 회사 곳곳에는 '10대 핵심 가치'가 붙어 있다. '변화를 포용하고 주도하자', '재미와 약간의 괴팍함을 추구하자', '긍정적 팀과 가족애를 키워나가자', '겸손하자'……. 창업자와 일반 직원이 사무실에서 스스럼없이 보드카 잔을 기울일 만큼 자유롭고 개방

적이다. 매년《포브스》가 뽑는 '일하기 좋은 100대 기업' 중 10위권을 오르내린다.

셰이의 파격적인 기업문화 실험은 지금도 진행형이다. 2015년 4월 셰이는 자포스에 '홀라크라시holacracy'를 전면 도입한다고 선언했다. 홀라크라시란 '전체'를 뜻하는 그리스어 'holos'와 '통치'를 의미하는 'cracy'를 합친 개념이다. 스스로 의사결정권을 가진 '자가 조직적self-organizing 팀'들이 회사 전체를 위해 유기적으로 협력하는 구조다. 이에 따라 그달 말 자포스 직원 1500명의 직위를 모두 없애버렸다. '상사' 역할을 했던 대다수 관리자들은 큰 혼란에 빠졌다. 결국 한 달 안에 직원 14퍼센트가 퇴사하는 상황이 벌어졌다.

하지만 셰이의 생각은 확고하다. 그는 직원들에게 보낸 메일에 세계적 경영 구루 게리 해멀 런던비즈니스스쿨 교수의 다음과 같은 글을 인용했다. "누구도 좋은 아이디어를 죽일 수 없고, 모두가 자기주장을 내세울 수 있으며, 누구든 리더가 될 수 있고…… 악질과 독재자들을 참을 필요가 없으며, 말썽꾸러기들이 변방으로 밀려나지 않고, 탁월함이 승리하고, 열정을 죽이는 정책은 전복되고, 위대한 공헌은 인정과 찬양을 받는다."

셰이는 홀라크라시를 통해 바로 그런 이상적인 조직을 구축할 수 있다고 강조한다. 상황과 필요에 따라 소규모 조직circle을 유동적으로 결성하거나 해체하고, 리더는 자연발생적으로 탄생하며, 자유와 책임은 극대화하는 회사. 인터넷에 익숙한 젊은 세대에게는 이런 조직이 훨씬 편하고 생산적이라는 주장이다. 그는 홀라크라시가 정착되는 데 2~5년이 걸릴 것으로 내다봤다. 성공 여부는 아마도 수많은 기업에 큰 영향을 끼칠 것이다.

라스베이거스 '다운타운 프로젝트'도 변화를 겪고 있다. 셰이는 2014년 9월 이 사업의 CEO 자리에서 물러난다고 밝혔다. 아울러 프로젝트 지원팀 구성원 중 30명을 내보냈다. 일각에서 '셰이가 이 프로젝트를 포기한 것 아니냐'는 이야기가 나오자 셰이가 직접 답했다. "프로젝트는 계속될 것이며 내 역할에도 큰 변화는 없다. 내보낸 사람들보다 더 많은 수의 새 직원을 채용할 것이고, 사업은 더욱 효율적으로 운영될 것이다." 실제로 다운타운 프로젝트는 여전히 가동 중이다.

2011년 셰이가 발표한 이 프로젝트의 '사업 기간'은 5년이었다. 2016년 말이면 그 실험의 대차대조표가 나올 것이다. 프로젝트의 성공 여부를 떠나서 중요한 건 셰이야말로 거침없는 도전의 아이콘이라는 사실이다. 실패할지도 모르는 실험에 엄청난 돈과 노력, 역량을 퍼붓고 있다. 이는 셰이의 기업관이나 인생관과도 깊은 관련이 있다.

셰이가 생각하는 기업의 사명은 '직원과 고객에게 행복을 전달하는 것'이다. 셰이는 자신의 책에서 행복에는 '기쁨Pleasure, 열정Passion, 목적Purpose' 세 단계가 있다고 말한다. 그가 말하는 최고의 행복이란 '자신보다 더 큰 무언가의 일부가 되는 것'이다. 그에게 있어 '더 큰 무언가'란 예술가와 기술자와 창업가와 지역 주민이 어깨를 나란히 하고 혁신과 행복을 일궈가는 공동체를 건설하는 것이다. 그 안에서 자포스가 고객에게 '행복을 배달하는' 기업으로 영속하는 것이다. 제프 베저스가 진정 가지고자 했던 것도 셰이의 이런 신념, 자포스의 이런 문화이리라.

PART 3

연결하고 공유하라

airbnb

13

집과 여행의 개념을 바꾸다

에어비앤비

브라이언 체스키, 조 게비아, 네이선 블레차르지크

Brian Chesky, Joe Gebbia, Nathan Blecharczyk

• 에어비앤비 공동 창업자

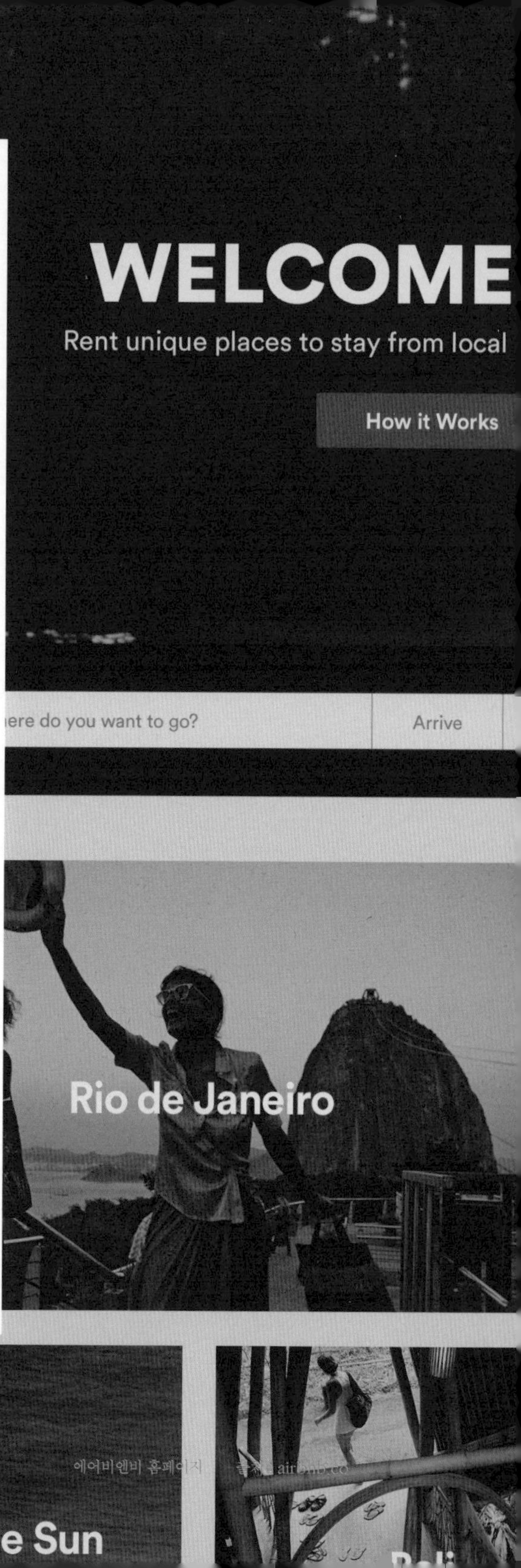

에어비앤비 홈페이지

2013년 3월 미국 텍사스 주 오스틴에서 열린 세계 최대 창조 페스티벌 'SXSW2013'에 참가했다. 7개 유망 스타트업 멤버들과 함께였기에 숙소가 여러 개 필요했다. 이때 호텔 예약 사이트보다 먼저 접속한 것이 숙박 공유 서비스 '에어비앤비AirBnB'였다. 우리 조건에 맞는 집들은 이미 예약이 다 찬 상태여서 결국 일반 호텔을 택했지만, 사이트에 접속해 오스틴의 이런저런 숙소와 주인의 프로필, 이용객들의 사용 후기를 읽는 재미가 쏠쏠했다. '아, 이래서 세계 여행객들이 에어비앤비를 찾는구나' 하는 생각이 절로 들었다.

에어비앤비는 세계 최대 숙박 공유 서비스다. 누구나 이 서비스를 자신의 방과 집, 별장 등 사람이 묵을 수 있는 모든 공간을 임대할 수 있다. 2015년 9월 기준으로 세계 190여 개국, 약 3만 4천 개 도시에 150만 개 이상의 숙소가 등록돼 있다. 이미 4천만 명 이상이 이 서비스를 이용했다. 2015년 6월 에어비앤비는 15억 달러(약 1조 7천억 원)의 투자를 유치했다. 기업가치는 255억 달러(약 29조 3천억 원). 힐튼(약 276억 달러)에 이어 지구상에서 두 번째로 큰 숙박 비즈니스 기업이 된 것이다. 2013년 전자결제 서비스 페이팔의 공동 창업자이자 실리콘밸리 일급 투자자 피터 틸은 이 회사 가치를 25억 달러로 평가했었다. 불과 2년 만에 기업가치가 10배 이상 뛰어오른 것이다.

더 놀라운 것은 그 성장세가 누그러질 조짐이 보이지 않는다는 점이다. 무엇보다 에어비앤비는 자본주의 심화로 인한 각종 폐해의 해결책 중 하나로 꼽히는 '공유 경제sharing economy'와 '협력적 소비collaborative consumption'의 상징이 되었다. 자원 절약, 환경보호, 공동체와 풀뿌리 경제망 회복. 사업의 핵심 경쟁력 또한 소셜 커넥션, 프로슈머(생산자이자 소비자), 오픈 소싱, 위치 정보, 개인 맞춤, 전 지구적 시장과 지역 밀착형 서비스의 결합 같은 시대적 트렌드와 밀접하다.

이들의 스토리는 2007년 10월로 거슬러 올라간다. 당시 명문 예술 대학인 로드아일랜드스쿨오브디자인을 졸업한 지 얼마 되지 않은 브라이언 체스키와 조 게비아는 생활고에 시달리고 있었다. 룸메이트이자 친구였던 둘은 창업의 꿈을 품고 샌프란시스코에 호기롭게 정착했으나 상황은 녹록지 않았다. 당장 월세도 못 내는 상황에서 아이디어 하나가 반짝 떠올랐다. 마침 근처에서 열리는 대형 디자인 컨퍼런스 참가자 중 아직 방을 구하지 못한 이들에게 거실을 빌려주기로 한 것이다. 한 디자이너 커뮤니티 사이트를 통해 고객 3명을 끌어들였다. 소파와 공기 주입식 매트리스인 '에어 베드'로 잠자리를 마련했다. 아침 식사와 각종 비즈니스 인맥까지 제공했다. 사흘 뒤 이들은 서로의 결혼식에 초대할 만큼 친한 사이가 됐다. 이렇게 해서 1천 달러를 벌어들인 덕분에 이들은 아파트에서 쫓겨나지 않을 수 있었다.

이 경험을 통해 브라이언과 조는 새로운 문제와 해결책에 눈떴다. 여행객은 값싼 숙소와 진심 어린 친절, 지역의 독특한 문화를 직접 경험할 수 있는 기회를 원한다. 집주인들은 비싼 월세와 대출금을 충당할 수 있는 부가 수익이 필요하다. 이들을 서로 연결해주면 어떨까? 여행하는 방식과 산업의 성격을 근본적으로 바꿀 수 있지 않을까? 인터넷과 페이스북을 활용하면 뭔가 될 것 같았다.

온라인으로 전 지구의 오프라인을 연결하다

다음 해 2월 친구 네이선 블레차르지크가 합류했다. 고등학교 때 이미 첫 창업을 경험한 하버드대학교 컴퓨터공학과 출신 엔지니어였다. 6개월 뒤 이들은 에어베드&브렉퍼스트AirBed&Breakfast.com라는 사이트를 열었다. 하지만 방을 내놓는 사람이 별로 없었고, 그렇다 보니 빌리려는 사람도 별로 없어서 악순환이 거듭됐다. 셋은 궁여지책으로 마침 시작된 미국 대선 시즌을 겨냥해 '오바마 오Obama O's', '캡틴 매케인Cap'n McCains' 이라는 이름의 아침 식사용 시리얼 2종 세트를 만들어 온라인에서 판매했다. 두 달간 3만 달러를 벌어 겨우 파산을 면했다. 이런 집념과 창의성을 높이 산 사람이 있었다. 세계 최초, 최대 스타트업 엑셀러레이터인 'Y컴비네이터'의 설립자 폴 그레이엄이었다.

Y컴비네이터에서 초기 자금 2만 달러와 각종 멘토링을 받을 수 있었지만 상황은 쉽게 나아지지 않았다. 셋은 남다른 끈기와 팀워크로 회사의

와해를 막는 한편, 직원 15명이 좁은 아파트를 사무실로 쓸 만큼 내핍 생활을 했다. 창업자 셋은 아예 에어비앤비 숙소에 거주하면서 집주인과 소비자들의 반응을 면밀히 체크했다. 이들의 노력과 서비스의 장점이 서서히 알려지면서 2010년 말 갑자기 사용자가 확 늘어나기 시작했다. 곧이어 세쿼이아 캐피털, 그레이록 파트너스 같은 거물 벤처캐피털로부터 투자 유치에 성공했다. 아마존 창업자 제프 베저스, 배우이자 투자가 애슈턴 커처가 합류했다. 애슈턴은 아예 브랜드 자문 역까지 자청했다.

성공의 밑바탕이 된 것은 인터넷과 모바일을 활용한 전 지구적 네트워크, 친숙하고 유려한 UI 디자인, 무엇보다 강력하고 쿨한 커뮤니티와 신뢰 관계망이었다. 사실 낯선 사람을 자기 집에 들인다는 것은 여러모로 불안한 일이다. 이 문제를 해결하기 위해 에어비앤비는 페이스북의 평판 시스템을 철저히 활용했다. 에어비앤비 사이트에 접속하면 집주인과 여행객의 페이스북 내용 및 친구 관계를 바로 확인할 수 있다. 이를 통해 일차 검증을 한 뒤, 임대인과 임차인의 프로필을 살펴본다. 프로필에는 이전 사용자의 리뷰가 달려 있다. 조작을 방지하기 위해 실제 사용자만 리뷰를 쓸 수 있도록 해두었다. 2011년에는 여행객을 가장한 도둑들이 빌린 집을 터는 사건이 발생하기도 했다. 이후 에어비앤비는 최대 10억 원을 배상하는 보험에 가입했다.

호텔에서는 누릴 수 없는 독특한 경험을 할 수 있다는 것도 큰 장점이다. 최고기술책임자CTO 네이선은 언론 인터뷰에서, "여행 책에는 나와 있지 않은 곳에서 최고의 경험을 할 수 있다. 덕분에 여행객의 75퍼센트가 재방문하겠다는 뜻을 밝혔다. 집주인 또한 안방에서 세계를 만날 수 있다"고 설명했다. 숙소는 평범한 아파트부터 단독주택, 고성, 나무 집, 개인 섬에 이르기까지 매우 다양하다. 애플 아이폰 발매 전날 밤 점포 앞에 텐트를 쳐놓고 판매한 사례도 있다.

에어비앤비는 집주인에게 거래액의 3퍼센트, 여행객에게는 6~12퍼센트의 수수료를 받는다. 그래도 호텔보다 21~50퍼센트 싸다. 덕분에 여행객들은 그 지역에 더 오래 머물면서 더 많은 돈을 쓴다. 프랑스 컨설팅 회사 아스테레스의 조사에 따르면, 파리에서 에어비앤비 사용자의 평균 소비액은 865유로로, 호텔 사용자(439유로)의 2배에 이른다. 집주인들이 든든한 부가 수익을 올릴 수 있는 것은 물론이다.

최고경영자 브라이언은 기존 시장과 정부가 해결하지 못한 문제를 푸는 것이 에어비앤비의 진정한 목적이라고 말한다. 자신들은 '돈이 목적인 사람mercenary'이 아니라 일종의 '선교사missionary'라는 것이다. 2013년 런던의 한 컨퍼런스에 연사로 참가한 최고제품책임자CPO 조는 공유 경제 콘셉트의 서비스를 준비 중인 세계 각지의 창업자들에게 이런 조언을 했다. "우리가 봉착한 과제는 어떻게 '온라인'을 디자인해 '오프라인'과 조화를 이루느냐 하는 것이다. 기업가 정신을 가진 사람이라면 이 문제와 결혼해야 한다. 문제를 찾아내, 최대한 끌어안고, 누구도 할 수 없는 방식으로 그것에 감정이입을 해야 한다. 아주 가까이서 보면 두 점(온라인과 오프라인)을 연결하는 능력을 갖게 될 것이다."

온라인 혹은 모바일로 뭔가 '공유'하기만 하면 사업 모델을 완성할 수 있다고 여기는 많은 이들에게 그의 말을 들려주고 싶다. 새로운 경제체제의 근간은 역시 사람, 그리고 이들을 연결하는 강력한 커뮤니티다.

14

지구적 비즈니스 인맥의 창안자

링크트인

리드 호프먼 Reid Hoffman

- 링크트인 창업자
- 페이팔 전 최고운영책임자COO
- 퀘스트브리지 이사
- 모질라 재단 후원자
- 《어떻게 나를 최고로 만드는가》 저자

링크드인 HQ　　출처: wikimedia.org

내 삶에서 지금껏 가장 뜻깊은 성취는 은행권청년창업재단 기업가정신센터장으로서 2013년 서울 역삼동에 우리나라 최초의 창업 생태계 허브 D.CAMP를 연 것이다. 이후 D.CAMP는 매일 3백~4백 명의 창업자, 투자자, 관계 기관 사람들이 드나드는 한국 스타트업 생태계의 대표 플랫폼이 됐다. 해외 인사들도 자주 방문했는데, 그중에는 '누구누구 소개로 왔다'거나 '구글 검색으로 알게 됐다'며 불쑥 자기 소개를 하는 사람도 있었다. 가볍게 인사를 나눈 다음에는 어김없이 세계 최대 비즈니스 특화 소셜 네트워크 서비스SNS '링크트인LinkedIn'에 접속했다. 지금까지 만난 해외 인사 중 링크트인에 프로필 페이지를 개설하지 않은 이는 거의 없었다.

링크트인에 접속하면 그의 경력과 학력, 업무 영역, 관련 뉴스까지 주르르 뜬다. 그의 링크트인 '친구' 중 나와 친분이 있는 사람들을 찾기는 어렵지 않다. 자연히 그들의 근황을 주고받는 것으로 대화를 시작한다. 필요하다면 그중 누군가를 소개해 달라고 청할 수도 있다. 그러면 상대는 그 자리에서 링크트인이나 페이스북 메시지를 보낸다. 때로는 당일 바로 소개 이메일을 써주기도 한다. 이로써 나의 비즈니스 인맥은 또 한 단계 업그레이드된다.

링크트인은 인류 역사상 가장 강력하고 광범위한 비즈니스 네트워크다. 세계 최강의 비즈니스 인명사전이기도 하다. 취업과 채용, 인맥 관리와 확장에 집중한다. 2015년 3월 기준 세계 2백여 개국 3억 6400만 명이 사용한다. 회원들은 이력서 수준의 경력 프로필 페이지를 작성한다. 각 페이지는 직장, 학교, 업종, 전문 분야 등 여러 카테고리로 분류, 연결된다. 북미 지역 채용의 40퍼센트 이상이 링크트인을 통해 이루어진다는 통계도 있다. 미국 경제 전문지《포춘》이 선정한 500대 기업의 모든 간부가 링크트인 회원이다.

무엇보다 링크트인은 21세기에 등장한 각종 SNS 중 가장 뛰어난 경영 실적을 자랑한다. 주로 광고 수익에 의존하는 페이스북이나 트위터와 달리 회원제 유료 서비스를 기반으로, 명료하면서 강력한 사업 모델을 구축했다. 2014년 매출은 22억 1천만 달러에 이른다. 2011년 5월 뉴욕 증시 상장 이래 매년 시장의 예상치를 웃도는 실적을 기록해 왔다. 2011년보다는 4배 가까이 성장했고, 2013년에 비해서는 무려 7억 달러 이상 늘었다. 이런 성장세에 힘입어 2013년에는 경제지《포브스》가 선정한 '최근 3년간 가장 빠르게 성장한 IT 기업'에 뽑히기도 했다. 주가는 4배 이상 뛰었고 시장가치는 260억 달러(약 29조 8천억 원)를 넘어섰다(2015년 7월). 비슷한 시기 상장된 그루폰과 징가 등이 고전을 면치 못하는 상황이기에 더욱 빛나는 실적이다.

이 놀라운 사업 모델을 창안한 인물은 리드 호프먼Reid Hoffman 회장이다. 그 이름도 유명한 '페이팔 마피아'의 일원이다. 페이팔은 세계 최대 지불 결제 서비스다. 2002년 회사를 이베이에 매각해 거부가 된 페이팔 멤버들은 대저택을 사는 대신 재창업과 재투자에 뛰어들었다. 유튜브, 테슬라모터스, 옐프, Y컴비네이터 등 그들에 의해 수십 개, 수백조 원 규모의 기업과 투자 회사들이 탄생했다.

호프먼은 페이팔 마피아 중에서도 창업과 투자 두 마리 토끼를 잡는 데 모두 성공한 인물로 꼽힌다. 링크트인 창업뿐 아니라 페이스북, 에어비앤비, 징가, 플리커 등 80여 개 기술기업에 초기 투자해 눈부신 성과를 거뒀다. 트렌드와 인재를 알아보는 '매의 눈'을 가졌기에 가능한 일이었다. 2012년《포브스》가 선정한 '기술업계 최고 투자가' 3위,《뉴스위크》선정 '디지털 업계 명사(엔젤 투자 부문)' 3위에 오르기도 했다.《포브스》에 따르면 2015년 1월 기준 그의 재산은 46억 달러(약 5조 3천억 원)에 이른다. 하지만 다른 체인지 메이커들과 마찬가지로 호프먼 역시 최종 지향점은 돈이 아닌 듯하다.

"'나 자신'이라는 스타트업을 경영하라"

호프먼은 미국 캘리포니아 주 실리콘밸리 인근에서 태어났다. 이후 알래스카, 뉴욕 등지에서 청소년기를 보냈다. 인식론 등 철학적 이슈에 관심이 많은 소년이었지만 스탠퍼드대학교에서는 인지공학을 전공했다. 여기서 그는 평생의 사업 파트너 피터 틸(페이팔 공동 창업자)을 만났다. 호프먼은 사회주의 성향의 청년이었고, 틸은 정반대인 자유지상주의자였다. 극과 극은 통한다고 했던가. 호프먼과 틸은 격렬한 토론을 즐기는 친구가 됐다. 호프먼은 간혹 틸이 창간한 극우 성향의 학내 신문에 글을 기고하기도 했다.

스탠퍼드대학교를 우등으로 졸업한 호프먼은 다시 옥스퍼드대학교에 들어가 철학 석사 학위를 받았다. 대학 때 그의 꿈은 교수가 되는 것이었다. 하지만 어느 순간 '고작 50명에서 60명밖에 읽지 않는 논문을 쓰는' 일에 매력을 잃었다. 지난해 출간된 그의 책《어떻게 나를 최고로 만드는가The Start-Up of You》에 따르면, 세계에 보다 광범위한 영향을 끼칠 수 있는 일을 하고 싶었고, 기술과 경영이 바로 그 길임을 깨달았다고 한다.

비즈니스로 방향을 튼 그는 애플과 후지츠에서 경력을 쌓은 뒤 1997년 첫 창업에 뛰어들었다. '소셜넷'이라는 온라인 데이팅 회사였는데 트렌드를 칠팔 년이나 앞서간 서비스는 그다지 주목받지 못했다. 3년 만에 이 일을 그만두고 페이팔에 합류한다. 호프먼은 정력적인 제휴 활동으로 회사의 가치를 크게 높였다. 페이팔 공동 창업자 피터 틸에 따르면 당시 호프먼은 페이팔의 급한 불을 끄는 '최고 소방 책임자'였다고 한다.

2002년 페이팔이 매각된 뒤 호프먼은 잠시도 쉬지 않고 링크트인을 창업했다. 이듬해 5월 서비스를 출시했지만 실적은 미미했다. 첫달 회원 수는 4500명에 불과했다. 페이스북도 없던 시절이었다. 하지만 '사람들은 전문가와의 네트워킹을 원하며, 기업은 저렴하고 효율적인 인재 수급 도구를 원한다'는 그의 생각은 틀리지 않았다. 절치부심하여 오직 '인맥 관리'라는 한 우물만 파고들었다. 그 결과 링크트인은 검증되고 충성도 높은 회원으로 구성된 글로벌 소셜 네트워크를 완성하는 데 성공했다.

링크트인의 큰 장점은 경기를 타지 않는다는 것이다. 실업률이 높을수록 구직자는 링크트인을 통한 자기 마케팅에 집중한다. 유료 서비스를 신청하면 채용 담당자와 직접 연락할 수도 있다. 반대로 경기가 좋아지면 기업들은 더 나은 인재를 찾으려고 링크트인에 접속한다. 링크트인 매출의 절반 가량은 각 기업이 지불한 채용 광고비다.

이제 호프먼은 20대에 결심한 대로 "심도 깊은 방식으로 세계에 긍정적이고 지속적인 영향력을 행사하는" 인물이 됐다. 시공을 뛰어넘는 저렴하고 혁신적인 글로벌 비즈니스 네트워크를 창안했다. 수많은 창업자의 롤모델이자 멘토, 투자자가 됐다. 저소득층 학생의 대학 진학을 지원하는 '퀘스트브리지' 이사이자, 모질라 재단을 비롯한 각종 비영리 기관의 후원자 겸 운영자다. 실리콘밸리 최고의 '연결자connected man'로도 꼽힌다.

창업에 대한 호프먼의 철학을 한마디로 정리하면 '생각은 크게, 행동은 빠르게Think big, Act fast'이다. 당장 통할 만한 소소한 아이템에 집중하는 것이 아니라, 시대의 큰 흐름 속에서 시간이 지날수록 가치가 높아지는 시장을 정하고 빠르게 존재감을 구축한다. 그 과정에서 주변의 비웃음과 몰이해, 크고 작은 실패를 겪는 것은 자연스러운 일이다. 2014년 11월 호프먼은 스탠퍼드대학교에서 '위대한 창업자가 되는 법'이라는 주제의 강연을 했다. 대략적인 메시지는 이렇다.

창업가는 슈퍼맨이 아니며, 창업은 두세 명이 함께 하는 것이 좋다.

초기 비전만 고집하지 말고 데이터 분석을 통해 방향을 수정하라.

신념을 고수하되 문제를 발견하면 빠르고 유연하게 대처하라.

그는 또 '평판'이 얼마나 중요하며, 주변에 얼마나 뛰어난 사람들이 있는지가 미래에 결정적인 영향을 끼친다고 강조했다.

아울러 호프먼은 "'나 자신'이라는 스타트업을 경영하라!"고 조언한다. 더 이상 평생직장이라는 에스컬레이터는 없다. 목표를 정해 놓고 수십 년간 꾸준히 매진하는 옛날 성공 공식은 통하지 않는다. 스타트업처럼 시장의 변화를 읽고, 민첩하게 움직이며, 합리적 리스크를 감수해야만 원하는 삶을 살 수 있다는 것이다.

2012년 〈월스트리트저널〉과의 인터뷰에서 그는 창업에 대해 이렇게 말했다. "기술과 인맥에 투자하고, 회사 밖의 사람들과 관계를 유지하라. 게임의 새로운 규칙을 이해해야 한다. 언제나 자신의 '차기 버전'에 투자하고 '베타(시험 가동)' 속에 살아야 한다." 스타트업이 그렇듯 경력에 있어서도 개인의 가치를 결정하는 것은 자기 자신뿐 아니라, 끊임없이 변화하는 시장과 주변의 네트워크이기 때문이다.

15

연결과 공유로 100년 운송업을 혁신하다

우버

트래비스 칼라닉 Travis Kalanick

- 우버 창업자 겸 CEO
- 레드 스우시 공동 창업자

우버 택시 서비스 신청 출처 : uber.com

현재 전 세계에서 가장 빠른 변화를 겪고 있는 도시는 아마도 미국의 샌프란시스코일 것이다. 2014년 9월 8일부터 10일까지 그곳에서 열린 세계 최대 스타트업 컨퍼런스 '테크크런치 디스럽트 SF 2014'에 참가했다. 우버Uber나 리프트Lyft 같은 차량 공유 서비스가 완전히 대중화되어 있음을 체험했다. 그해 초만 해도 느낄 수 없던 것이었다. 업체 간 경쟁으로 가격 또한 크게 내려가, 우버의 여러 서비스 중 하나인 '우버X'를 이용하면 일반 택시의 반값으로 어디든 갈 수 있었다.

스마트폰에서 전용 앱을 열면 주변에 있는 우버 차량들이 지도에 표시된다. 이어서 목적지를 입력하면 예상 요금과 함께 그곳까지 타고 갈 우버 차량의 운전자 이름, 얼굴, 차종과 사용자의 별점이 뜬다. 보통 5분 내에 차가 도착하는데 목적지를 설명할 필요도, 팁을 얼마나 줘야 할지 고민할 필요도 없다. 차에서 내리면 미리 등록해 놓은 신용카드에서 요금이 빠져나간다. 외지에서 온 사람들에게는 더없이 편리한 서비스다.

우버의 인기와 위상은 테크크런치 디스럽트에서도 확인할 수 있었다. 첫날, 첫 세션의 주인공이 바로 우버 창업자 트래비스 칼라닉Travis Kalanick이었다. "택시 업계와 자동차 제조사, 리프트 같은 경쟁자들까지, 도대체 우버의 적은 몇 개냐"는 대담자의 질문에 칼라닉은 특유의 거만한 듯 여유로운 태도로 답했다. "글쎄요. 우버의 비즈니스 성격이 파괴적이기 때문에 어디를 가든 적과 싸워야 합니다. 어쨌든 미국 대부분의 도시에서 이겼습니다."

우버가 승승장구하고 있다는 사실은 각종 수치가 말해 준다. 2012년만 해도 우버가 진출한 도시는 전 세계 12곳에 불과했다. 하지만 2015년 5월에는 58개국, 3백여 개 도시에 진출했다. 기업가치는 510억 달러(약 58조 5천억 원)에 이른다. 2014년 가을에 180억 달러로 추정됐으니, 1년도 채 안 되는 기간에 3배나 상승한 것이다. 2014년 이후에만 중국의 검색 포털 바이두, 마이크로소프트, 인도의 타타그룹, 모건스탠리, 골드만삭스 등에게서 수십억 달러의 투자를 유치했다. 페이스북보다 빠른 성장세다.

물론 우버가 가는 길이 마냥 장밋빛인 것은 아니다. 2014년 서울시는 우버코리아가 여객자동차운수사업법을 위반했다며 경찰에 고발했다. 이로 인해 우버는 사실상 한국에서 사업을 펼치지 못하고 있다. 비슷한 시기에 독일 베를린과 함부르크 법원은 우버 서비스 중 일반 운전자와 승객을 연결하는 '우버팝' 및 '우퍼X'에 대해 영업 금지 판결을 내렸다. 미국 로스앤젤레스와 샌프란시스코의 검찰도 일종의 카풀 서비스인 '우버풀'에 대해 경고 서한을 보냈다.

이 정도면 열기가 한풀 꺾일 법도 한데, 칼라닉에 대한 실리콘밸리의 여론은 갈수록 뜨거워질 뿐 아니라 무척 긍정적이다. 남들은 보지 못한 기회를 포착해, 강력한 의지와 놀라운 실행력으로 기존 질서를 뒤엎고 새로운 시장을 창출하는 것. 실리콘밸리가 추앙하는 기업가 정신 혹은 '창조적 파괴'의 가장 극적이자 극단적인 사례이기 때문이다.

이동하는 인류의 일상을 바꾸다

로스앤젤레스에서 태어난 칼라닉은 어릴 때부터 세일즈맨 기질이 다분했다고 한다. 열여덟 살에 첫 사업을 시작했는데, 우리나라로 치면 일종의 '수능 대비 족집게 과외'였다. 그는 캘리포니아주립대학교 LA캠퍼스UCLA에서 컴퓨터과학을 전공했다. 몇몇 친구들이 파일 공유 서비스 회사 '스카워'를 창업하자 여기에 합류했다. 1998년에는 학교까지 그만두고 이 일에 매진했다. 스카워는 한때 1500만 달러 이상의 투자를 유치할 만큼 승승장구했다. 그러나 강력한 경쟁자 '냅스터'가 나타난 데다 몇몇 콘텐츠 기업들이 천문학적 규모의 저작권 소송을 제기하면서 결국 파산하고 말았다. 칼라닉은 2011년 '실패'를 주제로 한 컨퍼런스 '페일콘FailCon, Failure Conference'에서 당시 자신의 상태를 이렇게 설명했다. "하루 14시간씩 침대에 누워 있곤 했다. 그리고 게임을 했다, 이길 때까지. 허세를 부리는 심정으로."

침체기는 오래가지 않았다. 2000년 그는 스카워 창업자 중 한 명인 마이클 토드와 새로운 사업을 시작했다. '레드 스우시'라는 콘텐츠 전송 최적화 회사였다. 사업은 고전을 면치 못했다. 칼라닉과 토드는 사사건건 서로를 탓하며 으르렁거렸다. 결국 토드가 회사를 떠났는데, 직원 대부분이 그를 따라 나갔다. 그만큼 칼라닉은 인기가 없었다. 미국의 경제 전문지 《비즈니스 인사이더》에 따르면 그는 젠체하며 매사 자기에게 유리한 쪽으로 해석하는 '에고이스트 자체'이자 지칠 줄 모르는 수완가라고 한다.

녹록지 않은 상황에서도 칼라닉은 포기하지 않았다. 3년간 월급 없이 생활했다. 비용 절감을 위해 2006년 회사를 태국으로 옮기는 모험까지 감행한 끝에, 2007년 드디어 기회를 잡았다. 네트워크 컴퓨팅 기업 아카마이가 인수 제안을 한 것이다. 회사가 2300만 달러에 팔리면서 칼라닉은 백만장자가 됐다. 그의 성격에 진저리를 치며 떠났던 옛 동료들까지 수혜를 입었다. 칼라닉의 집요함이 빛을 발한 순간이었다.

이후 투자가로서 실리콘밸리의 젊은 야심가들과 어울리던 칼라닉은 새로운 사업 기회를 발견했다. '실시간 모바일 운수 서비스', 바로 우버였다. 사실 우버의 아이디어를 처음 낸 사람은 '스텀블어폰' 공동 창업자 개릿 캠프였다. 캠프 역시 2007년 회사를 이베이에 매각하면서 거부가 됐다. 2009년 캠프가 회사를 꾸린 직후 칼라닉이 가세했다.

처음에 두 사람은 라이언 그레이브스라는 젊은 개발자를 최고경영자CEO로 내세웠다. 하지만 2010년 6월 서비스가 출시되고 사용자들이 열광적인 반응을 보이자 칼라닉은 돌연 그레이브스에게 CEO 자리를 양보할 것을 요구했다. 사실 우버는 '창업 초짜'인 그레이브스가 끌고 가기에는 버거운 짐이었다. 그레이브스는 이 요청을 두말없이 받아들였다. 덕분에 그는 우버의 총괄 매니저 자리와 더불어 지분까지 지킬 수 있었다. 칼라닉의 '에고이즘'에 맞서지 않은 덕에 억만장자 대열에 끼게 된 것이다.

많은 사람들이 우버를 단순한 택시 대체, 혹은 차량 공유 서비스로 생각한다. 하지만 칼라닉의 야망은 그보다 훨씬 크다. 그는 영역을 막론하고 사람뿐 아니라 무엇이든 실어 나르는 '운송 플랫폼'을 지향한다. 실제로 우버는 이삿짐 운반부터 생필품 택배, 도시락 배달 서비스까지 영역을 확장했다. 행선지가 비슷한 사람들을 한꺼번에 실어 나르는 '우버 버스'에 이어 대형 유통업체 및 패션 브랜드와 손잡고 퀵 서비스까지 선보였다. 요즘은 이 회사 운송 시스템을 활용한 '제3의 스타트업Third Party' 창업도 활발하다. 첨단 IT 기술을 활용해 전통 산업의 혁신을 꾀하는 온·오프 라인 연결점 비즈니스의 대표 기업인 셈이다.

연결점 비즈니스 기업들은 뛰어난 데이터 분석력을 앞세워 운수업뿐 아니라 금융, 에너지, 교육, 농업 등 주류 산업 영역에 큰 변화를 일으키고 있다. 거스를 수 없는 대세인 셈이다. 기존 업계의 만만찮은 반발은 물론 법적 분쟁에 휘말리기도 하지만, 결국 우버 혹은 우버와 유사한 방식의 비즈니스는 인류의 일상을 바꾸게 될 것이다.

16

만인 창업 시대를 연 대륙의 창업 영웅

알리바바그룹

마윈 Ma Yun

- 알리바바그룹 창업자
- 2014 포브스 집계 중국 1위 부자
- 하이보 창업자
- 전직 영어 교사

알리바바그룹 본사 프론트　　출처: www.alibabagroup.com

문득 기발한 디자인의 휴대전화 케이스를 떠올렸다고 하자. 대개는 그저 아이디어로 끝나기 십상이다. 하지만 '알리바바닷컴alibaba.com'을 알고 있다면 얘기가 달라진다. 재료와 디자인을 결정한 뒤 이 사이트에 접속해 중국의 각종 공장들과 이메일로 소통한다. 영어는 중국어로, 중국어는 영어로 실시간 번역이 이루어진다. 주문과 결제를 완료하면 얼마 뒤 서울 안방에서 시제품을 받아볼 수 있다. 소자본, 소량 생산의 만인 창업 시대를 연 세계 최대 B2B(기업 간 거래) 플랫폼, 알리바바닷컴의 위력이다. 중국뿐 아니라 세계 2백여 개국의 수출입 업체가 이 사이트를 이용한다. 일종의 온라인 무역 박람회다.

이 회사 창업자는 중국의 마윈馬雲이다. 알리바바닷컴뿐 아니라 세계 최대 온라인 오픈 마켓 '타오바오', 중국 1위 온라인 소매 쇼핑몰 '톈마오(T몰)', 아시아 최대 결제 시스템 '알리페이', '야후차이나' 등이 속한 알리바바그룹의 회장이다. 이 회사가 중국의 전자상거래 시장에서 차지하는 비중은 80퍼센트가 넘는다. 중국 소포 배달의 70퍼센트는 알리바바 거래분이다. 2013년 3월 이미 타오바오와 텐마오의 합산 매출은 1조 위안(약 177조 6천억 원)을 넘어섰다. 텐마오의 경우 2014년 11월 11일 '독신자의 날' 하루에만 571억 위안(약 10조 2천억 원)의 매출을 올렸다. 타오바오 고객은 5억 5천만 명이 넘고, 2015년 현재 알리페이 사용자 수는 8억 3천만 명에 이른다.

마윈은 현재 중국 창업계와 혁신 산업계를 대표하는 '얼굴'이다. 2014년 9월 알리바바그룹의 뉴욕 증시 상장이 결정적인 계기였다. 당시 알리바바는 뉴욕 증시 사상 최고액인 250억 달러 규모의 기업공개IPO를 진행해 세계를 놀라게 했다. 그해 말에는 주가가 54퍼센트 이상 오르면서, 마윈은 중국 1위 부자에 등극하기도 했다.

2015년 9월 현재는 주가가 하락해 2위로 내려앉았지만, 중국은 물론 범아시아권에서 마윈에 대한 청년들의 선망과 존경은 대단하다. 2015년 베이징대학교의 시장·마케팅연구센터가 1990년대 이후 출생자를 대상으로 설문 조사한 결과 무려 75.3퍼센트의 몰표를 받으며 '가장 존경하는 인물'에 선정됐다. 국제 여론조사 기관 유고브YouGov가 같은 해 2월 진행한 '세계에서 가장 존경받는 인물'에 마윈은 남성 전체 8위, 중국인 중에서는 시진핑 주석(전체 3위) 다음으로 2위를 차지했다.

한국의 젊은 창업자들 사이에서도 '마윈 어록'이 큰 인기를 끌고 있다. "창업에 필요한 것은 충분한 돈이 아니라 충분한 인내다." "많은 사람들이 불만을 갖는 것에 감사한다. 다른 사람들이 불평불만을 할 때가 당신에게는 기회다." "꿈은 개인의 것이지만 이상은 조직의 것이다." 자수성가한 마윈은 남다른 인내와 지략으로 가장 낮은 곳에서 몸을 일으켜 대륙의 리더가 됐다. 바로 그 점이 젊은이들의 가슴을 뛰게 하는 것이다.

"창업에 필요한 것은 충분한 돈이 아니라 충분한 인내다"

마윈은 중국 항저우의 서민 가정에서 태어났다. 기개와 리더십은 있었지만 성적은 바닥이었다. 그런 그가 중학생 때부터 매달린 것은 영어였다. 항저우의 유명 관광지나 호텔 부근을 서성이다 외국인을 만나면 얼른 다가가 말을 걸었다. 영어 실력은 급속도로 향상됐지만 수학이 문제였다. 결국 삼수를 하게 됐다. 마윈은 신문팔이, 운전기사, 막노동꾼으로 일하며 주경야독했다. 키 153센티미터의 깡마른 체구에 비호감 외모라는 이유로 호텔 면접에서 미끄러지기도 했다. 1984년 항저우사범학원 외국어과에 입학한 것도 정원 미달 덕분이었다.

우수한 성적으로 대학을 졸업한 마윈은 월급 12달러를 받고 항저우전자공업대학 영어 강사로 들어갔다. 5년째 강사 생활을 하던 중 정년퇴직을 하고 어렵게 사는 동료 강사들을 보면서 새로운 사업 아이디어를 떠올렸다. '하이보'라는 통·번역 회사를 설립한 것이다. 하지만 사업은 지지부진했다. 돌파구는 엉뚱한 곳에서 열렸다. 1995년 미국 출장길에 인터넷을 처음 접한 마윈은 '맥주Beer'와 '중국China'이라는 단어를 검색해 봤다. 결과는 '무無', 검색 결과가 없었던 것이다. 인터넷에서 중국은 아직 미지의 세계였다.

마윈은 항저우로 돌아오자마자 주위의 반대를 무릅쓰고 웹페이지 제작 회사를 차렸다. 스스로 인터넷 전도사를 자처하며 사력을 다했으나 결과는 신통치 않았다. 중국 대외경제무역부 홈페이지를 제작하던 중 만난 '야후'의 공동 설립자 제리 양과의 인연이 그나마 위안이었다. 제리 양은 그에게 야후차이나에 입사하라고 권했지만 마윈은 창업에 대한 꿈을 접지 않았다. 1999년 마윈은 드디어 세 번째 도전에 나섰다. 인터넷을 통해 '세계의 공장'으로 부상 중인 중국 중소기업과 세계 시장을 연결하겠다는 야심 찬 구상이었다. 알리바바닷컴의 시작이었다.

항저우의 20평짜리 아파트에 18명이 모였다. 식사만 겨우 해결할 수 있을 정도의 돈으로 버티며 사이트를 열었다. 그즈음 중국에도 서서히 인터넷 붐이 일기 시작했다. 우선 매스컴이 알리바바닷컴을 주목했다. 가입자가 서서히 늘었고, 그해 9월에는 골드만삭스에게 5백만 달러를 투자받았다.

한 달 뒤 마윈은 인생의 은인이자 사업의 멘토를 만났다. 일본 소프트뱅크 손정의 회장이었다. 손정의 회장은 마윈의 얘기를 다 듣지도 않고 즉석에서 2천만 달러를 투자하기로 결정했다. 손정의 회장은 2003년 마윈이 오픈 마켓 타오바오를 시작하는 데도 결정적인 조언을 해주었다. 이듬해에는 추가로 8200만 달러를 투자했다. 소프트뱅크는 현재 알리바바닷컴 지분 37.7퍼센트를 보유한 최대주주다. 하지만 경영권은 행사하지 않는다. 이는 2006년 17억 달러를 투자한 제리 양의 야후 또한 마찬가지다.

마윈의 혜안과 배짱, 마케터로서의 비범한 능력을 보여주는 대표적인 에피소드는 이베이와의 한판 승부다. 2003년 이베이는 중국 대표 포털사이트 소후sohu.com, 바이두baidu.com 등과 독점 광고 계약을 맺고 대대적인 대륙 공략에 나섰다. 마윈의 타오바오는 포털에 광고조차 할 수 없는 상황이 되었다. 하지만 그는 "우리는 양쯔 강 악어이고, 이베이는 바닷속 상어다. 바다는 몰라도 강에서라면 우리가 이긴다"는 말로 자신감을 보였다. 포털 사이트 대신 개인 사이트를 집중 공략해 이베이의 10분의 1 비용으로 뛰어난 마케팅 효과를 거뒀다. 아울러 유료 회원제를 무료로 전환해 이베이를 압박했다. 2005년 결국 이베이는 사실상 중국 시장에서 철수하고 말았다.

마윈은 쇼핑몰만 만든 것이 아니다. 세계 7억 명이 사용하는 결제 수단을 서비스하는 미래 금융기업 '알리페이', 클라우드 기술에 기반한 독자적 모바일 운영체제OS '알리윈'까지 개발했다. 중국과 아시아를 본거지로, 전자상거래의 모든 것을 기획하고 제공하는 기업. 이것이 알리바바그룹의 비전이다.

2013년 말 '한중 인터넷 원탁회의' 참석차 방한한 마윈은 서울대학교 강연에서 이런 말을 했다.

"내가 성공한 것은 돈도, 기술도, 계획도 없었기 때문이다."

돈이 없어서 한 푼도 귀하게 썼고, 기술을 몰라서 보통 사람도 편히 쓸 수 있는 서비스를 개발할 수 있었으며, 계획을 세우지 않았기에 변화하는 세상에 능동적으로 반응할 수 있었다는 것이다. 간혹 돌출 행동과 국수주의적인 발언으로 논란을 빚기도 하지만 마윈이야말로 현재의 중국, 나아가 미래의 중국을 가늠할 수 있는 대표적인 기업가다. 그 넓은 땅과 13억 5천만 인구, 더구나 이토록 집요하고 저돌적인 창업자라니. 중국이 더욱 무섭게 느껴진다.

17

보통 사람의 꿈 이뤄주는 창의 플랫폼

킥스타터

페리 첸, 얀시 스트리클러, 찰스 애들러

Perry Chen, Yancey Strickler, Charles Adler

—

• 킥스타터 공동 창업자

킥스타터 HO 출처: www.digitaltrends.com

스마트폰과 연동된 스마트 워치를 만들려는 미국 청년이 있었다. 이름은 에릭 미기코브스키. 아이디어를 처음 낸 것은 2008년이었지만 몇 해가 지나도록 이렇다 할 투자자를 구하지 못했다. 2012년 에릭은 지푸라기라도 잡는 심정으로 온라인 모금 사이트 킥스타터Kick Starter의 문을 두드렸다. 목표액은 10만 달러. 그런데 놀라운 일이 벌어졌다. 불과 2시간 만에 목표액을 채운 것은 물론, 이후에도 계속 후원이 이어지면서 무려 1026만 6845달러를 모으게 된 것이다. 이제는 세계적인 스마트 기기 회사가 된 '페블Pebble'의 이야기다.

킥스타터를 통해 삶이 바뀐 사람은 에릭 같은 창업자뿐이 아니다. 게임, 영화, 음악, 무용, 만화, 요리, 출판은 물론 IT 기기 개발, 사회 혁신 같은 분야에서도 비슷한 양상이 벌어지고 있다. 2015년 9월 현재 킥스타터를 통해 세계 780만 명이 20만 개의 프로젝트에 총 15억 달러(약 1조 7천억 원)를 후원했다. 2013년 여름만 해도 킥스타터 후원자 수는 470만 명,

총 모금액은 7억 6400만 달러였다. 불과 2년 사이 후원자는 3백만 명, 모금액은 8억 달러 이상 늘어난 것이다.

공식 홈페이지에 적힌 문구처럼 킥스타터는 '세계인이 예술 혹은 창의적 활동과 관계를 맺는 방식'을 바꾸고 있다. 공동 창업자이자 CEO인 중국계 미국인 페리 첸은 2013년 《타임》 선정 '세계에서 가장 영향력 있는 인물 100인'에 오르기도 했다.

킥스타터는 무엇보다 '크라우드 펀딩crowd funding'의 대명사이자 세계적인 롤모델이다. 크라우드 펀딩이란 말 그대로 '대중crowd'에게 '자금 조달funding'을 하는 것이다. 인터넷 기반의 소셜 네트워킹을 활용해 십시일반 돈을 모은다는 의미에서 '소셜 펀딩'이라고도 한다. 요즘 우리나라에서도 창업 대중화의 주요 수단으로 거론되곤 한다. 특정 프로젝트에 소요될 비용을 모금하는 후원형, 사업 자금을 받는 대신 회사 지분을 주는 기업 투자형, 불특정 다수에게 돈을 빌리는 대출형 등이 있다. 킥스타터는 후원형에 해당한다.

킥스타터의 연원은 2001년 말로 거슬러 올라간다. 당시 첸은 미국 뉴올리언스에 살고 있었다. 음악과 미술 애호가인 그는 이듬해 있을 재즈 페스티벌에 호주 출신 디제이DJ 2명을 초청하려 했지만 돈을 마련할 수 없어 포기해야 했다. 이때 첸은 '관객들이 표 값을 미리 내고 그 돈으로 비용을 충당하면 어떨까' 하는 아이디어를 처음 떠올렸다. 4년 뒤 뉴욕에서 식당 웨이터로 일하던 그는 손님으로 온 음악 저널리스트 얀시 스트리클러에게 이 아이디어를 이야기했다. 비상업적이거나 성공 가능성이 낮은 일이라도 인터넷을 통해 쉽고 빠르게 후원자를 구할 수 있지 않을까?

의기투합한 두 사람은 창업을 결심했다. 곧이어 웹디자이너 찰스 애들러가 합류했다. 하지만 사이트를 개설하기까지는 4년이 더 걸렸다. 창업 멤버 중에 개발자가 없었기 때문이다. 2008년이 되어서야 20만 달러를 어렵게 조달해 개발자를 고용하고 서버 비용을 충당할 수 있었다. 2009년 4월 드디어 사이트를 열었다.

세계 최대의 크라우드 펀딩 서비스

킥스타터는 첫해부터 돌풍을 일으켰다. 기발하고, 가슴을 울리고, 놀라운 수많은 시도들이 킥스타터를 통해 실현되었다. 에밀리 리처드슨이라는 여성은 보트 세계 일주 프로젝트를 올렸다. 그녀는 여행 후원자들에게 남다른 보상을 했다. 1달러 기부자는 보트에 이름을 새겨주었고, 15달러 이상 기부자에게는 여행 중 찍은 사진에 감사의 인사를 적어 보냈다. 1천 달러 이상 기부자에게는 그녀가 직접 딴 코코넛을 선물했다. 이처럼 '돈도 안 되는' 일에 사람들은 왜 기꺼이 신용카드를 긁는 것일까? 에밀리의 남다른 스토리에 감동받아 동참하게 된 것이다. 조지아 주의 낯선 동네에 버스 정류장을 만들겠다거나, 맨해튼 한복판에 수영장을 열겠다는 아이디어도 모금에 성공했다.

킥스타터에는 그 외에도 수많은 프로젝트들이 올라온다. 다수를 차지하는 건 문화 예술 분야다. 스파이크 리 같은 유명 감독도 킥스타터를 통해 차기작 후원을 받았다. 길거리 가수 어맨다 파머는 킥스타터에서 모은 120만 달러로 앨범을 제작해 빌보드 차트 5위에 오르는 기염을 토하기도 했다. 미국 드라마 〈베로니카 마스〉의 팬 9만여 명은 6백만 달러를 모아 동명의 영화를 제작했다.

그래도 모금 액수가 큰 것은 역시 창업과 관련된 것들이다. 페블의 경우 2015년 3월 스마트 워치 '페블 타임'이라는 신제품을 제작하면서 킥스타터를 통해 무려 2034만 달러(약 230억 원)를 유치했다. '쿨리스트 쿨러'라는 다목적 아이스박스의 모금액은 1329만 달러, 게임 콘솔 '오우야OUYA'는 8596만 달러를 투자받았다. 이런 펀딩의 경우 후원자가 곧 첫 구매자이자 자발적 홍보맨이 된다. 모금액도 1백만 달러를 훌쩍 넘곤 한다.

그렇다면 킥스타터에 아이디어를 올리고 보상을 하는 과정은 어떻게 이루어질까? 후원을 원하는 사람은 자신의 아이디어와 열정, 스토리를 담은 글이나 사진, 동영상을 만들어 사이트에 올린다. 목표 금액과 기한도 명시한다. 이를 보고 동참을 결정한 후원자는 신용카드로 금액을 결제한다. 기한 내에 모금액을 채우지 못하면 프로젝트는 무산된다. 후원자의 계좌에서 돈도 빠져나가지 않는다. 킥스타터만의 '모 아니면 도All or Nothing' 방식이다. 프로젝트 창안자는 보다 현실적인 목표를, 후원자들은 적극적인 모금 동기를 갖게 된다. 그런데도 모금 성공률은 44퍼센트에 이른다. 모금이 무사히 끝나면 킥스타터 수수료 5퍼센트와 결제업체 수수료 3~5퍼센트를 제한 나머지 금액이 프로젝트 진행자에게 입금된다. 이후 프로젝트 성과를 공유하면서 후원자들은 마치 게임을 하는 듯한 스릴을 느낄 수 있다.

페리 첸은 2012년 11월 샌프란시스코에서 열린 '기가옴 로드맵 컨퍼런스'에서 이런 말을 했다. "킥스타터의 가장 결정적인 힘은 투자라는 개념을 없앴다는 것이다. 사람들은 돈이 될 것 같은 프로젝트가 아니라, 실현되었으면 하는 프로젝트를 후원한다." 세상에는 수익을 낼 수는 없지만 가치 있는 프로젝트가 얼마든지 존재하며, 이를 지원하는 것이 킥스타터의 사명이라는 얘기다.

사실 킥스타터의 방식은 창업이라고 하면 무조건 수익 모델부터 따지고 드는 비즈니스 세계에서는 결코 통용될 수 없는 발상이다. 그러나 킥스타터는 나날이 번성하며, 미국은 물론 세계의 인디Indie 예술계와 창업계에 새바람을 일으키고 있다. 혁신의 원천 혹은 성과에 대한 평가 기준은 과연 철저히 물적物的인 것인가, 아니면 인간 감성에 기인한 정량화하기 힘든 그 무엇인가? 본격적인 크라우드 펀딩 시대를 준비하는 우리나라 관련 업계에서도 심도 깊게 고민해 볼 문제다.

PART 4

데이터가 미래다

18

빌려 쓰는 소프트웨어 시대를 열다

세일즈포스닷컴

마크 베니오프 Marc Benioff

- 세일즈포스닷컴 창업자
- 오라클 최연소 부사장

세일즈포스닷컴 서비스센터 출처: www.teecom.com

매년 6월 샌프란시스코 시내 한복판 모스코니 센터에서 열리는 '애플 개발자 회의WWDC'는 가히 세계 소프트웨어 엔지니어의 축제라 할 만하다. 1500달러가 넘는 등록비에도 불구하고 참가 희망자가 너무 많아 추첨을 해야 할 정도다. 세일즈포스닷컴Salesforce.com의 '드림포스'는 이에 필적할 만한 것으로 꼽히는 몇 안 되는 컨퍼런스다. 매년 11월 역시 모스코니 센터에서 열리는 이 행사에는 세계 최고의 기업용 소프트웨어 개발자들이 몰려든다. 구글이 매년 여는 '구글 I/O' 같은 행사도 있지만, 시쳇말로 '신神급 엔지니어'들의 진정한 합 겨루기는 드림포스에서 이루어진다는 이야기도 있다.

2011년 여름, 샌프란시스코 해변가에 자리잡은 세일즈포스닷컴 본사를 찾았다. 기자 시절이었던 만큼 취재를 위한 방문이었다. IT를 넘어 세계 산업의 트렌드를 바꿀 근본적인 변화가 그곳에서 이루어지고 있었다. 이름하여 '클라우드 컴퓨팅Cloud Computing.' PC나 스마트폰 같은 기기로 언제 어디서나 인터넷에 접속해 각종 소프트웨어와 자료들을 빌려 쓰거나 꺼내 쓰는 것을 말한다. 전 과정이 마치 구름cloud처럼 눈에 보이지 않는 인터넷상에서 이루어진다는 뜻에서 붙여진 이름이다. 예를 들어 이메일도 넓은 의미의 클라우드 컴퓨팅 서비스다. 데이터를 각 기기에 저장하는 것이 아니라 이메일 관리업체의 서버에 넣어두었다가 그때그때 꺼내 보기 때문이다.

세일즈포스닷컴은 이 분야의 진정한 개척자로 꼽힌다. 특히 기업 시장의 선구자로서 온갖 값비싼 소프트웨어들을 직접 구매하지 않고 인터넷상에서 빌려 쓸 수 있는 시대를 열었다. 이 회사의 연간 매출은 54억 달러(2014년 말 기준)에 이른다. 2012년에는 아마존, 구글, 애플 같은 회사를 누르고 미국 경제 잡지 《포브스》가 선정한 '세계에서 가장 혁신적인 기업' 1위에 오르기도 했다. 같은 해 경제 전문지 《포춘》은 세일즈포스닷컴의 창업자이자 회장 겸 최고경영자CEO 마크 베니오프Marc Benioff를 '올해의 기업인'으로 선정했다. 경제 주간지 《이코노미스트》도 그해의 '혁신상'을 베니오프에게 안겼다. 스티브 잡스(애플), 제프 베저스(아마존)를 잇는 IT 업계 차세대 리더로 확실하게 자리매김한 것이다.

2015년 5월에는 마이크로소프트의 세일즈포스닷컴 인수설이 큰 화제가 되기도 했다. 마이크로소프트는 인수가로 550억 달러를 제시했지만, 베니오프가 7백억 달러를 요구해 무산됐다는 소문이 돌았다. 이 거래가 성사됐다면 글로벌 IT 업계 지형도에 파란이 일었을 것이다.

샌프란시스코의 유대계 가정에서 태어난 베니오프는 열다섯 살에 이미 게임 회사를 창업한 '신동 프로그래머'였다. 서던캘리포니아대학교 경영학과에 재학 중이던 스무 살에는 애플 매킨토시 사업부에서 일했다. 대학을 졸업하자마자 기업용 하드웨어 및 소프트웨어 전문 기업인 오라클에 스카우트됐다. 입사 1년 만에 회사가 뽑은 '올해의 루키'에 선정됐고, 스물여섯 살에 최연소 부사장이 됐다.

클라우드 컴퓨팅의 진정한 개척자

그렇게 잘나가던 베니오프는 1999년 돌연 장기 휴가를 내고 하와이로 떠났다. 오두막집을 하나 빌려 장고에 들어갔다. 그의 꿈은 창업가이자 자선사업가가 되는 것이었다. 그러려면 어떤 회사를 만들어야 할까 고민을 거듭했다. 그는 '인터넷이 소비자에 관한 모든 방식을 바꿀 것'이라는 점에 착안했다. 기업 시장이라고 해서 다를 리 없었다. 그는 기업이 인터넷을 통해 소프트웨어를 빌려 쓰고, 데이터 또한 필요할 때마다 꺼내 쓰면서, 관리까지 맡길 수 있는 서비스를 생각해 냈다. 시디롬CD-ROM으로 구성된 '실물 패키지'가 아닌, 인터넷을 통한 '서비스로서의 소프트웨어Software as a Service', 일명 사스SaaS의 시작이었다.

그해 베니오프는 자신이 스카우트할 수 있는 최고의 엔지니어 3명을 영입해 본격적으로 사업을 시작했다. 집 바로 옆에 원룸을 빌려 간이 탁자와 접이식 의자를 들여놨다. 모든 것이 부족했기에 '80퍼센트 차이를 만드는 20퍼센트'에 집중했다. 탁월한 멘토, 뛰어난 제품, 차별화된 마케팅이었다.

베니오프는 우선 오라클 CEO 래리 앨리슨을 개인 투자자이자 회사 이사진으로 끌어들였다. 이어 옛 상사인 스티브 잡스를 찾아갔다. 최근 베니오프가 한 컨퍼런스에서 밝힌 바에 따르면 잡스는 세 가지 조언을 해줬다고 한다. 첫째, 24개월 안에 10배 혹은 그보다 더 커져라. 둘째, 서비스를 개시한 즉시 대형 고객을 잡아라. 셋째, 애플리케이션 경제를 구축하라. 베니오프가 "애플리케이션 경제라는 게 뭐냐?"고 묻자 잡스는 이렇게 답했다. "나도 모른다. 하지만 당신은 그걸 이해해야 한다."

베니오프는 수개월간 고민한 끝에 잡스가 던진 화두에 대한 답을 찾았다. 바로 기업 소프트웨어 개발자를 위한 온라인 작업실 겸 장터를 여는 것이었다. 덕분에 세일즈포스닷컴은 단순히 클라우드 컴퓨팅 서비스 회사가 아닌 '플랫폼 기업'으로 거듭날 수 있었다. 누구나 세일즈포스닷컴이 개방한 기술을 활용해 소프트웨어를 제작하고, 그렇게 만들어진 소프트웨어를 기업 고객들이 인터넷을 통해 쉽게 빌려 쓸 수 있도록 했다. 애플 앱스토어와 같은 시스템을 그보다 2년 앞서 구축한 것이다.

아울러 베니오프는 사스SaaS라는 새로운 개념을 널리 퍼뜨리기 위해 '소프트웨어는 끝났다No Software'는 과격한 메시지를 마케팅 전면에 내세웠다. 오라클에서 영업 조직을 이끌었던 감각과 친화력으로 미디어를 능수능란하게 다뤘다. 드림포스처럼 규모가 크고 잘 짜여진 이벤트로 개발자들을 규합했다. 뛰어난 언변과 유머 감각으로 각종 컨퍼런스의 섭외 대상 일순위가 되었다.

베니오프는 무엇보다 새로운 자선사업 모델을 제시했다. '1/1/1', 즉 자본의 1퍼센트와 제품의 1퍼센트를 사회에 기부하고 전 직원의 업무 시간 1퍼센트를 자원봉사에 쓰는 것이다. 구글을 비롯한 여러 기업이 이 모델을 벤치마킹했다. 베니오프는 2010년 어린이 병원 건립을 위해 개인

재산 1억 달러를 기부해 큰 화제를 모으기도 했다.

요즘 베니오프의 관심은 온통 '소셜 산업'에 쏠려 있다. 트위터나 페이스북을 통해 소비자의 소셜 프로파일을 분석한 뒤 이를 기업에 제공함으로써 마케팅 혁명을 주도하려는 것이다. 세일즈포스닷컴은 그 분석 도구를 제공하고, 이를 각 기업의 고객 명단과 연동해, 엄청난 분석 데이터를 대신 처리함으로써 수익을 얻는다.

이와 관련해 베니오프는 세상을 바꿀 IT 혁명의 현 단계를 소셜Social의 스펠링을 따서 정의한 바 있다. S는 속도Speed, O는 개방Open, C는 협업Collaboration, I는 개인Individual, A는 이에 대한 지지Alignment, L은 각 요소들을 조화롭게 이끌 수 있는 리더십Leadership을 의미한다. 어떤 산업에 종사하든 매일 곱씹어볼 만한 화두다. 이를 거스르는 것은 산업이든, 문화든, 심지어 정치든 곧 도태 혹은 퇴보를 뜻하기 때문이다.

19

교육 혁명 이끄는 천재 엔지니어

유다시티 | 구글X

세바스찬 스런 Sebastian Thrun

- 유다시티 공동 창업자
- 구글X 초대 소장
- 전 구글 부사장 겸 고문
- 스탠퍼드대학교 컴퓨터공학과 교수

유다시티를 설명하는 스런　　출처: www.nextweb.com

고속도로든 교통 체증이 심한 도심이든 운전자 도움 없이 매끈하게 달리는 무인 자동차, 두 손 까딱하지 않고 사진 촬영이며 각종 검색과 음성 통화까지 할 수 있는 구글 글래스, 세계 각지의 골목골목을 선명하게 보여주는 구글 스트리트 뷰, 거기에 더해 세계 최초의 온라인 고등교육 공개강좌 사이트 '유다시티Udacity'까지.

이 모든 프로젝트들을 5년이라는 짧은 기간에 성공시킨 사람이 있다. 그 천재성은 물론 열정과 리더십에 박수를 보내지 않을 수 없는 주인공은 세바스찬 스런Sebastian Thrun이다. 미국 스탠퍼드대학교 교수이자 구글 비밀 연구소 '구글X' 초대 소장 겸 전 부사장, 유다시티 공동 창업자이자 최고경영자CEO다. 스탠퍼드대학교 홈페이지는 스런을 '교통, 교육, 모바일 기기 영역에서 혁명을 일으킨 사람'이라고 설명하고 있다.

세바스찬 스런은 2011년 미국의 유명 경영 월간지 《패스트 컴퍼니》가 뽑은 '세계에서 가장 창의적인 기업가' 5위에 올랐다. 다음 해에는 미국의 외교 전문 잡지《포린 폴리시》가 뽑은 글로벌 싱커Global Thinker 4위에 선정됐고, 인터넷 신문 허핑턴포스트가 선정한 세계 최대 지식 컨퍼런스 TED의 '명강연 베스트 15'에 오르기도 했다.《포춘》,《포브스》, 테크크런치 등도 그에게 각종 영광을 안겼다. 로봇, 컴퓨터과학, 인공지능 분야에서는 1998년부터 2000년대 중반까지 거의 매년 미국전자전기학회IEEE 등이 수여하는 '최고 논문상'을 받았다. 〈월스트리트저널〉은 "실리콘밸리의 미래를 알고 싶다면 페이스북이나 아이폰 앱이 아닌 스런을 봐야 한다"고 했다. 2013년 미국 국제관계 평론 잡지《포린 어페어》가 그에게 붙인 별명은 '구글의 오리지널 X맨'이었다.

세바스찬 스런은 특히 거의 연관성이 없어 보이는 2개의 분야에서 인류의 미래에 큰 영향을 끼친 인물로 역사에 기록될 것이다. 하나는 인공지능에 기반한 무인 자동차 프로젝트다. 또 하나는 무크MOOC, 즉 온라인 대중 공개 강좌Massive Open Online Course 분야다. 그가 유다시티를 설립함으로써 마침내 아프리카 오지 청년이나 이라크 난민 소녀, 미국 남부의 중년 샐러리맨도 스탠퍼드대학교 컴퓨터공학 수업에 참여하고 수료증을 받게 됐다. 무크 열풍은 이미 미국을 넘어 유럽, 일본은 물론 우리나라 대학가에도 긴장과 흥분을 불러일으키고 있다. "50년 뒤 세계에서 고등교육을 실시하는 기관은 유다시티를 포함해 10개 정도밖에 남지 않을 것"이라고 스런은 전망했다. 무크의 파급 속도와 효과를 보면 이는 결코 과장된 말이 아니다.

독일 태생인 세바스찬 스런은 본대학에서 컴퓨터과학 박사 학위를 받았다. 1995년 카네기멜론대학교 연구원으로 취직하면서 미국 생활을 시작했다. 카네기멜론대학교는 세계적으로 손꼽히는 로봇 공학 명문이다. 이곳에서 그는 통계학과 로봇 공학을 접목해, 로봇의 위치 및 움직임을 제어하는 소프트웨어 개발과 인공지능A.I.의 기능 향상에 큰 기여를 했다. 2003년 실리콘밸리의 중심인 스탠퍼드대학교 교수로 자리를 옮기면서 그는 인생의 큰 전기를 맞이했다.

"나는 아메리칸 드림이 실현되는 실리콘밸리와 깊은 사랑에 빠졌다. 그것은 우리가 세상을 바꿀 수 있다는 꿈이다. 나는 여기서 어떤 질문도 가능하다는 것을 배웠다. 어떤 산이라도 오를 수 있으며, 목표를 높이 잡아야 높이 쏠 수 있다는 사실도 알게 되었다. 나보다 훨씬 똑똑한 사람들에게 둘러싸여, 세상을 바꾸기 위해 필요한 많은 것들을 배운다." 그가 2013년 말《포브스》와의 인터뷰에서 한 말이다.

스런이 언급한 '나보다 훨씬 똑똑한 사람들' 중 가장 중요한 인물은 단연 래리 페이지다. 스런이 구글 창업자이자 CEO 래리 페이지를 만난 것은 미국 방위고등연구계획국DARPA이 주최한 로봇 자동차 경진 대회 '어번 챌린지' 현장에서였다. 2005년 이 대회에서 스런이 이끈 스탠퍼드 팀의 로봇 자동차 '스탠리'는 모하비 사막 131.6마일(약 212킬로미터)을 6시간 53분 만에 완주함으로써 우승했다. 2007년에는 시내 주행까지 가능한 새 모델 '주니어'로 또 한 번 우승을 거머쥐었다. 이때 만난 페이지는 스런에게 엄청난 충격을 주었다.《포브스》와의 인터뷰에서 스런은 "래리의 아이큐는 내가 도저히 따라갈 수 없는 곳에 있다. 뭐랄까, 너무나 굴욕적이었다. 그는 경탄할 만한 명료성으로 문제에 달려들었다"고 회상했다.

래리 페이지는 스런이 이끄는 팀을 고용해 스트리트 뷰 프로젝트를 맡졌다. 2009년에는 무인 자동차 프로젝트를 시작했다. 2012년 〈월스트리트저널〉과의 인터뷰에서 스런은 이런 이야기를 했다.

"래리는 식사에 나를 자주 불러냈다. 그 자리에서 완전히 미쳤다 싶은 이야기를 하곤 했다. 나는 '말이 안 된다, 실현 가능성이 없고 결점투성이'라고 반박했다. 그리고 집으로 돌아와서 몇 가지 계산 작업을 했다. 하루 혹은 한 주가 지난 뒤 나는 래리에게 사과하며 이렇게 말할 수밖에 없었다. '당신이 전적으로 옳습니다.'"

불가능한 프로젝트에 도전하는 X맨

2010년 스런은 구글의 비밀 연구소 '구글X'의 소장이 되었다. 2012년 예산만 7조 7천억 원 정도로 추산되는 구글X의 사명은 '성공 확률 1백만 분의 1 프로젝트에 도전해 성과를 내고 구글의 DNA를 지키는 것'이다. 스런은 이곳에서 무인 자동차, 구글 글래스 프로젝트 등을 잇따라 성공시켰다. 특히 무인 자동차는 2014년 초 캘리포니아 주에서 면허 획득에 성공하는 등 상용화를 코앞에 두고 있다. 스런은 "무인 자동차가 장애인들이 자유롭게 이동할 수 있게 해주고, 교통사고를 현저히 줄이며, 환경보호에 기여할 것"이라고 설명했다.

구글의 프로젝트와 별도로 스런은 2011년 4월, 동료 교수 2명과 함께 유다시티를 창업했다. 그 한 달 전 TED에서 '칸 아카데미'의 설립자 살만 칸을 만나 강렬한 영감을 받은 덕이었다. 칸 아카데미는 미국의 비영리 교육 동영상 사이트다.

스런은 스탠퍼드대학교의 종신 교수 제안을 뿌리치고 사비 30만 달러를 투자해 집 한쪽에 사무실을 냈다. 스탠퍼드대학교와 협력해 '인공지능의 기초'라는 온라인 수업을 개설했다. 3백~4백 명쯤 등록하리라는 예상을 깨고 190개국 16만 명이 등록하는 대이변이 일어났다. 유다시티는 이들 모두에게 대학 강의실과 큰 차이 없는 교육을 제공했다. 동영상 강의, 과제 제출, 쪽지시험, 자동 채점 프로그램을 통한 평가, 중간고사와 기말고사까지. 만점에 가까운 성적을 받은 1천여 명의 학생들에게는 일자리까지 주선해 주었다. 2015년 현재 유다시티에는 70명의 직원과 24명의 멘토들이 있다. 2300만 달러의 투자도 유치했다. 유다시티는 스탠퍼드대학교 앤드루 응 교수가 창업한 코세라Corcera, 하버드대학교와 MIT가 손잡고 만든 에덱스edX와 함께 3대 무크로 불린다.

스런은 2014년 4월 《포춘》과의 인터뷰에서 "고등교육은 인간의 기본 권리다. 우리의 임무는 접근 가능하고, 감당할 만한 비용에, 몰입도 높은, 매우 효과적인 고등교육을 세상에 제공하는 것"이라고 말했다. 〈월스트리트저널〉과의 인터뷰에서는 이런 말을 했다. "교육이 민주화될 때 모든 것이 변한다. 나는 지금까지 한 번도 가르쳐본 적 없는 학생들에게 다가가려 한다. 이것이 성공하면 우리는 세계의 진보를 급진적으로 가속화할 수 있다."

2014년 8월 스런은 구글 부사장직에서 물러났다. 구글X에서도 소장이 아닌 고문 역할을 맡게 됐다. 〈월스트리트저널〉은 그 배경으로 "유다시티의 공동 창업자 마이크 소콜스키와 데이비드 스티븐스 교수가 모두 회사를 떠나게 되어 스런이 그 공백을 메워야 하기 때문"이라는 해설을 내놨다. 실제로 스런은 2015년 3월 일본 경제 주간지 《닛케이비즈니스》

와의 인터뷰에서 "유다시티 경영에 집중하기 위해 구글을 떠났다"고 밝혔다. 그보다 흥미로운 것은 다음 발언이었다. "인공지능A.I.이 장차 인류를 위협할 것이라는 위기감에 인간의 능력을 향상하고자 교육의 길을 택했다"고 덧붙인 것이다. 그는 구글에서 인공지능A.I.을 연구할 당시 자신은 기계의 편이었으나 이제 인간을 돕기 위해 노력하고 있다며, 기계가 아닌 인간의 능력을 높이는 것이 목표라고 강조했다.

실제 실리콘밸리는 물론 세계 곳곳에서 인공지능A.I.으로 대표되는 컴퓨터가 인간의 일자리를 잠식하고 있다. 스런은 구글에서 무인 자동차를 개발하면서 이를 실감했다고 한다. 시행착오를 거칠 때마다 자동차는 몇 배 더 똑똑해졌고, 같은 실수를 반복하지도 않았다. 세대를 거칠 때마다 매번 처음부터 교육해야 하는 인간과는 비교할 수 없었던 것이다. 그는 《닛케이비즈니스》와의 인터뷰에서 "언젠가는 인간이 기계의 진화 속도를 따라잡지 못해 결국 역전되는 상황이 올 것"이라고 경고했다. 그 시기를 조금이라도 늦추려면 인간의 능력을 지금보다 훨씬 빠르고 효율적으로 향상시켜야 한다. 그는 "평생 한 번 학위를 취득하는 데 만족하는 것은 구시대적 발상"이라며, "앞으로는 새 기술을 가장 빨리 습득한 사람이 이기는 시대가 올 것"이라고 내다봤다.

유다시티 홈페이지에는 이런 말이 있다.

"우리는 믿는다. 교육은 더 이상 일회적인 것이 아니며 평생의 경험이란 것을. 교육은 수동적 경청이나 강의에 그쳐서는 안 되며 보다 적극적인 행위여야 한다. 교육이란 학생들이 학교뿐 아니라 삶에서도 성공을 거두도록 힘을 불어넣는 것을 의미한다."

이런 신념을 실현하기 위해 스런은 21세기 교육을 재설계하고 있다. 모든 사람들에게 새로운 기술, 현대 과학, 비판적 사고를 익힐 기회를 주는 것이 목표다. 유다시티 내의 모든 강좌를 각국 언어로 번역하는 데에도 힘을 쏟고 있다. 상아탑과 동문회에 갇힌 한국 대학들, 큰일 났다.

20

USB 없는 세상 연 성공 창업 교과서

드롭박스

드루 휴스턴 Drew Houston

• 드롭박스 창업자

드롭박스 로고　출처: www.forbes.com

요즘 실리콘밸리는 자고 일어나면 수조 원대 인수·합병 소식으로 뜨겁다. 페이스북, 구글, 아마존, 애플 같은 회사들이 경쟁적으로 신생 혁신 기업들을 사들이고 있다. 인수된 기업의 창업자로서는 엄청난 성공 신화를 쓴 셈이다. 하지만 분명한 사실은 이들 모두 큰 꿈 하나를 접을 수밖에 없다는 것이다. 그 스스로 페이스북, 구글, 아마존 같은 전 지구적 위상을 가진 기업을 일구는 것. 회사가 인수되면 그들은 더 이상 리더이자 주인이 아니기 때문이다.

그런 의미에서 실리콘밸리의 진정한 '록 스타'로 인정받는 젊은 창업자 겸 CEO가 있다. 드롭박스Dropbox의 드루 휴스턴Drew Houston이다. 2014년 초 드롭박스는 세계 최대 자산운용사 블랙록을 비롯해 골드만삭스, 세쿼이아 캐피털 등 유수의 투자자들에게서 총 2억 5천만 달러를 유치했다. 기업가치는 무려 1백억 달러. 최대주주인 휴스턴의 자산도 12억 3천만 달러 규모로 불어났다. 실리콘밸리에서는 이 회사가 기업공개IPO

를 할 경우 트위터를 가뿐히 제압하는 '잭팟'을 터뜨리리라 예상한다. 꿈이 큰 휴스턴은 이미 수차례의 강력한 M&A 유혹을 이겨냈다. 2009년 스티브 잡스의 8억 달러 인수 제안을 거절한 사실은 실리콘밸리에서 유명한 일화다.

그렇다면 드롭박스란 뭘까? 쉽게 말해 PC는 물론 스마트폰, 태블릿 등 인터넷으로 연결된 온갖 기기에서 각종 파일을 자유롭게 넣고 빼고 공유할 수 있는 서비스다. 어떤 기기에서든 사진이나 문서를 '드롭박스' 폴더에 집어넣으면 연결된 모든 기기로 순식간에 업로드된다. 여러 사람이 하나의 계정에 접속해 실시간 공동 작업을 할 수도 있다. 이동 저장 장치(USB 메모리)를 들고 다닐 필요가 없으며, 이메일이나 포털 사이트에 로그인해 파일을 올리고 내리는 수고를 할 필요도 없다. 2기가바이트GB의 저장 공간을 무료로 제공하고, 윈도부터 안드로이드까지 거의 모든 운영체제를 지원한다. 현재 드롭박스는 3억 명 이상이 사용하는 세계 최대 파일 공유 서비스다. 영미권에서 '구글링googling'이 '검색하다'라는 뜻으로 쓰이듯, '드롭박스 미Dropbox me'는 '드롭박스를 사용한다'는 뜻으로 널리 쓰이고 있다.

휴스턴이 밟아온 길은 21세기 성공 창업의 교과서라고 할 만하다. 그는 하버드대학교 출신 엔지니어 아버지와 도서관 사서인 어머니 사이에서 태어났다. 보스턴 근교에서 넉넉한 어린 시절을 보냈다. 다섯 살 때 어린이용 IBM 컴퓨터를 선물받은 것을 계기로 프로그래밍에 빠져들었다. 열두 살 때는 게임을 하던 중 발견한 버그를 제작사에 알려 임시 직원에 발탁됐다. 공부도 잘해서 SAT(미국대입평가시험) 1600점 만점으로 매사추세츠공과대학MIT 컴퓨터공학과에 입학했다.

나를 둘러싼 사람들이 내 미래를 결정한다

대학에 들어가서도 그의 관심은 오직 프로그래밍과 창업이었다. 주말이면 관련 서적을 수북이 쌓아놓고 읽었고, 똑똑한 친구들과 수많은 사업 아이디어를 주고받았다. 그러나 길은 쉬이 잡히지 않았다. 스물한 살 때 친구와 창업한 회사는 흐지부지되고 말았다. 졸업하던 해 여름, 셋집을 함께 쓰던 두 친구가 창업에 성공해 실리콘밸리로 날아갔을 때는 질투를 느끼기도 했다. 하지만 그는 좌절하는 대신 '어떻게 변화할 것인가'에 대해 진지하게 고민했다.

여러 스타트업을 전전하며 끊임없이 '반드시 해결하고 싶은 문제'를 찾아 헤맸다. 어느 날 보스턴에서 뉴욕으로 가기 위해 기차역을 찾은 그는 작업 내용이 담긴 USB 메모리를 가져오지 않은 것을 깨달았다. 낭패감에 빠진 가운데 퍼뜩 '각종 파일을 간편하게 공유할 수 있는 서비스가 있다면 어떨까' 하는 아이디어가 떠올랐다. 드롭박스 홈페이지는 그가 "보스턴 기차역에서 (드롭박스 소프트웨어의) 코드 첫 줄을 썼다"고 설명한다.

드디어 할 일을 찾은 그는 2007년 실리콘밸리로 이주했다. 이어서 세계 최초이자 최고 수준의 스타트업 엑셀러레이터 'Y컴비네이터YC'에 도전했다. 당시 그가 YC의 엑셀러레이팅(보육) 대상이 되기 위해 제출한 지원서 내용은 그 패기와 통찰력, 간결하지만 강력한 메시지로 인해 두고두고 사람들의 입에 오르내렸다. 지원서를 살펴보면 그가 당시 이미 스마트폰을 비롯한 각종 인터넷 기기가 우리 일상은 물론 업무 영역 전반을 지배하게 되리라는 것을 '예감'하고 있었음을 알 수 있다. 그는 이미 여러 다른 파일 공유 서비스들이 출시됐으나 일반인도 부담 없이 쓸 수 있는 제품은 없다고 강조했다.

휴스턴의 문제의식과 해법은 YC의 인정을 받아 철저한 멘토링은 물론 적지 않은 투자까지 받게 되었다. 대신 YC의 요구와 그 자신의 필요에 따라 공동 창업자를 물색했다. 이란 난민 가정에서 태어난 MIT 후배 아라시 페르도시는 휴스턴의 제안을 받자마자 6개월밖에 남지 않은 대학 졸업을 포기하고 실리콘밸리로 달려왔다. 페르도시는 드롭박스의 최고기술책임자CTO가 됐다.

드롭박스가 처음부터 엄청난 주목을 받은 것은 아니다. 초기에 고객을 찾아내는 것부터 어려움을 겪었다. 어렵게 투자받은 돈을 온라인 광고비로 허비하던 중 휴스턴은 색다른 방식을 고안했다. 유머러스한 코멘트와 함께 시제품을 홍보하는 동영상을 찍어 얼리어댑터들이 자주 찾는 사이트에 올린 것이다. 이를 통해 들어온 사용자의 피드백을 반영해 제품을 개선한 뒤 또다시 동영상을 올렸다. 아이디어를 빠르게 실행해 시제품을 만들고 시장의 반응을 통해 완성도를 높여가는 것, 이른바 '린 스타트업 Lean Startup' 방식의 가장 모범적인 사례라고 할 수 있다.

이후 드롭박스는 뛰어난 기능과 편리한 사용자 환경UI 디자인, 무료와 유료로 이원화된 요금 설계, 빠른 동기화 속도와 안정성, 사용자가 또 다른 사용자를 추천하면 양쪽에 무료 데이터를 추가로 제공하는 마케팅, 외부 개발자나 기업들이 관련 서비스를 쉽게 개발할 수 있도록 하는 개방 정책 등으로 시장을 장악했다.

현재 드롭박스는 매우 치열한 경쟁 상황에 놓여 있다. 구글, 아마존, 애플, 마이크로소프트 할 것 없이 기업 및 개인 고객들에게 클라우드 스토리지 서비스를 제공하고 있다. 그야말로 거인들과의 한판 승부다. 하지만 휴스턴은 자신만만하다. 드롭박스의 유료 서비스 가격은 경쟁사들에 비해 비싼 편이다. 하지만 그는 값을 내릴 생각이 없다고 여러 차례 밝혔다. 그만큼 서비스에 자신 있다는 뜻이다. 공격적으로 사업을 확장하기 위해 인재 영입에도 적극적이다. 콘돌리자 라이스 미국 전 국무장관을 이사회 회원으로, 구글 출신 모토로라 CEO 데니스 우드사이드를 최고운영책임자COO로 영입했다.

2013년 휴스턴은 모교 MIT의 졸업식 축사를 했다. 핵심 메시지는 세 가지였다. 첫째, 테니스공을 쫓아 목줄이 끊어지도록 달려가는 강아지처럼 꿈에 집중하라. 둘째, 완벽한 삶이 아닌 재미있는 삶을 만들어라. 특히 내 마음을 사로잡은 것은 사람을 둘러싼 원circle에 대한 세 번째 메시지였다.

"1분만 생각해 보라. 당신이 대부분의 시간을 함께 보내는 5명circle of 5은 누구인가?"

휴스턴은 재능 또는 노력만큼이나 어울리는 사람이 누구냐가 중요하며, 그것이 사람의 미래를 결정한다고 말했다. 아울러 실제 곁에 있지는 않더라도 꿈꾸며 닮고 싶은 사람 또한 '당신의 인맥'이라고 강조했다. 내 서클은 누구이며, 누구를 롤모델로 삼을 것인가. 지금 당장 고민해야 할 주제다.

21

데이터 과학자들의 UFC를 만들다

캐글

앤서니 골드블룸 Anthony Goldbloom

- 캐글 창업자

캐글 홈페이지 출처: www.kaggle.com

미국의 대표적인 취업 정보 사이트 커리어캐스트닷컴careercast.com은 매년 2백 개 주요 직업의 순위를 발표한다. 연봉은 물론 향후 전망, 업무 환경, 스트레스 정도까지 두루 고려한 것이다. 2014년 발표한 '미국의 올해 최고 직업'은 뜻밖에도 수학자였다. 3위는 통계학자, 4위 보험계리사, 7위 소프트웨어 엔지니어, 8위 컴퓨터 시스템 분석가. 이들의 공통점은 데이터를 다루는 직업이라는 것이다.

인터넷을 비롯한 정보통신기술ICT의 발달로 인류는 매 순간 어마어마한 데이터 홍수에 직면하게 됐다. 종래의 방법으로는 수집, 저장, 가공, 분석이 어려운 방대한 규모다. 이를 흔히 빅 데이터big data라고 부른다. 빅 데이터를 제대로 분석하면 최적의 개인 맞춤 광고나 비행 항로 설계, 점포 위치 선정, 항암제 개발 같은 것들이 가능하다. 미국의 IT 분야 리서치 기업 가트너가 이를 '미래 경쟁력을 좌우할 21세기 원유'라고 일컬은 까닭이다.

문제는 이런 빅 데이터 분석을 가지고 뛰어난 예측 모델을 도출해 낼 수 있는 전문가가 흔치 않다는 것이다. 계산 자체는 컴퓨터가 하지만 알고리즘을 짜는 것은 사람의 몫이다. 이런 일을 하는 사람을 데이터 과학자data scientist라고 한다. 요즘 글로벌 기업들은 업종을 막론하고, 실력 있는 데이터 과학자를 영입하고자 혈안이 돼 있다. 커리어캐스트닷컴은 향후 8년간 수학 분야의 취업 시장 성장률이 23퍼센트에 이를 것이라고 내다봤다.

그런데 이런 변화를 몇 년 앞서 예측해 기업과 데이터 과학자를 연결하는 '다리'를 만듦으로써 빅 데이터 시대의 가장 주목할 만한 혁신가 중 한 명으로 떠오른 사람이 있다. 캐글Kaggle의 창업자 앤서니 골드블룸Anthony Goldbloom이다.

캐글은 쉽게 말해 전 세계 데이터 과학자들이 특정 문제의 해결법을 놓고 경쟁을 벌이는 온라인 플랫폼이다. 문제를 내는 쪽은 빅 데이터를 보유하고 있지만 이를 분석할 전문가가 부족한 기업 또는 기관이다. 예를 들면 미국 제너럴 일렉트릭GE은 국제선 항공기의 도착 시간을 보다 정확하게 예측할 수 있는 방법을 찾고자 했다. 이를 위해 GE는 거액의 상금과 더불어 날씨, 비행기 위치, 비행시간, 연료 소비량 등을 담은 방대한 양의 데이터를 캐글 측에 제공했다. 캐글은 이를 온라인에 공개했고, 세계 각지의 데이터 과학자들이 각자 혹은 팀을 이뤄 문제 해결에 나섰다. 지난해 말 우선 1단계 우승자들이 정해졌다. 이들이 개발한 알고리즘을 적용하면 현행보다 비행기 도착 시간을 49퍼센트 더 정확하게 예측할 수 있다고 한다. 우승자들은 25만 달러의 상금과 '선수 중의 선수'라는 명예,

세계 유수 기업의 스카우트 대상이 되는 기쁨을 누렸다.

과학적인 문제 해결, 결정의 민주

캐글은 이렇게 '경합competition'이라는 모델을 통해 집단 지성을 이끌어낸다. 미국 경제 주간지 《비즈니스위크》는 이런 캐글에 '기크geek(특정 분야에 대한 지적 열정이 강한 사람)들의 UFC(종합격투기대회)'라는 별명을 붙여주기도 했다. 한편으로 인터넷과 소셜 네트워크를 통해 대중에게 문제 해결을 맡긴다는 점에서 전형적인 크라우드 소싱crowd sourcing 방식이다. 현재 캐글에서는 1백 개국 이상 10만여 명의 전문가가 활동 중이다. 세계 최대 데이터 과학자 커뮤니티인 셈이다.

캐글은 미국 샌프란시스코에 있지만 골드블룸은 호주인이다. 멜버른 대학교 경제학과와 계량경제학과를 우등으로 졸업했다. 고등학교 때는 요트 국가 대표 선수였다. 대학을 졸업하고 호주 재무부의 미시경제 모델링 부서에서 잠시 근무하다 2008년 영국 런던으로 건너갔다. 3개월간 경제 전문지 《이코노미스트》의 인턴으로 일했다. 이 빅 데이터에 대한 취재를 하면서 머잖아 이 분야 전문가에 대한 수요가 폭발적으로 늘어날 것임을 깨달았다.

이듬해 귀국해 호주 지불준비은행에서 일했지만 마음은 이미 창업에 쏠려 있었다. 결국 은행을 그만둔 그는 2010년 멜버른에서 캐글을 창업했다. 2011년에는 샌프란시스코로 이주를 감행했다. 캐글의 가능성을 눈여겨본 실리콘밸리 거물들이 속속 투자자로 합류했다. 이어 미국항공우주국NASA, 마이크로소프트, 페이스북, 포드, 마스터카드, 화이자제약 등과 잇따라 계약을 맺었다. 캐글은 이들이 가진 각종 빅 데이터 문제 해결을 돕는 대신 매월 혹은 건당 수만 달러의 수수료를 받는다. 수익 모델도 탄탄한 셈이다.

그동안 캐글이 진행한 경진 대회 중 상금이 가장 컸던 것은 미국 의료 단체 '헤리티지 프로바이더 네트워크'가 제안한 건이었다. 과거 보험 청구서만 가지고 어떤 환자가 1년 이내에 병원을 다시 찾을지를 정확히 예측하는 문제였다. 3백만 달러에 이르는 상금을 획득하기 위해 1400명이 넘는 전문가가 달려들었다. 보험회사 올스테이트는 캐글을 통해 어떤 특성의 자동차가 육체적 손상을 일으키는 사고를 자주 내는지 알아냈고, 비영리 기관 휴렛 재단은 학생의 에세이 점수를 교사가 직접 하는 것 이상으로 정확하게 매길 수 있는 알고리즘을 개발했다.

그렇다면 어떤 사람들이 캐글 최고의 데이터 과학자일까? 캐글의 '수석 과학자' 제러미 하워드는 한 인터뷰에서 "의외로 미국이 아닌 동유럽과 아시아 사람들이 많다. 통계학자보다는 물리학, 전기공학, 천문학 등 다른 분야 전문가인데 독학으로 데이터 과학에 입문한 이들이 대부분"이라고 말했다. 이들은 퇴근하고 집 거실에 앉아 슈퍼컴퓨터가 아닌 노트북으로 경쟁에 참여한다. 하워드는 "우승의 관건은 데이터 처리력이 아니라 전적으로 창조성 유무"라고 강조했다. 한 문제에 대해 대여섯 개의 상이한 사고 과정과 해결책을 제시할 수 있는 사람만이 우승자가 될 수 있다는 것이다. 탁월한 데이터 분석가란 결국 자기만의 독창적인 기법으로 무의미해 보이는 숫자들에서 어떤 '통찰'을 추출해 내는 사람인 셈이다.

골드블룸은 데이터 전문 매체 '스마트 데이터 콜렉티브'와의 인터뷰에서 이렇게 말했다. "아침에 눈뜰 때마다 더 많은 사람들이 데이터 과학을 이용하도록 만들겠다고 생각한다. 제대로 분석되지 않은 데이터 혹은 그저 감感에 의존하는 수많은 결정을 민주화하는 것이 목표다." 지위의 고하나 지식의 많고 적음에 상관없이 누구나 쉽게 정확한 결정을 내릴 수 있는 시스템을 구축하겠다는 것이다.

과연 세상 모든 일을 데이터로 해석하고 또 해결할 수 있을지는 알 수 없다. 그러나 결정적인 순간마다 과학적 분석보다는 높은 분들의 '내가 해봐서 아는데'라는 말이 더 큰 영향력을 발휘하는 우리나라야말로 이런 '결정의 민주화'가 절실한 상황인지도 모르겠다.

22

오바마의 비밀 디지털 병기

블루스테이트디지털

조 로스파스, 야샤 프랭클린-호지

Joe Rospars, Jascha Franklin-Hodge

• 블루스테이트디지털BSD 공동 창업자

블루스테이트디지털 홈페이지 출처: www.bluestatedigital.com

2012년 대선 기간 동안 트위터의 국내 자문으로 활동했다. 이를 계기로 각 후보의 온라인 선거 운동, 소셜 네트워크 서비스SNS 활용, 인터넷 여론 동향과 투표 결과의 상관관계 등에 대해 특별한 관심을 가지게 되었다. 하지만 캠프의 사이버 역량은 기대에 못 미쳤고, SNS의 영향력 또한 제한적이었다. 외국과는 다른 국내 네티즌의 행동 패턴은 각 캠프는 물론 여론조사 기관, 글로벌 데이터 분석 기업까지 혼란에 빠뜨렸다. 트위터 측에 한국만의 독특한 정치 지형도와 인터넷 문화를 설명하느라 꽤나 애먹은 기억이 난다.

그 얼마 뒤 알게 된 회사가 블루스테이트디지털Blue State Disital, BSD이다. 2008년 미국 대선에서 민주당 버락 오바마 후보의 승리를 견인한 뉴미디어 전략 및 기술 기업이다. 관련 자료들을 찾아보다 무릎을 쳤다. '아, 2012년 한국의 온라인 대선 캠페인은 '선사시대' 수준에도 못 미치는 거였구나.'

실은 이 표현은 2012년 오바마의 재선 캠페인을 지휘한 짐 메시나의 말을 빌린 것이다. 그는 선거전 당시 "올해 캠페인은 2008년을 선사시대처럼 보이게 할 것"이라고 말했다. 재미있는 점은 2012년 캠페인을 주도한 것도 BSD의 창업자들이며, 4년 전처럼 놀라운 승리를 거뒀다는 사실이다.

2008년 미국 대선 당시 BSD는 오바마에 대한 미국인 1300만 명의 온라인 지지를 이끌어냈다. 총 650만 건의 기부 활동을 통해 5억 6천만 달러의 선거 자금을 모았다. 그중 절반 이상이 2백 달러 이하의 소액 기부자였다. 90만 명의 열성적인 자원봉사자를 배출했고, 18~29세 유권자의 70퍼센트가 오바마에게 투표하는 데 결정적인 공헌을 했다. 상대편인 공화당 존 매케인 후보에 비해 페이스북 '친구'는 4배, 트위터 팔로어는 40배, 유튜브 동영상 조회 수는 10배에 달했다.

2012년의 성과도 훌륭했다. 선거 직후 오바마 후보의 페이스북 '좋아요' 숫자는 상대편인 공화당 미트 롬니 후보의 3배, 트위터 팔로어는 12배, 구글 플러스 '친구'는 23배, 유튜브 동영상 조회 수는 10배였다. 모금액은 역대 최고액인 10억 달러에 육박했다. 공화당 또한 4년 전의 아픈 기억을 교훈 삼아 만만찮게 준비했는데도 말이다. 미국 경제 잡지 《비즈니스위크》가 BSD에 '오바마의 비밀 디지털 병기Obama's Secret Digital Weapon'라는 별명을 붙인 연유다.

BSD의 시작은 2004년 미국 대선으로 거슬러 올라간다. 민주당 대통령 후보 경선에서 무명이던 하워드 딘 전 버몬트 주지사가 돌풍을 일으켰다. 진앙지는 인터넷이었다. 그는 미트업닷컴meetup.com이라는 초기

SNS를 통해 지지자를 결집해 일약 전국구 스타가 됐다. 특히 온라인 모금에서 탁월한 성과를 냈다. 인터넷에서만 무려 32만 명의 기부자로부터 약 4500만 달러를 끌어모았다. 문제는 온라인의 열광을 오프라인으로 연결하는 데 실패했다는 것이다. 결국 후보에서 자진 사퇴하고 말았지만 그의 인터넷 선거 운동은 미국 정치 문화를 바꾸는 결정적인 계기가 됐다. BSD도 그 산물 중 하나다.

딘 캠프가 해체된 후 그곳에서 일하던 젊은이 4명이 의기투합했다. 조 로스파스Joe Rospars, 야샤 프랭클린-호지Jascha Franklin-Hodge, 클레이 존슨Clay Johnson, 벤 셀프Ben Self. 그중 존슨과 셀프는 2008년 BSD가 오바마 캠페인과 전면적으로 연합하기 전에 회사를 떠났다. 그들은 현재 미국 정·관계를 위한 기술 컨설팅 및 온라인 마케팅 전문가로 활약하고 있다. 실제 BSD를 오늘날 세계 최고 수준의 뉴미디어 전략 기업으로 키운 것은 로스파스와 프랭클린-호지인 셈이다. 어쨌든 네 청년들은 회사 이름에 자신들의 정치적 성향을 선명하게 박아 넣었다. '블루 스테이트'는 미국의 민주당 우세 주州를 말한다.

미국, 브라질, 프랑스 대선 성공률 100%

이렇게 시작한 BSD는 민주당의 정치 캠페인은 물론 공공기관과 비영리재단, 때로는 AT&T 같은 대기업의 디지털 마케팅을 맡으면서 조금씩 성장해 갔다. 2007년 2월 어느 날 저녁, 최고기술책임자CTO 프랭클린-호지에게 전화가 걸려 왔다. 민주당 경선 출마 발표를 9일 앞둔 오바마 진영의 선거 참모였다. 그렇게 캠프에 합류한 BSD는 갈고닦은 실력을 마음껏 발휘했다. 그 핵심에는 '마이보MyBO'라고 불린 공식 사이트 '마이버락오바마닷컴my.BarackObama.com'이 있었다.

마이보는 단순한 홈페이지가 아니었다. 오바마 지지자들이 교류하고 소통하며, 직접 제작한 콘텐츠를 주고받고, 캠페인을 조직하는 허브이자 SNS 플랫폼 역할을 했다. BSD는 지지자들의 온라인 활동을 세심히 추적해 활동 성향, 관심 정도, 거주 지역 등에 따라 차별화된 마케팅을 펼쳤다. 또 지지자들의 콘텐츠 생산을 장려해, 40만 개가 넘는 동영상이 유튜브에서 공유되도록 했다. 타깃 유권자 층의 관심이 높은 단어를 적극 수용해 검색 결과를 장악하고, 아이폰 전용 앱을 개발해 모바일 영역까지 공략했다. 보트빌더VoteBuilder.com라는 전용 사이트를 통해 유권자 데이터베이스도 정력적으로 구축했다. 더욱 놀라운 것은 당시 각각 스물일곱 살과 스물아홉 살밖에 되지 않은 로스파스와 프랭클린-호지가 대부분의 핵심 전략회의에 참여해 새로운 정책 입안과 재설정을 이끌었다는 점이다.

2008년 선거가 소셜 마케팅의 승리였다면, 2012년에는 빅 데이터 분석을 통한 '마이크로 타깃팅'이 빛을 발했다. BSD는 2010년 영국의 세계 최대 광고 마케팅 그룹 WPP에 인수됐는데, 로스파스와 프랭클린-호지는 오바마의 재선을 돕기 위해 과감히 회사를 그만뒀다.

두 사람은 마치 스타트업에 도전하듯 선거에 임했다. '한 사람 한 사람마다, 한 표 한 표씩'이라는 목표에 맞춰 각 지지자와 개별적인 '퍼스널 커뮤니케이션'을 구현할 수 있는 기술과 시스템을 개발했다. 기존 데이터베이스 및 지지자가 자발적으로 내놓은 개인 정보를 기반으로 SNS 등 각종 빅 데이터를 통합해 정교한 개인 맞춤형 타깃 마케팅을 펼쳤다. 또한 빠르게 실행하고 잘못된 것을 끊임없이 교정하면서 적중률을 높였다. 한집에 사는 부부라도 각자 성향에 따라 내용과 발신인이 각각 다른 이메일을 보낼 정도였다. 상대 진영에서 네거티브 전략을 쓰면 시스템이 즉각 작동해 검색엔진에서 오바마 측 해명이나 반격이 먼저 노출되도록 조치했다.

오바마 재선에 성공한 로스파스는 2013년 3월 다시 BSD의 최고경영자CEO로 돌아갔다. BSD는 2010년 브라질 대선, 2012년 프랑스 대선에도 참여해 승리했으며, 현재 세계에서 가장 주목받는 뉴미디어 전략 회사 중 하나다. 한편 프랭클린-호지는 2014년 7월 미국 보스턴 시의 최고기술책임자CTO가 됐다. 공무원이 된 그가 맨 먼저 한 일은 보스턴 시 최초의 해커톤(해킹 마라톤)을 열고 데이터 공유 정책을 마련한 것이었다.

2007년 《비즈니스위크》와의 인터뷰에서 기자가 "(회사를 키우려면) 정치적으로 부담이 되는 회사의 이름을 바꿔야 하지 않겠냐?"고 묻자 BSD 임원은 이렇게 답했다. "우리는 항상 진보적 이상주의를 견지할 것입니다." 이들은 아직 이름을 바꾸지 않았다. 또한 여전히 정치적이다. 그럴 수 있어 존경스럽고, 그래도 괜찮다니 부럽다.

23

O2O 비즈니스의 최전선

아마존닷컴

제프 베저스 Jeff Bezos

• 아마존닷컴 창업자

아마존 로고 출처: www.amazon.com

창업한 지 20년이 넘은 기업이 여전히 창업가 정신을 유지하기는 매우 힘들다. 그런 점에서 아마존닷컴Amazon.com 창업자 겸 CEO 제프 베저스 Jeff Bezos보다 더 고집스럽게 자기 정체성을 유지하고 강화해 온 인물은 찾기 힘들 것이다. 페이스북의 마크 저커버그도 감탄할 만한 창업가 정신의 소유자이지만 베저스에 비하면 사업 연차가 한참 아래다. 테슬라 모터스와 스페이스X의 엘론 머스크 역시 아마존 같은 거대 왕국을 건설하려면 아직 멀었다.

제프 베저스의 아마존닷컴은 온라인과 오프라인을 아우르는 글로벌 최대 O2O online to offline 플랫폼 기업이다. 2014년 매출은 89억 달러(약 10조 원), 직원 수는 18만 3100명(2015년 6월 기준)에 이른다. 2015년 현재 오프라인에서는 월마트, 온라인에서는 이베이를 저만치 따돌린, 미국에서 기업가치가 가장 높은 B2C 유통 기업이다(시가총액 기준). 아마존닷컴은 종이책 판매로 시작해 전자책, 영상, 음원 같은 콘텐츠는 물론 각종 생활용품과 공산품, 전자제품, 식료품, 신선 식품까지 취급하는 온라인 만물상이 되었다.

이 회사는 물류와 배송, 새로운 소비자 경험UX에 있어서도 놀라운 혁신과 도전을 계속해 왔다. 바코드 스캔이나 제품 이름을 말하는 것만으로 물건을 주문할 수 있는 O2O 기기 '아마존 대시Amazon Dash', 버튼을 누르기만 하면 특정 제품이 자동 주문되는 '대시 버튼Dash Botton' 등이 대표적이다. '고객과의 모든 접점을 장악하겠다'는 것이야말로 베저스의 원대한 야망이다. 이를 위해 전자책 단말기 킨들Kindle을 만들었고, 자체 개발한 운영체제OS를 탑재한 파이어폰과 파이어TV까지 출시했다.

무엇보다 아마존닷컴은 최첨단 기술 기업이다. 매초 엄청나게 쏟아지는 고객 데이터를 분석해, 각 개인에게 최적화된 상품 리스트를 띄운다. 2006년에는 아마존 웹 서비스AWS, Amazon Web Services라는 이름으로 세계 최초의 클라우드 컴퓨팅 서비스cloud computing service를 창안했다. 서버 구축 및 운용 비용을 혁명적으로 낮출 수 있는 길을 열어, 2010년을 전후해 세계 각지에서 들불처럼 일어난 IT 창업 붐에 결정적 공헌을 했다. 우리나라의 수많은 스타트업들도 아마존 웹 서비스AWS를 쓴다. 삼성전자와 KT 같은 대기업들도 마찬가지다.

이렇게 온라인과 오프라인 접점을 탐욕스럽게 먹어 들어가고 있는 아마존닷컴은 놀랍게도 적자 기업이다. 2014년에만 2억 4100만 달러(약 2700억 원)의 손실을 입었다. 쉬지 않고 새로운 실험과 도전에 나서기 때문이다. 세간의 부정적인 평가에도 베저스는 느긋하다. 2014년 말 그는 비즈니스 인사이더가 주최한 컨퍼런스에서 '아마존은 여전히 스타트업'

이라고 강조했다. 그런 만큼 지속적인 투자를 할 수밖에 없다는 것이다. 투자자들이나 시장의 반응도 호의적이다. 그는 2014년 10월 경제 월간지 《하버드비즈니스리뷰HBR》가 선정한 '최고 실적의 CEO' 1위에 올랐다. 2015년 9월 현재 그는 466억 달러(약 52조 5천억 원)의 자산을 가진 세계 5위 부자다.

천재 기술 CEO의 끝나지 않은 도전

이처럼 베저스는 마이크로소프트의 빌 게이츠가 은퇴하고 애플의 스티브 잡스가 사망한 지금 '최후의 천재 기술 CEO'로 불린다. 그런데도 우리나라에서 상대적으로 명성이 덜한 이유는 아마존닷컴의 각종 서비스가 아직 국내에 진출하지 않았기 때문이다. 이 회사가 한국에 본격적으로 상륙했을 때 유통과 미디어 업계는 물론 IT 업계가 감당해야 할 충격파는 아이폰 쇼크 못지않을 것이다. 아마존닷컴 성공기를 다룬 책 《원 클릭One Click》의 저자 리처드 L. 브랜트는 베저스를 '무하마드 알리의 자신감과 존 F. 케네디의 열정, 토머스 에디슨의 두뇌를 겸비'한 인물이라고 평했다. 베저스는 인재와 사업 파트너들을 설득하는 능력도 비상하다. 하지만 어린 시절의 그는 혼자 있는 것을 좋아하는 괴짜에 가까웠다.

베저스의 어머니는 열일곱 살에 그를 낳았다. 역시 10대였던 남편과는 베저스가 태어난 지 18개월 되었을 때 이혼했다. 2년 뒤 재혼한 남편은 쿠바 태생 이민자로 전형적인 자수성가 유형이었다. 그는 베저스를 친자처럼 정성껏 길렀다. 또한 베저스는 은퇴한 우주공학자 외할아버지의 텍사스 농장에서 많은 시간을 보내며 호기심을 채우고 자립심을 길렀다.

베저스는 집중력이 뛰어나고 경쟁심이 남다른 아이였다. 또한 독서광이어서 하루 종일 집에 틀어박혀 책을 읽었다. 과학과 수학 분야의 영재로 고등학교를 수석으로 졸업한 뒤 프린스턴대학교에 입학해 컴퓨터공학과 전기공학을 전공했다. 대학을 졸업하고 처음 들어간 회사는 신생 통신 네트워크 기업 '피텔'이었다. 이후 10년간 그는 뱅커스 트러스트의 최연소 부사장이 되는 등 금융과 IT를 결합한 최신 분야에서 화려한 경력을 쌓았다. 하지만 베저스의 본래 목적은 창업이었다.

1994년 인터넷의 폭발적 잠재력을 감지한 그는 미련 없이 사표를 던졌다. 1998년 한 대학에서 행한 연설에서 그는 당시를 이렇게 회상했다. "여든 살이 되면 어떨까 상상해 보았다. 그때 삶을 돌아보면 월스트리트에서 받던 보너스를 포기한 것을 후회할 것 같지는 않았다. 어쩌면 기억나지도 않을 것이다. 하지만 인터넷이란 세계, 내 마음속 열정이 향하는 그 세계에 뛰어들지 않은 것은 크게 후회할 것 같았다. 설령 실패한다 해도 후회하지 않을 거라고 생각했다."

베저스는 엔지니어 2명, 역시 프린스턴대학교 출신으로 베저스가 "나를 제3세계 감옥에서도 구해 낼 수 있는 여성"이라 믿고 결혼한 아내 매켄지와 함께 아마존닷컴을 창업했다. 그가 초기 아이템으로 책을 택한 데는 분명한 이유가 있었다. 큰 시장, 표준화된 가격, 적은 배송비, 잘 구축된 데이터베이스 때문이었다. 이후 아마존닷컴의 성장기는 고객가치 혁신의 교과서와 같다. 단 한 번의 클릭으로 결제가 완료되는 '원 클릭' 특허, 지금은 온라인 쇼핑몰의 기본이 된 추천·선물 기능과 리뷰 쓰기, 배송 기한 안내 서비스 같은 것들이 모두 아마존닷컴에서 처음 등장했다.

베저스는 평판 관리와 고객 수 늘리기에 강박적으로 매달렸다. 또한 악착같이 돈을 아꼈다. 낡은 문짝으로 만든 책상을 부서질 때까지 쓰고 사무실 공간이 부족하면 주차장에서 일했다. 선두 자리를 지키기 위해 직원들을 독하게 몰아붙였다. 1998년 〈워싱턴포스트〉와의 인터뷰에서 베저스는 이런 말을 했다. "최대 경쟁자보다 9배 성장하기를 원한다면 10퍼센트만 더 잘하면 된다."

1998년부터 음반 거래를 시작으로 사업 영역을 넓혔다. '신의 한 수'는 전자책과 킨들 개발이었다. 덕분에 아마존닷컴은 단순 상거래 사이트가 아닌, 온라인과 오프라인을 넘나드는 콘텐츠 및 미디어 플랫폼이 됐다. 더구나 1억 4천만 명에 이르는 알짜 유료 고객을 보유하고 있었다. 최적의 물류 시스템을 창출하려면 어마어마한 데이터를 돌려야 한다. 그 비용을 줄이려고 애쓴 끝에 최고 수준의 데이터 관리 기술을 갖게 됐다. 이를 사업화한 것이 이 회사의 든든한 캐시카우인 아마존 웹 서비스다.

《원 클릭》에 따르면 베저스의 대학 졸업 앨범 사진 옆에는 이런 구절이 적혀 있다. "우주는 우리에게 '노'라고 말한다. 우리는 온몸으로 저항하며 '예스'라고 외친다!" SF 소설가 레이 브래드버리의 말이란다. 어린 시절 우주탐험가를 꿈꿨던 청년답게 패기 넘치는 인용구다. 실제로 베저스는 '블루 오리진'이라는 회사를 만들어 우주선 개발에 도전하고 있다. 2015년 중 시험 비행을 거쳐, 몇 년 내에 일반인도 우주의 무중력 환경을 경험할 수 있는 여행 상품을 내놓겠다는 복안이다. 블루 오리진의 슬로건은 '한 걸음씩 용감하게'이다. 차분하고 끈질기게 지략을 다하되, 겁 없이 달려들고 과감히 맞붙을 것. 아마존닷컴이 걸어온 길과 꼭 닮았다.

PART 5

거래의 규칙을 바꾸다

소유하는 음악에서 듣는 음악으로

스포티파이

다니엘 에크 Daniel Ek

- 스포티파이 공동 창업자
- 애드버티고 창업자
- 전 유토렌트 CEO
- 전 스타돌 CTO

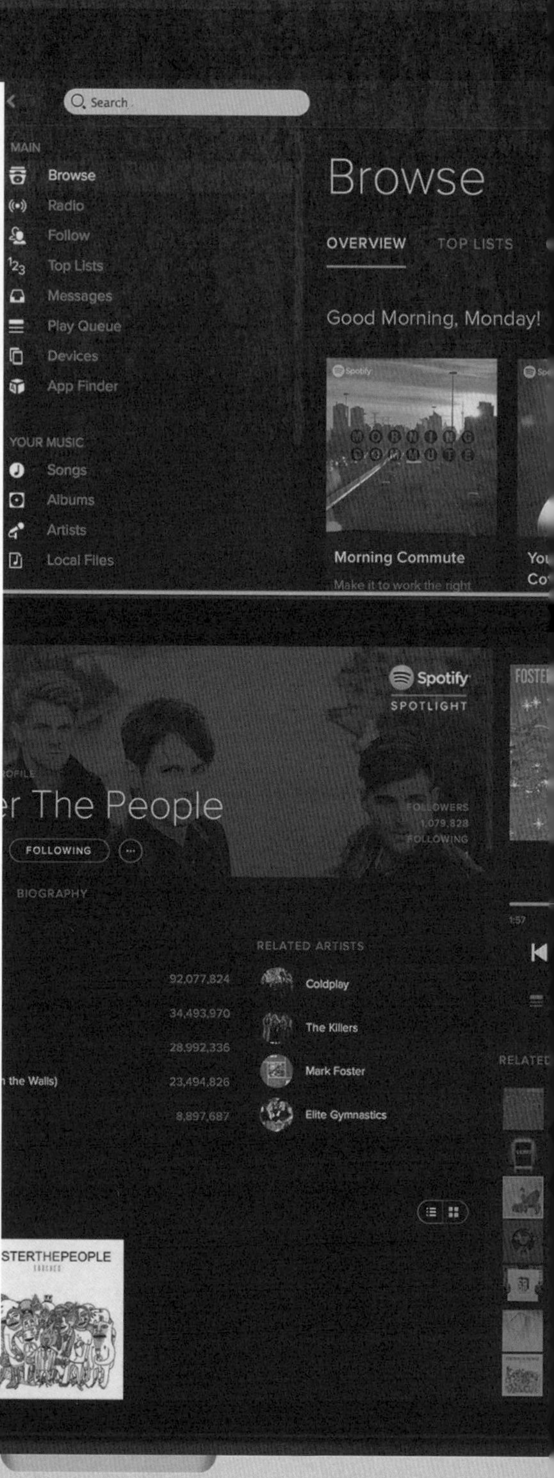

스포티파이 홈페이지 출처: www.thenextweb.com

1980년대, 그러니까 내 중·고등학교 시절 으뜸가는 오락은 라디오 음악 프로 청취였다. 좋아하는 곡이 나올 때마다 이를 녹음해 '애청곡 카세트 테이프'를 만들곤 했다. 친구 생일 선물은 으레 직접 녹음했거나 레코드점에 의뢰해 제작한 사제 카세트테이프였다. 내 평생 대학 1학년 때 받은 핑크색 워크맨보다 더 가슴 뛰는 선물은 없었다.

어느 날 시디CD라는 것이 등장했다. 시디플레이어를 두어 개 갈아치웠을 때 드디어 MP3플레이어MP3P 시대가 열렸다. 인터넷을 통해 MP3P에 음악을 다운로드했다. 이를 세계적 트렌드로 만든 것은 애플 아이팟이었다. 애플은 영리했다. 기기를 넘어 아예 유통망까지 장악했다. 세계 최대 온라인 음악 플랫폼 '아이튠스'를 구축한 것이다. 애플의 성공에 힘입어 세계 곳곳에 유사 서비스가 등장했다. 하지만 그늘도 컸다. 음악계는 불법 다운로드로 몸살을 앓았고 사용자들은 자기도 모르게 법을 어기곤 했다. 2006년 4월 스웨덴의 한 인터넷 기업이 이 문제를 해결하겠다고 나섰다. 사람들은 반신반의했다. 9년이 지난 지금, 적어도 음악계에서는 이 회사를 제2의 애플로 여긴다. 기업가치 85억 달러(약 9조 6천억 원, 2015년 6월 기준), 세계 최대 음악 스트리밍 업체 '스포티파이Spotify'다.

스트리밍streaming이란 콘텐츠 파일(음악, 영상 등)을 PC나 MP3P 같은 기기에 통째로 내려받는 것이 아니라, 인터넷을 통해 필요한 만큼만 그때그때 흘려 받아 소비하는 것이다. 파일 자체를 소장하는 것이 아니므로 다운로드 방식에 비해 훨씬 저렴하고 간편하다. 굳이 불법 다운로드할 필요도 없다.

기회를 놓칠세라 구글, 애플, 아마존 등이 이 시장에 속속 진출하고 있다. 하지만 스포티파이를 따라잡기는 힘들다. 2015년 6월 현재 이 회사의 전체 가입자 수는 7500만 명에 이른다. 2013년 3월만 해도 2400만 명 수준이었던 것이 3배로 늘었다. 유료 가입자는 무려 2천만 명(2015년 6월 기준). 1년 전만 해도 1천만 명이었던 것이 2배가 됐다. 놀라운 성장세를 보인 스포티파이에는 이제 겨우 30대 초반인 창업가 다니엘 에크Daniel Ek가 있다.

에크는 음악과 컴퓨터가 공존하는 가정에서 자랐다. 그의 외조부모는 오페라 가수이자 재즈 피아니스트였다. 집에는 항상 음악이 흘렀고, 에크는 피아노와 기타는 물론 드럼까지 연주했다. 한편 새아버지는 IT업계에서 일했다. 덕분에 다섯 살 때부터 컴퓨터를 만졌고 여덟 살 때는 프로그래밍을 익혔다. 열네 살 무렵 학교 컴퓨터실에서 웹페이지 구축 사업을 시작했고, 대학도 들어가기 전에 그 사업을 성공적으로 매각했다.

스웨덴 왕립공과대학에 다니던 2005년 에크는 두 번째 창업을 했다.

‘애드버티고ADvertigo’라는 웹 광고 회사였다. 몇 달 뒤에는 10대를 위한 패션 전문 소셜 네트워크 ‘스타돌’의 최고기술책임자CTO를 겸임하게 됐다. 그는 탁월한 기술력과 남다른 경영 감각으로 단시간 내 스타돌 사용자 수를 1억 명으로 늘렸다.

2006년에는 당시 세계 최대 파일 공유 사이트였던 ‘유토렌트’ CEO로 영입됐다. 유토렌트는 사용자가 다른 사용자의 PC에 있는 음악 파일을 무료로 전송받는 일종의 온라인 물물교환 시장이다. 방식이 이렇다 보니 유토렌트는 사용자 간에 데이터를 처리할 뿐, 별도의 저장 공간이 필요 없다. 이후 에크는 스포티파이를 창업할 때 이 방식을 적극 차용했다.

이 무렵 에크는 너무 일찍 손에 쥔 부와 명예에 환멸을 느끼기 시작했다. 그는 이동 시간을 아끼려고 스톡홀름에 아파트를 세 채나 얻어놓고 생활했다. 미국 경제 전문지《포브스》의 2012년 1월호 표지 인물로 선정된 그는 당시 인터뷰에서 “페라리를 팔고 아파트들을 정리한 뒤 부모님 댁 근처 통나무집으로 이사했다. 기타 연습을 하며 아예 프로 뮤지션이 되려고 했다”는 얘기를 털어놓았다.

이런 그 앞에 또 한 명의 백만장자가 나타났다. 에크보다 열세 살 많은 마틴 로렌존이었다. 로렌존은 예테보리대학을 졸업하고 실리콘밸리에서 여러 가지 경험을 쌓은 후 독일에서 데이터 처리 전문 기업 ‘트레이드더블러’를 창업했다. 에크를 만난 2005년 말에는 이미 기업공개에 성공해 스웨덴으로 금의환향한 상태였다. 로렌존 역시 사는 게 재미없었다. 둘은 친하게 지내면서 뭔가 창의적인 일을 하자고 의기투합했다. 둘 다 기술에 능통하고 음악을 사랑했다. 어느 날 스포티파이의 아이디어가 떠올랐다.

2011년 한 컨퍼런스에서 에크는 창업 당시를 이렇게 회상했다. "불법 다운로드보다 나은 서비스를 내놓는 것이 가장 중요하다고 여겼다. 우리 비전은 이랬다. '당신에게 세상 모든 음악이 담긴 아이튠스가 있다면?'"

음악은 상품이 아닌 경험이다

이들이 설계한 스포티파이의 사업 모델은 이랬다. 무료 사용자는 공짜 음악을 듣는 대신 간혹 광고에 노출된다. 광고주들은 특정 음악이 재생될 때 광고를 내보냄으로써 정교한 타깃 마케팅을 할 수 있다. 유료 회원에게는 광고 없이 더 빠른 서비스를 제공한다. 이렇게 벌어들인 돈으로 저작권자에게 일정 비율의 저작권료를 지불한다.

에크와 로렌존은 2006년 4월 스포티파이를 설립했다. 시작할 때는 쉬워 보였다. 둘 다 자금이 풍부했고 사업적 재능도 빼어났다. 하지만 곧 보통 일이 아니라는 것을 깨달았다. 무엇보다 수백, 수천 개 음반사들과 협상해 음원 사용권을 확보해야 했다. CEO인 에크가 직접 음반사들을 만나 불법 다운로드에 빼앗긴 시장과 멀어진 팬들의 관심을 돌려놓겠다고 설득했다. 선금 지불은 물론 유니버설 뮤직이나 워너 뮤직 같은 주요 음반사들에게는 아예 회사 지분 2~6퍼센트를 가져가라고 제안했다. 2008년 가을에야 큰 협상이 마무리됐다.

기술적인 도전도 만만치 않았다. 에크는 우선 엄청난 트래픽을 감당할 방법을 찾았다. 유토렌트처럼 사용자 PC를 활용하기로 했다. A라는 사용자가 스포티파이에서 특정 음악을 재생하면 그의 PC에는 해당곡의 파일 사본이 저장된다. 사용자 B가 같은 음악을 찾을 경우 검색엔진은 A의 PC

에서 이를 찾아내 B에게 제공한다. 이런 방식으로 데이터 처리 속도를 한껏 높이면서도 서버 비용은 최소화했다.

또 하나, 에크는 광고주와 음반사들에게 이제까지 본 적 없는 고도의 마케팅 데이터를 제공하기로 마음먹었다. 사용자의 연령, 지역, 취향은 물론 특정 음악이 많이 재생되는 시간대, 장소까지 담은 정교한 리포트였다. 관련 기술 개발에 매진한 덕분에 스포티파이는 현재 세계에서 가장 앞서가는 빅 데이터 기술을 보유한 기업 중 하나로 손꼽힌다.

2009년 초 정식 서비스를 시작하자마자 폭발적인 반응이 쏟아졌다. 2011년 9월에는 페이스북이 동맹을 제안했다. 이를 등에 업고 미국 시장에 진출해 단숨에 미국 내 3위의 음악 스트리밍 업체로 올라섰다. 2012년 말 골드만삭스 등에게서 30억 달러의 기업가치를 인정받으며 1억 달러를 유치했다. 하지만 이것은 시작에 불과했다. 2015년 상반기에만 총 6천억 원가량의 추가 투자를 받았다.

스포티파이에 대한 음악계의 시각은 아직 이중적이다. '스포티파이가 지불하는 저작권료가 너무 짜다'는 비난이 끊이지 않는다. 그러나 한편으로는 2012년 국제 음악 산업 매출이 13년 만에 처음 증가세로 돌아선 데에는 스포티파이의 역할이 적지 않았다는 옹호론도 있다. 불법 다운로드가 줄었고, 음반사는 정교한 마케팅 데이터를 손에 넣게 됐으며, 뮤지션은 팬들에게 더욱 가까이 다가갈 수 있는 통로를 갖게 됐다는 것이다.

구글과 애플 같은 공룡들의 추격을 에크는 어떻게 생각할까? 2013년 8월 〈월스트리트저널〉과의 인터뷰에서 그는 이런 말을 했다. "경쟁사들은 음악을 하나의 상품이 아닌 (생태계 조성을 위한 부수적) 기능으로 간주

한다. 반면 우리는 최고의 음악 경험을 제공하는 것, 이 한 가지에만 집중한다."

2012년 미국 시사 주간지 《타임》은 다니엘 에크를 '세계에서 가장 영향력 있는 100인' 중 하나로 선정했다. 《타임》은 에크를 "음악은 영혼의 경험이며, 그 가치는 유지되어야 하고, 창작자는 합당한 보상을 받아야 한다는 것을 잘 아는 사람"이라고 평가했다. 아울러 그가 특별한 건 단지 엄청난 성공을 거뒀기 때문이 아니라 "좋아하는 일을, 그것도 아주 잘해내고 있기 때문"이라고 했다.

사실 이는 세계 시장에서 성공한 대부분의 창업자들에게 공통적으로 나타나는 특징이다. 좋아하는 일로 성공하고 세상에 남다른 가치를 부여하는 것. 그러려면 먼저 '좋아하는 무엇'이 있어야 할 것이다. 그런 면에서 하고 싶은 일보다 해야 할 일에 엄청난 무게를 두는 우리의 교육과 사회통념은 창조경제의 첫 번째 걸림돌이다. 그 돌을 치우지 않고는 아무리 많은 자금을 쏟아붓고 말잔치를 벌여도 결국 변화는 미미할 것이다. 정부도, 정치권도 시장보다 학교를 먼저 들여다봐야 한다.

25

패션업, 스마트폰과 경쟁하다

유니클로

야나이 다다시 Yanai Tadashi

- 유니클로 창업자
- 2015년 포브스 선정 일본 최고 부자

유니클로 매장　　출처: www.unuqlo.com

주변으로부터 심심찮게 듣는 질문이 있다. "큰 성공을 거머쥔 창업자들의 공통점은 뭐냐?"는 것이다. 답은 간단하다. 단언건대 창업가 정신이다. 내가 생각하는 창업가 정신이란 이렇다.

'기회를 포착해, 난관과 역경을 뚫고, 혁신적 사고와 행동으로, 새로운 가치를 창출하는 것.'

세계적인 의류 브랜드 유니클로Uniqlo를 만든 패스트 리테일링Fast Retailing의 야나이 다다시柳井正 회장은 이 정의에 딱 들어맞는 인물이다. 그는 1980년대 이미 사양산업으로 여겨지던 봉제업에서 일본을 대표하는 브랜드를 탄생시켰다. 새로운 생산과 서비스, 마케팅 방식을 창안해 놀라울 만큼 싼값에 좋은 품질의 옷을 제공했다. 손정의 소프트뱅크 회장과 일본 최고 부자 자리를 다투는 거부가 된 지금도 변화와 도전을 멈추지 않는다. '옷을 바꾸고, 상식을 바꾸고, 세상을 바꾼다.' 패스트 리테일링의 경영 모토다.

유니클로는 제조·유통 일괄형 의류SPA, Speciality retailer of Private label Apparel 브랜드다. 이 분야에서 자라ZARA, H&M, 갭GAP에 이어 세계 4위다. 3위 업체와의 간격을 빠르게 좁혀가고 있다. 2014년 매출은 1조 3800억 엔. 전년보다 21퍼센트 성장했다. 2020년까지 매출 5조 엔(약 54조 원)을 달성하는 것이 목표다. 현재 세계 20여 개국에 1500개가 넘는 매장을 갖고 있다. 《포브스》가 선정한 2015년 일본 최고의 부자도 야나이(자산 규모 211억 달러)였다.

야나이는 와세다대학교 정경학부를 졸업했다. 대학 때는 공부보다 마작과 록 음악, 히피 문화에 빠져 살았다. 고향 야마구치 현에서 양복 판매점과 작은 건설업체를 운영하던 아버지가 보다 못해 당시로서는 큰돈인 2백만 엔을 건네며 세계 여행을 권했다. 베트남전쟁 반대 시위로 학교가 3개월간 임시 휴교를 하자 야나이는 배낭을 메고 나섰다. 덕분에 선진국의 위용, 신흥시장의 잠재력에 일찌감치 눈떴다. 세계를 '하나의 시장'으로 인식할 수 있게 됐다. 졸업하고 슈퍼마켓 체인 회사에 10개월쯤 다니다 고향으로 돌아갔다. 어느 날 아버지가 빈둥거리는 아들에게 말했다. "이제부터 네가 양복점을 맡아라. 뭘 하든 일등이 돼라."

야나이는 이후 12년간 장사에 집중했다. 기성품 양복에서 시작해 남성 캐주얼로 범위를 넓혔다. 1984년 마침내 대도시 히로시마에 첫 캐주얼 전문점을 열었다. 개업 첫날부터 수천 명이 몰려들었다. 완전히 새로운 콘셉트 덕분이었다.

야나이가 가진 문제 의식은 '옷도 라면이나 간장처럼 부담 없이 살 수 없을까' 하는 것이었다. 그는 동종업계가 아닌 편의점이나 미국에서 본대학생활협동조합 매장에서 그 답을 찾았다. 점포를 창고 같은 개방형 공간으로 꾸몄다. 값싸고 질 좋은 기본 아이템을 팔았다. 옷은 걸지 않고 종류와 색깔별로 접어 손님이 직접 집어 갈 수 있게 했다. 앞치마를 두른 점원은 손님 뒤를 졸졸 따라다니는 것이 아니라 조용히 자기 일을 했다. 매장 문은 오전 6시에 열었다. 주요 고객인 학생들의 등교 시간에 맞춘 것이다. 이름하여 '유니크 클로딩 웨어하우스', 아예 점포 이름에 '창고 warehouse'라는 단어를 넣어버린 것이다.

다른 업종을 벤치마킹하라

야나이는 꾸준히 매장을 늘려갔다. 이름도 '유니클로'로 바꿨다. 1990년 무렵 홍콩 브랜드 '지오다노'의 경영 방식에서 영감을 얻어 SPA 방식을 택했다. 그 외에도 월마트의 경영 시스템, 마이크로소프트의 상품 개발, 맥도널드의 표준화, 미국 인테리어 용품 업체 홈디포의 직원 교육 등 전혀 다른 업종의 성공 사례를 적극 벤치마킹했다.

2009년 국내 언론과의 인터뷰에서 야나이 다다시는 이런 요지의 말을 했다. "소비자가 우리 옷을 선택하게 하려면 당연히 다른 분야의 산업보다 매력적인 상품을 내놔야 한다. 새 음식, 새 휴대전화, 새 자동차와 경쟁해야 한다. 한데 많은 경영자들은 자기 산업 안에 머물러 있다. 그렇게 해서는 매출을 늘릴 수 없다. 의류업을 사양산업이라고 한다. 쇠퇴기에 접어들었다는 뜻이다. 그 자체에 명쾌한 답이 있다. '지금 방식으로는 안 된다!'"

야나이가 SPA 방식을 택한 것은 싼값에 좋은 제품을 공급하기 위해서였다. 시장조사부터 제품 기획, 생산, 유통까지 직접 관장함으로써 각 단계의 거품을 빼고 효율적 재고 관리를 꾀했다. 유니클로의 특징은 '소품종 대량생산'이다. 철저한 시장조사를 통해 수요를 예측한 뒤 청바지, 티셔츠 같은 기본 아이템을 대량 생산한다. 질 좋은 소재를 쓰고 봉제에 공을 들인다. 최대 50여 종의 색상과 폭넓은 사이즈의 제품을 내놓는다. 엄선한 패션 분야 장인들을 중국의 하청 공장에 파견해 품질을 철저히 관리한다. 대신 생산한 전 제품을 인수함으로써 협력사와의 신뢰 관계를 공고히 한다. 그런데도 유니클로는 재고를 거의 남기지 않는 것으로 유명하다. 자라나 H&M이 품질보다 디자인에 집중하는 '다품종 소량 생산' 전략을 취하는 것과 정반대다.

유니클로 옷에는 로고가 없다. 화려하고 복잡한 디자인도 찾기 힘들다. 다른 어떤 브랜드 옷과 입어도 무난하게 어울린다. 야나이가 추구하는 '부품으로서의 옷' 개념에 충실한 것이다. 그렇다고 콘셉트가 없는 것은 아니다. 오히려 통일성과 일관성을 철저히 유지함으로써 강력한 브랜드 정체성을 구축했다. 일본 제일의 크리에이티브 디렉터로 꼽히는 사토 가시와가 로고와 패키지는 물론 매장 디자인까지 총괄한다.

유니클로는 탁월한 소셜 네트워크 마케팅으로도 유명하다. '유니클락'과 '럭키라인'처럼 독특하고 중독성이 강한 온라인 프로모션, 6종에 이르는 전용 앱, 오프라인과 철저히 연계된 온라인 몰 운영. 세계적인 예술가나 유명 브랜드와의 과감한 콜라보레이션은 늘 화젯거리다. 2015년에는 IT 컨설팅 회사 액센추어와 손잡고 빅 데이터를 활용한 온·오프 라인 통합 서비스 기획을 시작했다.

유니클로는 일본 최악의 불황기였던 1998년, 등산복 안감으로 주로 쓰이던 '플리스' 원단을 과감히 사용한 겨울 의류를 선보여 엄청난 성공을 거뒀다. 2008년 금융 위기 때도 얇고 패셔너블하면서도 보온성이 뛰어난 신제품 '히트텍'을 내놓아 세계 시장을 휩쓸었다. 실패를 두려워하지 않는 도전은 유니클로의 트레이드마크다. 이로 인해 여러 차례 위기를 겪었지만 야나이는 개의치 않았다. 그는 직원 교육용으로 펴낸 자서전《1승 9패》등에서 이런 주장을 했다.

"경영자가 연전연승했다면 새로운 시도를 전혀 하지 않았거나 성공의 기준이 턱없이 낮다는 뜻이다. 빨리 실패하고, 빨리 깨닫고, 빨리 수습하는 것이 성공 비결이다."

끊임없는 자기부정과 혁신. 작은 키에 취미라고는 골프 하나뿐인 초로의 신사는 여전히 진화 중이다.

26

세계인의 라이프 스타일 디자이너

이케아

잉바르 캄프라드 Ingvar Kamprad

- 이케아 창업자
- 2010년 포브스 선정 세계 최고 부자

2014년 가을 국내외 온라인상의 각종 광고와 마케팅 전문가 그룹 사이에서 큰 화제가 된 동영상이 있다. 스웨덴의 글로벌 가구 기업 이케아IKEA가 내놓은 2015년 카탈로그 홍보물이다. 전개 방식이며 배경음악, 모델들의 손놀림까지 애플의 2010년 아이패드 광고를 쏙 빼닮았다. 카탈로그의 날렵한 옆면을 보여주는 것으로 시작해, 간단한 손놀림으로 (책을 펼치면) 인터페이스를 2배로 확장할 수 있다거나, 케이블이나 배터리 없이 영원히 쓸 수 있고, 콘텐츠 또한 무료라는 설명을 천연덕스럽게 이어갔다. 이케아 카탈로그야말로 아름답고 혁신적이며 아이패드 못지않게 놀라운 기능을 담고 있음을 역설적으로 강조한 것이다.

허세나 코미디처럼 보일 수도 있는 이런 식의 패러디가 이케아이기 때문에 전혀 유치하지 않게 느껴진다. 오히려 '아, 잡지도 아이패드 못지않게 멋진 디바이스였지'라는 생각을 하게 된다. 그리고 이런 위트와 세련된 상상력에 높은 점수를 주고 싶어진다. 실은 이케아는 아직 스마트폰이 일상화되기 전인 2010년부터 집 내부를 찍은 사진 위에 가구 이미지를 끌어다 배치해 가상의 공간을 꾸밀 수 있는 모바일 앱을 출시해 정보기술IT 분야 사람들의 감탄을 자아낸 기업이다. 실용적인 것, 앞서가는 것, 능동적인 것은 이케아의 강력한 브랜드 이미지이자 DNA다. 이를 앞세워 43개국 349개 대형 매장을 운영하고 있는 이케아의 2013년 매출은 292억 유로(약 40조 4천억 원)에 이른다.

이케아 제품은 깜짝 놀랄 정도로 싸다. 6단 책장이 9만 원, 의자가 3만 원, 다리미판은 6천 원 정도(미국 판매가 기준)다. 품질 또한 만족스럽다. 무엇보다 밝고 단순하며 실용적인 북유럽 스타일 디자인이 강점이다. 가구뿐 아니라 조리 기구, 이불보, 텔레비전까지 1만여 종류의 생활용품을 판매함으로써, 전 세계 사람들의 라이프스타일에 엄청난 영향을 끼쳤다. 하지만 이케아는 친절하지 않다. 저렴한 대신 소비자가 직접 물건을 가져가서 직접 조립해야 한다. 그러나 많은 사람들이 이런 귀찮은 일을 즐긴다. 직접 조립한 만큼 더욱 애착이 간다. 심리학자들은 이를 '이케아 효과'라고 부른다. 이케아 매장이 '어른들의 놀이터', '스웨덴식 디즈니랜드'라 불리는 연유다.

1943년 이케아를 설립하고 지금까지도 강력한 영향력을 행사하고 있는 이는 잉바르 캄프라드Ingvar Kamprad다. 《포브스》에 따르면 약 430억 달러의 재산을 보유한 세계 5위권 부자다. 고집 센 구두쇠에 까다롭고 가부장적이지만, 한편으로는 놀라운 추진력과 통찰력을 지닌 유럽의 대표적인 기업가다. 대출도, 투자 유치도, 주식 공개도 거부하고, '이케아 왕국'이라 불리는 거대한 기업 집합체를 구축했다. 지나친 절세로 늘 탈세

의혹에 시달리고, 젊은 시절 나치즘에 경도됐던 전력으로 구설에 오르기도 했다. 하지만 반세기 넘게 '아름답고 뛰어난 기능의 가구와 집기들을 최대한 많은 이들이 누리도록 저렴하게 제공한다'는 목표를 철저히 추구함으로써 위대한 기업가의 반열에 올랐다.

캄프라드는 직업학교 졸업반이던 열일곱 살 때 통신판매업 체인 이케아를 창업했다. 처음에는 잡화를 취급하던 이케아는 1940년대 말 가구에 눈을 돌렸다. 사업이 잘되기는 했지만 경쟁이 치열한 통신판매업계에서 도약하려면 계기가 필요했다. 고심하던 끝에 1953년 고향 인근 대도시 엘름훌트에 첫 전시장을 열었다. 첫날에만 천여 명 이상이 다녀갈 만큼 큰 화제를 불러일으켰다.

매장이 아닌 놀이터, 구매가 아닌 체험

캄프라드는 사업 초기부터 박리다매를 신봉했다. 단순한 디자인과 대량생산으로 단가를 낮췄다. 철제 빨래 바구니는 통조림 공장에, 쇠다리가 달린 탁자는 쇼핑 카트 공장에 제작을 맡기는 방식으로 공급처를 다변화했다. 다른 가구업체 디자인을 살짝 변형해 훨씬 저렴하게 팔거나, 제품 판매가 금지된 전시회에서 버젓이 장사하는 행위도 마다하지 않았다.

다른 가구 회사들의 보이콧으로 결국 스웨덴 내 공장에서 충분한 물량을 공급받지 못하게 되자 캄프라드는 폴란드로 눈을 돌렸다. 당시 사회주의 국가였던 폴란드의 계획경제는 장기 계약과 대량생산이라는 이케아의 제품 수급 정책과 잘 맞아떨어졌다. 덕분에 이케아는 가격을 더욱 낮출 수 있었다. 이를 무기로 해외시장 공략에 본격적으로 나섰다. 훗날 캄프라드는 이런 말을 했다. "위기가 전화위복이 됐다. 쉬지 않고 해결책을 찾으려고 노력한 결과다. 부정적으로 대응하는 것은 전혀 유리하지 않다."

1970년 스톡홀름 외곽의 이케아 매장에 큰 화재가 발생했다. 이케아는 이 또한 재도약의 계기로 삼았다. 캄프라드는 현장 직원들의 의견에 따라 소비자들이 가구 구매 과정의 80퍼센트를 담당하는 캐시 앤 캐리cash and carry 시스템을 구축했다. 레스토랑과 어린이 놀이 공간을 설치해 매장을 놀이터나 가족 소풍 장소로 탈바꿈시켰고, 핫도그도 소비자가 직접 만들어 먹게 했다. 이로써 가격을 외부의 절반으로 낮췄다.

독일과 영국처럼 전통 깊은 유럽 국가에 진출할 때는 스웨덴 특유의 사회민주주의 색채를 강조했다. 젊고 생각이 자유로운 이들이 택하는 가구, 의사든 청소부든 누구나 부담 없는 가격으로 유용하게 쓸 수 있는 가구. 이러한 브랜드 이미지는 세계에서 성경 다음으로 발행 부수가 많은 것으로 알려진 이케아 카탈로그에도 그대로 반영돼 있다. 매년 2억 2천 부가량 발행되는 이케아 카탈로그에는 오늘날 가정과 사무실의 시대상이 오롯이 투영돼 있다. 동성 부부, 여러 인종이 뒤섞인 가족, 유행하는 음식과 책들이 놓인 거실. 세계 소비자들은 이 카탈로그를 보고 또 보면서 어느새 이케아 스타일에 중독되고 만다.

지금도 이케아의 가격 인하 노력은 계속되고 있다. 모든 제품은 생산비와 재료비, 물류 비용을 낮추는 방향으로 디자인된다. 플라스틱 나사 기둥에 홈을 파서 무게를 0.1그램 줄인다거나, 책상 프레임을 '사용에 무리가 없을 만큼' 얇게 만들어 재료비를 줄이는 식이다.

이런 모험심과 도전 정신으로 지금 이케아는 사물 인터넷 시대마저 선도할 준비를 하고 있다. 2015년 4월 이케아는 이탈리아 밀라노 디자인 위크 현장에서 '이케아 템포러리IKEA Temporary'라는 대형 전시장을 운영했다. 그중 '콘셉트 키친 2025'라는 프로젝트가 특히 관심을 끌었다. 평범해 보이는 주방 테이블이 일종의 대형 스마트 기기이자 가스레인지, 요리 도우미, 심지어 충전기 기능까지 하는 미래 비전을 펼쳤다.

언뜻 생각하면 삼성, 구글, 아마존, 마이크로소프트 할 것 없이 뛰어든 사물 인터넷 시장에서 가구 회사가 할 수 있는 일이 뭐가 있을까 싶지만 이케아라면 얘기가 다르다. 세계 가구 시장의 50퍼센트를 장악한 괴물 같은 회사다. 각 제품에 센서를 부착하고 이를 네트워크화할 수 있다면 단번에 시장의 중심으로 치고 나갈 수 있다.

1986년 캄프라드는 회장직에서 물러났지만 여전히 경영에 깊숙이 관여하고 있다. 비행기 비즈니스석을 애용하고 지하철 노령자 할인도 빠짐없이 챙긴다. 직원들에게는 '절약하라', '회사 일 외에 취미를 갖지 말라'고 잔소리한다. 한편으로는 임직원끼리 서로 반말을 쓰게 하고 권한을 과감히 이양하는 등 지극히 현대적인 경영 방침을 실천한다. 아울러 캄프라드는 '끊임없이 실수하라'고 강조한다. 그가 쓴 〈또 다른 길〉이라는 글에는 이런 구절이 있다. "실수는 행동하는 자의 권리다. 실수를 두려워하는 것은 관료주의의 요람이고 모든 발전의 적이다. 백 퍼센트 옳은 결정이란 없다. 추진력 있게 일해 보면 그 결정이 올바른 것이었는지 알게 될 것이다. 우리는 실수를 얼마든지 허락한다."(《이케아, 불편을 팔다》)

이케아의 성공 비결 역시 결국은 창업가 정신이다. 기회를 포착해, 난관과 두려움을 뚫고, 혁신적 사고와 행동으로, 시장에 새 가치를 창조하는.

27

인터넷 날개 단 대륙의 호랑이

텐센트

마화텅 Ma Huateng

• 텐센트 창업자

텐센트 HQ 프론트　출처: www.ideal.com.cn

2014년 5월 말 미국 시사 주간지 《타임》은 '올해의 가장 영향력 있는 100인'을 선정 발표했다. 1위는 그해 기록적인 판매고를 올린 팝스타 비욘세였다. 하지만 정작 세계 산업계를 술렁거리게 한 것은 2위에 오른 인물이었다. 중국 인터넷 기업 텐센트Tencent의 마화텅馬化騰 창업자였다. 《타임》은 마화텅에 대해 인터넷 업계에서 대단한 성공을 거뒀으며 사업뿐 아니라 중국의 문화적 지형에도 큰 영향을 끼쳤다고 평했다.

사실 우리나라에서 텐센트, 중국 명칭으로 텅쉰騰訊이라는 회사는 그리 잘 알려져 있지 않다. 하지만 정보통신IT 업계에서는 존재감이 확연하다. 카카오톡을 만든 회사 ㈜카카오의 2대 주주라거나, CJ게임즈에 5억 달러를 투자해 3대 주주가 된 것도 한 이유다. 텐센트라는 이름을 달지 않고는 중국 게임 시장에 진입하는 것 자체가 어려운 것 또한 엄연한 현실이다. 무엇보다 텐센트가 구글과 아마존에 이어 세계 3위 인터넷 기업으로 우뚝 선 결정적인 비결은 각종 한국산産 서비스에 대한 창조적 모방이었다.

어찌 보면 참 안타까운 일이다.

마화텅 창업자의 재산은 2015년 6월 현재 190억 달러(약 18조 원)에 이른다. 블룸버그 억만장자 지수BBI에 따르면 1년 6개월 사이 60억 달러가 늘었다. 2015년 기준으로 중국 6위 부자다. 전해에는 중국 1위, 아시아 8위였다. 2014년에는 미국 경제 전문지《포춘》이 발표한 '중국에서 가장 영향력 있는 50인' 중 1위에 선정되기도 했다.

텐센트의 시가총액은 2015년 4월 기준 214조 원으로, 1년 전의 160조 원보다 크게 상승했다. 2004년 홍콩 증시 상장 이후 11년 만에 2백 배가량 커진 것이다. 2015년 2분기에는 매출액 234억 2900만 위안(약 4조 2700억 원), 순이익 73억 1400만 위안(약 1조 3천억 원)이라는 사상 최고 실적을 거두기도 했다. 과연 중국 브랜드 가치 1위 기업다운 위용이다(2015년 2월 WPP · 밀워드브라운 조사).

이 같은 성공을 이끈 일등 공신은 메신저 서비스 QQ다. PC와 모바일에서 모두 사용 가능한 QQ의 월 평균 접속자 수는 8억~9억 명이다. 2014년 4월 15일 텐센트는 "QQ의 동시 접속자 수가 2억 명을 돌파했다"고 발표했다. 이것은 브라질 인구와 맞먹는 숫자다. 이 회사의 '중국판 카카오톡'이라고 할 수 있는 위챗wechat 가입자는 약 5억 명, '중국판 싸이월드'인 'Q존Qzone' 가입자는 약 6억 명이다.

각각의 서비스는 일종의 포털 사이트 역할을 한다. QQ만 해도 메신저 기능뿐 아니라 게임, 음악, 전자상거래, 교육, 동영상, 결제, 심지어 금융 서비스까지 제공한다. 광고 매출에 의존하지 않으며 다양한 수익 모델을 갖춘 것은 이 회사의 큰 장점이다. 프랑스의 글로벌 투자 기업 크레디 리

요네CLSA는 위챗의 가치를 최대 640억 달러에 이를 것이라고 추산했다.

창조적 모방으로 세계 시장을 위협하다

이처럼 거대한 인터넷 왕국을 건설한 마화텅은 광둥 성의 부유한 가정에서 태어났다. 선전深圳대학교 컴퓨터공학과에 다닐 때부터 천재 프로그래머로 이름을 날렸다. 마화텅은 대학을 졸업하고 무선호출기 업체 선전룬쉰深圳润迅에 입사했다. 인터넷의 가능성을 알아보고 회사에 새로운 사업을 제안했지만 받아들여지지 않았다. 그는 자비를 들여 집에 컴퓨터 8대와 전화기 4대를 설치하고 중국 초기 인터넷 기업 후이뚜어왕慧多网에 연락해 선전 지사장을 자임했다.

일종의 '투잡족'이 된 것인데, 당연히 회사의 반응은 좋지 않았다. 1998년 가을 결국 회사를 그만두고, 역시 컴퓨터 수재로 통하던 대학 동기 장즈동張志東을 설득해 텐센트를 창업했다. 초기 자금은 일종의 실시간 주가 확인 프로그램 '구빠股霸카드'를 개발해 번 돈으로 충당했다.

이들이 처음 내놓은 서비스는 당시 미국 IT 인터넷 기업 AOL America Online Inc.이 내놓은 메신저 ICQ를 모방한 OICQ였다. 하지만 무조건 베낀 것이 아니라 ICQ의 기술적 단점들을 보완하고 중국 여건에 맞는 서비스를 내놓았다. 예를 들어 ICQ는 기존에 사용하던 PC가 아닌 다른 기기에서는 친구 정보를 볼 수 없고 친구가 오프라인 상태일 경우에는 메시지를 남길 수 없었다. 텐센트는 고객 정보를 각 PC가 아닌 서버에 저장하는 방법으로 이 문제를 해결했다.

사람들이 한창 이 서비스를 사용하고 있을 때 AOL이 상표권 침해 소송을 제기했다. 저작권 인식이 전무했던 텐센트는 부랴부랴 대응에 나섰지만 역부족이었다. 서비스 이름을 QQ로 바꾸고 손해배상도 했지만 설상가상으로 닷컴 버블이 붕괴됐다. 그렇지 않아도 자금력이 달리던 회사는 곧 위기에 빠졌다. 천신만고 끝에 미국 투자 회사 인터내셔널데이터그룹IDG과 홍콩의 통신업체 PCCW로부터 투자를 받았다. 이어 한국의 싸이월드를 벤치마킹한 유료 아바타 서비스를 시작했다. 가입자와 매출이 폭발적으로 증가했다.

2003년에는 게임 시장에 진출했는데, 콘텐츠를 직접 개발하는 대신 기술력이 뛰어난 한국 게임 업체들과 퍼블리싱 계약을 맺었다. '크로스파이어', '던전앤파이터' 같은 한국산 게임들이 그야말로 '대박'을 터뜨리면서 텐센트는 확고한 입지를 다졌다. 2004년 홍콩 증시에 상장하자마자 주가가 치솟았다.

텐센트의 주된 전략은 모방과 변형, 재창조다. 예를 들어 텐센트는 2012년 카카오에 720억 원을 투자해, 카카오의 노하우를 속속들이 파악한 뒤 자사 서비스 위챗에 적용했다. 이런 방식 때문에 텐센트는 종종 '카피캣(모방꾼)'이라는 비난을 듣는다. 이에 대한 마화텅의 생각은 확고하다. 중국 현지 매체와의 인터뷰에서 그는 이런 말을 했다.

"외국 기업의 모델을 모방한 중국 인터넷 기업 대부분이 망했지만 텐센트는 성공했다. 다른 점이 있기 때문이다. 남들이 고양이를 보고 고양이를 그릴 때, 텐센트는 고양이를 본떠 호랑이를 그렸다."

이처럼 그는 '창조적 모방'이야말로 텐센트의 진정한 경쟁력이라고 주장한다.

마화텅은 매우 신중하고 조심스러운 한편 내적으로는 강한 승부욕을 지닌 인물이다. 말수가 적고 사람들이 많이 모이는 곳을 싫어하며, 대부분의 시간을 자사 서비스를 직접 사용해 보고 미래 전략을 짜는 데 쏟는다. 독서광인 데다 겸손하고 나서지 않는 성격이다. 하지만 게임 업체 등 사업 파트너들에게는 가혹하리만큼 냉정하고, 조세 피난처에 페이퍼 컴퍼니를 만든다거나 다른 갑부들과 함께 중국의 국회 격인 전국인민대표대회(전인대)에 참석해 실속을 차리는 등 '자본가'의 생리에 딱 들어맞는 인물이다.

이제 마화텅 앞에 놓인 가장 큰 도전은 세계시장에 진출하는 것이다. 그동안 텐센트는 중국 정부의 비호 아래 '중화권 서비스'에 머물렀기 때문이다. 실제 마화텅은 2013년 5월 열린 글로벌 모바일 인터넷 컨퍼런스GMIC에서 "중국 인터넷 기업은 실패를 두려워하지 않고, 세계 지도 곳곳에 족적을 남기고자 노력할 것"이라고 선언했다. 이런 그의 야망이 한국 인터넷 업계에는 또 어떤 영향을 끼칠지, 흥미진진하면서도 두렵다.

28

오프라인 유통의 혁신가

코스트코

제임스 시네갈 James Sinegal

- 코스트코 창업자
- 페드마트 전 수석 부사장

코스트코 매장 전경　　출처: www.wikimedia.org ©Solomon20

가족과 함께 1년 동안 미국에서 생활한 적이 있다. 현지에 도착해 가장 먼저 한 일 중 하나가 코스트코Costco 회원 가입이었다. 먼저 미국 생활을 경험한 이들이 이구동성 권해서였는데, 지금 생각해도 잘한 결정이었다. 그만큼 좋은 물건과 식재료를 그 정도 가격에 살 수 있는 곳은 코스트코뿐이었다. 이제는 국내에서도 코스트코를 어렵지 않게 볼 수 있다. 심지어 양재점은 세계 671개 점포 중 연 매출 1위(5천억 원)를 기록한 적도 있다. 월마트와 까르푸가 두 손 들고 나간 한국 시장에서 여봐란듯이 성공한 것이다.

소매 영역은 익을 대로 익은 시장이다. 대세를 단번에 바꿀 혁신적인 신기술이 있을 수 없다. 게다가 코스트코는 매장을 쉽게 안 늘리고, 취급 물품은 4천여 개에 불과하며, 외부 인재도 영입하지 않는다. 직원 급여는 시간당 20.89달러로 경쟁사인 월마트(시급 12.67달러)보다 40퍼센트나 더 많으면서, 최고경영자CEO 연봉은 월마트의 4분의 1밖에 되지 않는다.

이처럼 '거꾸로 경영'을 펼치는데도 성장세는 매우 빨라, 월마트에 이어 미국 2위 소매 유통 체인이자 1위 회원제 할인 매장이다. 1983년 창업한 지 6년 만에 연 매출 30억 달러를 올렸는데, 이는 미국 역사상 가장 짧은 기간에 달성한 것이다. 2014년 매출은 1126억 4천만 달러(약 127조 원), 멤버십 회원은 7120만 명(2013년 기준)에 이른다. 2010년 2월 55달러 선이던 주가는 5년 만에 160달러를 돌파했다. 2014년에는 직원들이 뽑은 '미국에서 가장 좋은 직장' 2위에 오르기도 했다. 근소한 차이로 1위를 한 곳은 구글이었다.

코스트코의 성장을 이끈 사람은 제임스 시네갈James Sinegal이다. 이 회사를 공동 창업해 2011년까지 CEO를 역임했다. 지금도 회사 고문으로 경영에 참여한다. 각종 인터뷰를 읽어보면 그야말로 '소매retail 비즈니스'에 미친 사람임을 알 수 있다. 마흔일곱 살이라는 늦은 나이에 창업에 뛰어든 것도 "리테일을 너무 사랑해서"라고 한다.

시네갈은 어린 시절을 고아원에서 보냈다. 홀로 된 어머니가 그를 키울 능력이 없었기 때문이다. 열한 살이 되어서야 재혼한 어머니 품으로 돌아갈 수 있었다. 샌디에이고시립대학교를 다니던 열여덟 살 때, 미국 최초의 창고형 할인점인 페드마트에서 매트리스 하역 아르바이트를 했다. 이를 계기로 페드마트에 정식 입사한다. 페드마트 창업자 솔 프라이스는 그의 멘토가 되었다. 프라이스는 "가치를 창출하고, 직원과 고객을 섬기며, 납품 회사를 존중하고, 이 모든 과정을 통해 주주에게 보답한다"는 사업 철학을 고스란히 물려주었다.

1976년 페드마트가 다른 사람의 손에 넘어가자, 프라이스는 최초의 회원제 창고형 할인점 '프라이스클럽'을 설립했다. 페드마트에서 수석 부사장으로 있던 시네갈도 그를 따라나섰다. 그리고 7년 뒤 시네갈은 마침내 자기 사업을 시작했다. 공동 창업자 제프리 브로트먼과 함께 시애틀에 첫 코스트코 매장을 열었다. 1993년에는 프라이스클럽과 합병해 규모를 크게 키웠다.

마진을 줄이고 임금을 높여서 성공한 사업가

2009년 세상을 떠난 솔 프라이스는 2005년 〈뉴욕타임스〉와의 인터뷰에서 "시네갈은 주주와 직원, 고객, 관리자 사이에서 이해관계의 균형을 정말 잘 잡는 사람"이라고 칭찬했다. 사실 이것이야말로 코스트코가 시장에서 '궁극의 가격 결정권absolute pricing authority'을 갖게 된 바탕이다.

할인점은 근본적으로 매출과 마진을 함께 올리는 것을 목표로 한다. 예를 들어 50달러짜리 유명 브랜드 청바지를 30달러에 판다고 하자. 물건이 예상보다 잘 팔리면 할인점은 가격을 올리거나 납품가를 후려쳐서 마진을 높이려고 한다. 하지만 생산자의 생각은 다르다. 기존 납품가를 보전해 주거나, 그러지 않는다면 가격이라도 낮춰 많이 팔아주기를 바란다. 소비자 입장에서야 무조건 싼 것이 좋다. 거래 주체들의 이해관계가 엇갈리는 것이다.

코스트코는 우선 생산자와 소비자의 이해관계를 일치시켰다. 즉 '좋은 물건을 최대한 싸게 판다'는 것이다. 코스트코는 청바지가 잘 팔리면 마진을 높이는 게 아니라 가격을 낮춘다. 40달러이던 청바지를 22달러에 파는 것이다. 소비자는 값이 싸서 좋고, 생산자는 납품가를 낮춘 만큼 더 많이 팔리니 여러모로 이익이다. 그렇다면 코스트코는 어떨까? 최소한의 마진으로 어떻게 성장을 거듭할 수 있을까? 비밀은 '회원제'에 있다.

경제 주간지《비즈니스위크》에 따르면 코스트코 매출 총 이익의 80퍼센트는 연회비에서 나온다. 따라서 최대 목표는 회원을 많이 유치하고 또 그것을 유지하는 것이다. 이를 위해 코스트코는 어떻게든 좋은 물건을 싸게 공급하려고 애쓴다. 취급 품목 수를 한정하고 대용량 포장으로 제품별 가격 경쟁력을 극대화한다. 국가별로 특정 신용카드사와 독점 사용 계약을 맺는 대신 수수료를 낮춘다. 광고는 하지 않고 오직 고객과 직원들의 입소문에 의지한다. 시네갈의 최저가에 대한 집착이 얼마나 강한지, 친구인 하워드 슐츠 스타벅스 회장은 그를 '가격 경찰price police'이라고 부르기도 했다. 시네갈이 정한 코스트코 최대 마진율은 15퍼센트다. 월마트(20~25퍼센트)나 백화점(50퍼센트)보다 현저히 낮다. 회원들의 만족도가 높을 수밖에 없고, 덕분에 회원 갱신율은 90퍼센트에 이른다.

이에 더해 시네갈은 직원 복지를 비용이 아닌 성장 동력으로 여긴다. 업계 최고 수준의 임금을 주는 것은 물론 의료보험료의 92퍼센트를 회사가 부담한다. 해고도, 정년도 없다. "불행한 직원들은 계속 새 직장을 찾을 수밖에 없다. 코스트코 직원들은 회사를 사랑하며 자부심이 넘친다. 정당한 이윤을 추구하고, 직원에게 더 많이 투자하는 것이 기업에 이득"이라고 강조한다. 시네갈은 2009년 금융위기 때도 해고는커녕 "경제가 어려우니 임금을 더 줄 방법을 찾아야 한다"며, 이후 3년에 걸쳐 시급을 1.5달러 인상했다.

2013년 한 인터뷰에서 시네갈은 "기업문화야말로 사업의 모든 것"이라고 단언했다. 이를 지키기 위해 코스트코는 순혈주의를 고집한다. 이 회사 직원 대부분은 매장 업무로 커리어를 시작한다. 고객을 섬기고 직원을 돌보는 법부터 배운다. 소정의 시험을 통과해 관리자가 되면 회사는 경영대학원을 보내주는 등 지속적으로 지원한다. 코스트코가 매장을 급격하게 늘리지 못하는 것도 직원들을 키워내는 데 그만큼 오래 걸리기 때문이다.

그러고 보면 오늘날의 코스트코를 만든 것은 8할이 '신뢰'다. 최고의 평생직장이라는 직원의 믿음, 함께 성장할 수 있다는 생산자의 믿음, 기본이 탄탄한 회사라는 주주의 믿음, 무엇보다 최상품을 최저가에 살 수 있다는 고객의 확고한 믿음. 시네갈은 바로 그 신뢰를 지키기 위해 30년을 하루같이 일했다. 지금도 자기 시간의 90퍼센트를 직원 코칭coaching에 바친다. 자신의 가치관과 사업 전략, 기업문화를 합치시키는 데 성공한 보기 드문 창업자. 그가 미국 산업계에서 특별히 존경을 받는 이유다.

29

세계 영상 사업 재편한 미디어 괴물

넷플릭스

리드 해스팅스 Reed Hastings

- 넷플릭스 창업자
- 퓨어소프트웨어 창업자

넷플릭스 홈페이지 출처: www.netflix.co

전 세계의 '미국 드라마'(일명 '미드') 팬들에게 2015년 2월 27일은 특별한 날이었다. 공전의 히트를 친 정치 드라마 〈하우스 오브 카드House of Cards〉 시즌3가 시작된 것이다. 일반적인 상황이라면 '본방 사수'를 위해 매주 같은 시간 텔레비전 앞에 대기해야 했을 것이다. 하지만 이 드라마 팬들은 그럴 필요 없었다. 자신의 스마트폰, 스마트TV, 태블릿, PC, 게임기 등으로 27일 이후 언제든 드라마를 볼 수 있었기 때문이다. 그것도 시즌3 에피소드 총 13편을 한꺼번에.

이것이 가능한 건 〈하우스 오브 카드〉의 제작사이자 배급사가 넷플릭스Netflix이기 때문이다. 넷플릭스는 미국에 기반을 둔 온라인 TV 네트워크 기업이다. 세계 최대 온라인 동영상 스트리밍OTT, Over The Top 업체이기도 하다. 스트리밍이란 음악, 동영상 등 각종 콘텐츠를 즉각 재생하는 기술이다. 인터넷에 연결된 기기들을 통해 대기 시간이나 용량 제한 없이 콘텐츠를 즐길 수 있다. 한때는 다운로드가 디지털 콘텐츠 소비의 정석이었지만 지금은 아니다. 큰 용량의 파일을 굳이 내려받을 필요 없이, 싸고 편리한 스트리밍 방식으로 즐기는 것이 대세다. 그러한 트렌드를 선도하며 글로벌 방송 산업의 지형도를 송두리째 바꿔가고 있는 것이 넷플릭스다.

1997년 창업한 넷플릭스는 애초 DVD 대여업체였다. 그러던 것이 동영상 스트리밍 업체로 변신했고, 2013년 〈하우스 오브 카드〉 시리즈 론칭을 기점으로 콘텐츠 시장에까지 진출했다. 오리지널 드라마를 2019년까지 매년 20편씩 선보이고, 궁극적으로는 세계 최대 콘텐츠 공급자가 되는 것이 목표다. 2015년 3월 현재 가입자는 50개국 6500만 명. 향후 2년 내에 우리나라를 비롯해 추가로 150개국에 진출할 계획이다. 2014년 광고 없이 회비로만 4조 8천억 원의 매출을 올렸다. 주가는 수직 상승 중이다. 각국의 지상파 방송, IPTV와 케이블TV 같은 유료 방송 사업자에게는 참으로 위협적인 존재다.

넷플릭스의 공격적인 투자와 파격적인 변신을 이끌어온 사람은 '미디어계의 스티브 잡스'로 불리는 리드 해스팅스Reed Hastings 공동 창업자 겸 최고경영자CEO다. 별난 이력, 독특하고 독보적인 기업문화 구축으로도 유명하다. 그는 《포춘》과 〈월스트리트저널〉 등 유력 미디어들이 뽑은 '최고의 CEO'와 '최악의 CEO'를 두루 경험했다. "텔레비전은 말과 같다. 말은 자동차가 나올 때까지만 유용했다. 텔레비전 방송 시대는 2030년까지만 지속될 것이다." 이런 파격적인 발언도 서슴지 않는다.

해스팅스는 미국 보스턴 시에서 저명한 변호사의 아들로 태어났다. 고등학교를 졸업하고 1년간 진공청소기 외판원으로 일했는데 단지 그 일이 재미있어서였다. 보든칼리지 수학과에 진학한 것도 "추상적인 개념의 아름다움과 매력을 발견했기 때문"이었다. 대학 졸업 뒤 그는 돌연 해병대에 입대했다. 콴티코 기지에서 2년간 소대장 양성 과정을 밟다가 조기 전역했다. 평화봉사단에 합류하기 위해서였다. 이후 3년 남짓 남부 아프리카의 스와질랜드에서 교사로 일했다. CNN머니와의 인터뷰에서 그는 "몇 푼 안 되는 돈을 들고 히치하이킹으로 아프리카를 가로질러 본 사람에게 창업은 그리 큰 도전이 아니"라고 말했다.

1986년 미국으로 돌아온 해스팅스는 스탠퍼드대학교에서 컴퓨터공학 석사 학위를 받았다. 잠시 다른 스타트업에서 일하다가 1991년 퓨어소프트웨어를 창업했다. 회사는 가파른 성장을 거듭했다. 1997년 이 회사를 매각해 7500만 달러를 거머쥐었다. 큰 성공을 거두고도 그는 되레 고민에 빠졌다. 그는 자신의 경영 능력이 부족하며, 회사의 관료화를 피하지 못했다는 점을 뼈아파했다. 무엇보다 회사를 팔고 난 뒤에 찾아온 허무감으로 인해 "실패한 것 같은 느낌"에 사로잡혔다. 해스팅스는 이를 극복하기 위한 성찰에 몰입하는 한편 자산의 일부를 떼어내 공교육 혁신을 위한 재단을 설립했다. 그리고 다시 창업에 나섰다. 넷플릭스였다.

'큰 생각', '작은 시작', '빠른 확장'

넷플릭스의 성공 신화 첫머리에는 늘 해스팅스가 영화 〈아폴로13〉 비디오 반납 연체료 40달러를 물다가 새로운 비즈니스 아이디어를 떠올렸다는 이야기가 나온다. 하지만 전 로이터통신 기자 지나 키팅은 자신의 책 《넷플릭스드Netflixed》에서, 회사의 또 다른 공동 창업자이자 초기

CEO였던 마크 랜돌프의 증언을 빌려 "이것은 마케팅 효과를 염두에 둔 해스팅스의 거짓말"이라고 주장했다.

계기가 무엇이든 넷플릭스는 사업 초기 새로운 비디오 대여 사업 모델을 제시했다. 월정액 회원이 온라인으로 보고 싶은 영화를 선택하면 우편으로 DVD를 보내준다. 회원은 영화를 다 보고 나면 처음 배달됐던 봉투에 DVD를 담아 우체통에 넣으면 된다. 연체료는 없다. 대신 DVD를 반납해야 새 작품을 받을 수 있기 때문에 회원 스스로 부지런을 떨게 된다. 아울러 넷플릭스는 각 회원의 취향을 분석해 그가 좋아할 만한 영화를 추천했다. 데이터 분석을 통한 개인화 서비스는 현재도 넷플릭스의 주요 강점이다.

오프라인 점포 없이 온라인과 우편 시스템을 이용한 넷플릭스의 사업 모델은 돌풍을 일으켰다. 이는 결과적으로 세계 최대 비디오 대여 체인 블록버스터의 파산으로 이어졌다. 해스팅스는 여기서 멈추지 않았다. 2007년 스트리밍 서비스를 시작한 것이다. 그는《포춘》과의 인터뷰에서 "창업 당시에는 내가 꿈꾸는 인터넷TV를 실현할 여건이 되지 않았다. 모든 준비가 갖춰질 때까지 기다렸다. 비즈니스는 늘 10년 뒤를 상상해야 한다. 아울러 너무 앞서가지 않기 위해 타이밍을 맞춰야 한다"고 말했다.

한동안 잘나가던 사업은 2011년 큰 풍파를 겪었다. 사양세인 DVD 대여 사업을 축소하고, 스트리밍 서비스 가격을 60퍼센트 인상하면서 소비자들의 큰 반발에 부딪힌 것이다. 가입자 80만 명이 이탈하고 주가는 4분의 1로 떨어졌다.《포춘》은 2010년 '올해의 기업인' 1위였던 해스팅스에게, 그해 '최악의 기업인'이라는 불명예를 안겼다.《포브스》와 야후파이낸스도 같은 평가를 내놓았다.

해스팅스의 결단은 결과적으로 탁월한 선택이었다. 넷플릭스는 스트리밍 서비스 중심 기업이 됨으로써 국경 없는 인터넷을 통해 글로벌 시장에 진출할 수 있게 됐다. 월 7.99~11.99달러에 광고 없이 원하는 영화와 TV 프로그램을 마음껏 볼 수 있는 시스템은 소비자의 마음을 사로잡았다. 명품 드라마 〈하우스 오브 카드〉도 가입자 수를 폭발적으로 늘리는 데 한몫했다.

이러한 성과의 바탕에는 넷플릭스만의 독특한 기업문화가 자리 잡고 있다. 회사를 마치 메이저리그 야구단처럼 운영하는 것이다. 직원들에게는 업계 최고 대우를 해준다. 휴가도 마음대로 쓸 수 있다. 대신 반드시 A급 직원이어야 한다. '무난하게' 일하는 직원은 가차 없이 해고한다. 그 대신 업계 최고 수준의 퇴직 수당을 준다. 사내 교육 프로그램 같은 건 없다. A급 직원들은 탁월한 동료들과 일하는 것만으로도 충분히 성장할 수 있기 때문이다. 핵심은 '자유를 누릴 자격이 있는 인재를 뽑아서 많은 책임을 부여한다'는 것이다.

해스팅스는 〈비즈니스 인사이더〉와의 인터뷰에서 "중요한 것은 통제contral가 아닌 맥락context"이라고 말했다. 직원들의 행동을 통제하기보다는 전략, 목표, 역할 정의 같은 맥락을 제대로 설정하고 교육하는 것이야말로 뛰어난 관리자의 역할이라는 것이다. 2001년 만들어져 2011년 온라인에 공개된 '넷플릭스 문화 : 자유와 책임Netflix Culture: freedom and responsibility'이라는 제목의 내부 자료에는 이 같은 내용이 상세하게 담겨 있다. 셰릴 샌드버그 페이스북 최고운영책임자는 이를 "실리콘밸리에서 나온 가장 중요한 문서"라고 극찬했다.

《포브스》는 넷플릭스의 성공 비결을 '큰 생각', '작은 시작', '빠른 확장'이라고 분석했다. 그 바탕에는 결국 "기업가 정신을 잃지 않고 빠르게 성장할 수 있는 기업"을 만들려는 해스팅스의 무서운 집념과 가차 없는 실행이 있었다.

PART 6

열린 플랫폼으로 혁신하라

Global Village

30

농사짓는 엔지니어의 유쾌한 반란

오픈 소스 에콜로지

마친 자쿠보스키

Marcin Jakubowski

- 오픈 소스 에콜로지 설립자
- 팩터 e-팜 운영자

Global Village Constrction Set 출처: www.opensourceecology.org

어떤 영화가 결말에 이르러 충격적인 반전反轉을 보여줄 때 흔히 '식스 센스급'이라는 표현을 쓴다. M. 나이트 샤말란 감독의 1999년 영화 〈식스 센스〉야말로 반전 영화의 대명사이기 때문이다. 이후 샤말란 감독은 '더 강한 반전'에 대한 요구에 시달렸는데, 그렇게 해서 내놓은 후속작 중 하나가 〈빌리지Village〉다. 〈식스 센스〉에는 못 미치지만 이 영화 역시 강렬한 반전을 품고 있다. 깊은 숲에 둘러싸인 19세기 분위기의 마을. 여기서 나고 자란 청년들이 숲을 지배하는 괴물의 정체에 의문을 품고, 바깥세상과 조우하기 위해 위험을 무릅쓴다는 줄거리다.

영화의 가장 큰 반전은 시대적 배경이 21세기라는 것. 오래전 갖은 사연으로 현대 문명에 환멸을 느낀 부모 세대가, 거대한 숲에 숨어들어 외부 세계와 단절된 자급자족경제를 구축한 것이다. 흥미로운 점은 영화 속 마을 사람들의 지독스럽게 철저한 전 세기世紀적 생활 방식이다. 그들은 현대 과학 지식을 애써 외면하며 옛 방식을 고수한다. 옛것이 순수하며,

인간과 환경이 조화를 이루는 길이고, 욕심 없는 자급자족 생활의 전제조건이라는 생각이 숨어 있는 듯하다.

뜬금없이 한참 전 영화 이야기를 꺼낸 건 지금부터 소개할 또 다른 빌리지(마을) 때문이다. 이 역시 특정 지역에 뿌리박은 소규모 자급자족경제를 지향한다. 협업과 공동체를 강조하고 환경 파괴와 자원 낭비를 경계한다. 영화와 확연히 다른 점은 현대 문명의 편리를 포기하지 않는다는 것. 오히려 인터넷, 소셜 네트워크, 크라우드 펀딩 같은 21세기적 리소스를 마을 형성과 발전의 기반으로 삼는다. 그렇다면 사이버 빌리지일까? 아니다. 사람이 실제로 먹고 자고 생활하는 '진짜' 마을이다.

이곳에는 트랙터도 있고 오븐도 있고, 벽돌 찍어내는 기계도 있다. 마을 사람들은 이것들을 사지 않는다. 직접 만든다. 평균 제작비는 기성품 구입비의 8분의 1 수준이다. 전문가가 아니어도 해설 비디오를 참조해 얼마든지 조립할 수 있다. 이렇게 생산한 맞춤 기기로 농사를 짓고 집도 짓는다. '오픈 소스 하드웨어Open Source Hardware'의 힘이다.

흔히 오픈 소스라고 하면 소프트웨어부터 떠올린다. 특정 소프트웨어의 소스 코드를 무료로 제공해서, 세계 각지 개발자들이 이를 활용하고 발전시킬 수 있도록 하는 것을 '오픈 소스 소프트웨어'라고 한다. '오픈 소스 하드웨어'는 같은 방식을 실물 제작에 적용한 것이다. 이 새롭고 거대한 흐름을 주도하는 대표적인 인물이 앞서 소개한 마을의 리더 마친 자쿠보스키Marcin Jakubowski다.

열 살 때 폴란드에서 미국으로 이민 온 자쿠보스키는 프린스턴대학교 화학과를 졸업하고 위스콘신대학교에서 핵융합물리학 박사 학위를 받았다. 학위를 마치기 1년 전 그는 자신이 받은 교육이 세상의 문제들을 해결하는 데 별 쓸모가 없음을 깨달았다. 그래서 택한 것이 농사. 미주리 주 시골의 농부가 됐다. 2011년 세계 최대 지식 컨퍼런스 TED에서 그는 자신이 어떻게 오픈 소스 하드웨어의 선구자가 됐는지를 자세히 설명했다.

기술 공유를 통한 오픈 소스 하드웨어 시대를 열다

농사를 짓기 시작하면서 그는 가장 필요한 기계인 트랙터를 샀다. 하지만 트랙터는 하루가 멀다 하고 고장이 났다. 수리비 때문에 통장 잔고가 바닥날 지경이었다. 그는 "튼튼하고 조립 가능하며 값싸고 고성능에, 평생 쓸 수 있고 재활용 소재를 활용한, 진부하지 않은 디자인의 트랙터"를 찾아 헤맸으나 도저히 구할 수 없었다. 없으면 만들 수밖에. 제작 과정에서 그는 대량생산이 아니어도 채산성을 맞출 수 있고, 개개인에게 맞는 성능과 디자인을 택할 수 있음을 깨달았다.

자쿠보스키는 자기가 만든 기기의 3D 디자인과 설계도, 해설 동영상과 비용 등을 위키WIKI에 공개해 버렸다. 위키는 온라인 백과사전 '위키피디아'처럼 인터넷 사용자들이 내용을 수정하고 편집할 수 있는 웹사이트를 말한다.

세계 네티즌들의 반응은 뜨거웠다. 그들은 제품을 직접 만들어보는 것은 물론, 개선해야 할 점과 새로운 아이디어까지 제시해 주었다. 하드웨어 분야에서 오픈 소스의 힘을 확인한 자쿠보스키는 '오픈 소스 에콜로지Open Source Ecology, OSE'라는 비영리재단을 설립했다. 재단의 목표는 단 하나, 농부와 엔지니어가 후원자와 손잡고 '지구촌 건설 세트Global

Village Construction Set, GVCS'를 만드는 것이다.

GVCS란 인간이 현대적 생활을 영위하는 데 꼭 필요한 50가지 기기를 오픈 소스 하드웨어 방식으로 개발하는 것이다. 여기에는 몇 가지 원칙이 있다. 싼 제작비, 하나의 부품을 여러 기기에 적용할 수 있는 모듈화, 자가 제작 및 수리 가능, 재생 및 재활용 용이, 고성능, 근사한 디자인, 복제 가능 등. OSE는 킥스타터 같은 크라우드 펀딩 서비스와 트루 팬True Fans이라 불리는 후원자들의 기부를 통해 이 같은 목표에 한발 한발 다가가고 있다. 이미 개발을 마친 12개의 기기들은 OSE뿐 아니라 여타 오픈 소스 하드웨어 방식 회사들을 통해 복제되고 개선되어 팔리고 있다. 시중에서 4만 달러 하는 트랙터의 경우 OSE 방식으로 제작하면 비용이 6천 달러밖에 들지 않는다. 이 방식으로 제작한 종묘 기계로 나무를 하루에 1백 그루나 심을 수 있고, 벽돌 찍는 기계로는 하루에 흙벽돌 5천 개를 제작할 수 있다. 시사 주간지 《타임》은 GVCS를 2012년을 빛낸 최고의 발명품 중 하나로 선정하기도 했다.

자쿠보스키와 동료들은 미주리 주 시골에 팩터 e-팜Factor e-Farm이라는 농장을 꾸리고, 실제로 자급에 가까운 생활을 하며 GVCS 프로젝트를 이끌고 있다. 그는 TED에서 오픈 소스 에콜로지OSE를 시작한 이유에 대해 "유형의 수단으로 사람들의 삶을 직접 변화시킬 수 있기 때문"이라고 설명했다. 농업, 건축업, 제조업 등의 진입 장벽을 낮춤으로써 개발도상국은 물론 미국 농촌 주민들에게도 잠재력을 발휘할 기회를 줄 수 있다는 것이다.

아울러 자쿠보스키는 오픈 소스 하드웨어를 통해 대량생산, 대량 소비가 아닌 지역 기반의 독립적인 경제단위를 구축할 수 있다고 보았다. 부의 공정한 분배가 갈수록 어려워지는 상황에서 오픈 소스 경제야말로 선택 가능한 거의 유일한 길이라는 주장이다. 그는 OSE 사이트에 올린 동영상에서 오픈 소스 하드웨어 생태계를 구축하면 "누구든 돈과 자원을 크게 들이지 않고도 높은 생활 수준을 유지할 수 있으며, 우리에게 필요한 것을 다른 사람(회사)이 아닌 스스로 만들 수 있다"고 강조한다. 부와 자원은 대기업이 아닌 마을 공동체에 남게 되며, 사람들은 비싼 기계를 사기 위해 오랜 시간 일하는 대신 가족과 더 많은 시간을 보낼 수 있다.

자쿠보스키는 2013년 6월 서울디지털포럼 참석을 위해 방한한 적이 있다. 당시 그는 "특허가 아닌 기술 공유야말로 혁신과 가치를 창출하는 길"이라고 강조했다. 적절한 룰만 있다면 기술 개방은 특허 독점보다 더 큰 부와 효율을 가져다준다는 것이다. 그의 말처럼 세상에는 독점을 통한 부의 축적보다 협업과 학습을 통한 기술 발전에서 더 큰 기쁨을 얻는 사람들이 있다. 이들의 즐거움은 곧 인류의 풍성한 자산이 된다. 3D프린터의 발달은 그 흐름을 더욱 가속화할 것이다.

IT 패러다임 바꾼 '괴짜들의 왕'

리눅스

리누스 토발즈 Linus Torvalds

—

- 리눅스 창시자
- 리눅스 재단 프로젝트 코디네이터
- 《그냥 재미로》 저자

리눅스 로고　　출처: www. imeimage.com

빌 게이츠 마이크로소프트MS 창업자를 세계 최고 부자로 만든 것은 컴퓨터 운영체제OS다. MS는 1980년대에 도스DOS, 1990년대 이후에 '윈도Window'라는 OS로 디지털 세상을 평정했다. 이어 뛰어난 성능과 강력한 저작권 정책으로 사용자는 물론 개발자들조차 그 세계를 벗어나기가 쉽지 않다.

MS의 철옹성에 미세한 균열이 나타난 것은 2000년 전후, '리눅스Linux'라는 신생 OS가 시장을 조금씩 먹어 들어가기 시작했을 때였다. 하지만 독특하게도 리눅스의 핵심 기술은 인터넷에 버젓이 공개되었다. 전 세계 누구나 이를 이용해 다양한 배포판을 만들 수 있었다. 개발자들은 아무 대가 없이 이를 손보고 공유했다. MS는 이런 방식을 아마추어리즘, 심지어 "새로운 형태의 공산주의"라며 비하하고 힐난했다. 언론의 시각 또한 크게 다르지 않았다.

그리고 십수 년, 리눅스는 어느새 MS의 가장 강력한 경쟁자가 됐다.

PC 시장에서의 점유율은 아직 미미하지만 스마트폰, 태블릿PC, 사물 인터넷, 빅 데이터, 클라우드 컴퓨팅, 소셜 네트워크 서비스SNS 같은 신기술 영역에서는 MS를 크게 앞섰다. 미국 시장조사 기업 IDC에 따르면 스마트폰 시장에서 리눅스 기반 OS인 안드로이드의 점유율은 79퍼센트에 이른다. 슈퍼컴퓨터의 94퍼센트, 서버의 85퍼센트, 세계 주요 증권시장 플랫폼의 80퍼센트가 리눅스 기반 OS를 쓴다. 리눅스를 쓰지 않는 웹사이트와 기업은 사실상 없다. MS마저 관련 기술을 개발하고 활용하는 데 적극적이다.

리눅스는 인류 역사상 최대의 공조 프로젝트이기도 하다. 이것을 개발자 한 명이 만들었다면 6만 년간 80억 달러가 들었을 것이라는 통계도 있다. 리눅스가 기술 공개를 통한 협업과 공유라는 '오픈 소스 운동'의 선구자이자 상징이 된 연유다. 무엇보다 매우 저렴한 리눅스 덕분에 지구촌 인터넷 환경은 비약적으로 발전했다. 혁신의 씨앗을 뿌리고 싹 틔운 이는 빌 게이츠 못지않은 천재 개발자, 하지만 그와는 전혀 다른 삶을 살기로 한 남자, 리누스 토발즈Linus Torvalds다.

운영체제의 민주화를 실현한 천재 개발자

토발즈는 리눅스의 창시자다. 그는 핀란드 헬싱키에서 태어났지만 집안은 스웨덴계다. 할아버지는 핀란드의 유명 시인, 아버지는 좌파 언론인이었다. 토발즈가 일반적인 젊은이들과는 좀 다른 생각을 갖게 된 데에는 남다른 집안 분위기가 얼마간 영향을 끼친 듯하다. 토발즈의 부모는 그가 어릴 때 이혼했다. 살림살이도 넉넉하지 않았다. 다행인 점은 통계학자인

외할아버지 덕분에 비교적 이른 시기인 1981년 컴퓨터를 접한 것이다. 그는 컴퓨터에 완전히 빠져버렸다. 헬싱키대학교 전산학과 졸업 뒤 대학원에 재학 중이던 1991년, 그는 자기도 모르는 새 엄청난 일을 해내고 말았다. 당시 그는 유닉스Unix OS의 교육용 버전인 미닉스로 프로그래밍 수업을 받고 있었는데 그 성능이 도무지 맘에 차지 않았다. 그렇다고 비싼 유닉스 OS를 살 수도 없는지라 직접 개발해 버리기로 했다.

그해 8월 26일, 그가 개발자들이 주로 모이는 인터넷 커뮤니티 '뉴스그룹'에 "취미로 무료 OS를 만들고 있다"는 글을 올렸을 때만 해도 이를 주목하는 사람은 거의 없었다. 하지만 9월 17일 실제 개발한 소프트웨어를 공개하자 세계 각지에서 뜨거운 반응이 쏟아지기 시작했다. 가장 크게 놀란 것은 오픈 소스 소프트웨어 운동의 주창자 리처드 스톨먼이었다.

스톨먼은 MIT 인공지능연구소의 간판 스타였다. 1984년 그는 학교를 뛰쳐나와 '자유 소프트웨어 재단'을 설립했다. 이어 유닉스와 호환 가능한 무료 OS(일명 'GNU') 개발에 뛰어들었다. 노력 끝에 대다수 관련 기술 개발에 성공했으나 '커널kernel'만은 완성하지 못해 어려움을 겪고 있었다. 커널은 자동차로 치면 엔진에 해당하는 것으로, OS의 성능과 안정성을 결정한다. 그런데 토발즈가 개발한 것이 바로 그 커널이었던 것이다.

토발즈는 이 기술을 독점해 얼마든지 큰돈을 벌 수 있었다. 하지만 평소 신념에 따라 GNU과 통합하기로 했다. 이에 더해 '자유 소프트웨어 저작권GPL' 대열에 합류했다. 저작권은 개발자에게 귀속되지만, 소프트웨어의 복사, 수정과 변경, 배포의 자유는 제3자에게 허용하는 것이다. '만인의, 만인에 의한, 만인을 위한' 프로그램의 탄생이었다.

이후 리눅스는 공유와 협업 정신에 입각한 세계 개발자들의 헌신 속에서 성장을 거듭했다. 각 기업과 커뮤니티, 프로젝트 그룹들이 내놓은 배포판만 해도 2백여 종이 넘는다. 구글은 리눅스 커널을 기반으로 광대한 안드로이드 생태계를 만드는 데 성공했다. 삼성과 인텔이 함께 개발한 타이젠폰, PC와 모바일 환경 통합을 지향하는 우분투폰, 웹브라우저 기반 OS를 탑재한 파이어폭스폰 등도 모두 리눅스의 자장 안에 있다.

2012년 토발즈는 〈전자신문〉과의 서면 인터뷰에서 "리눅스의 최대 강점은 유연성"이라고 말했다. "각자 목적에 맞게 발전시켜 나가기 용이한 만큼 모든 실험적 제품에 최우선적으로 적용될 수밖에 없다"는 것이다. 또한 세계 수백만 개발자가 관여하기 때문에 오류가 발생해도 빠른 수정이 가능하며 업그레이드도 수시로 이루어진다.

현재 토발즈는 리눅스 재단의 프로젝트 코디네이터로 일하고 있다. 리눅스에 대한 모든 권한은 재단에 양도했다. 몇몇 거대 IT 기업의 거듭된 스카우트 제안도 뿌리쳤다. 대학원을 졸업하고 1997년부터 6년 동안에는 일부러 리눅스와 관계없는 회사에 근무하기도 했다. 리눅스 커뮤니티 안에서 중립적 입장을 견지하기 위해서였다고 한다.

토발즈가 이토록 남다른 결정을 하게 된 배경은 무엇일까? 그의 대답은 "그냥 재미로Just for fun"이다. 2001년 토발즈가 출간한 책 제목이기도 하다. 그는 책에서 삶을 전개 방식에는 생존, 사회화, 오락 세 단계가 있는데, 이 중 사람을 가장 강렬하게 고무하는 것은 오락, 즉 '즐기는 것'이라고 주장한다. 개발자라면 누구나 아는 사실, 그러니까 기술적 문제를 해결했을 때 목덜미 털이 쭈뼛 설 정도의 짜릿한 기분이 너무 좋아서 이 일을 할 뿐이라는 것이다. 실제로 그는 '괴짜geek(기크, 특정 분야에 강한 지적 열정을 가진 사람)'로 불리는 것을 좋아한다. 리눅스 개발 역시 일종의 취미 활동이었을 뿐, 장기적이며 거대한 계획보다 당장 좋아하는 일에 푹 빠져 사는 것이 자기 방식이라고 말한다.

토발즈는 현재 아내와 세 딸, 뱀이며 고양이, 강아지, 골드피시 같은 애완동물들과 함께 미국 오리건 주의 한 호숫가에 살고 있다. 2012년 3월 인터뷰를 위해 그의 집을 찾은 미국 IT 전문 매체《와이어드》의 기자는 토발즈가 타고 다니는 메르세데스 SLK 컨버터블의 번호판 사진을 크게 찍어 웹사이트에 올렸다. 클로즈업된 번호판에는 이런 단어들이 적혀 있었다.

'미스터 리눅스MR. LINUX', '괴짜들의 왕KING OF GEEKS', '세 딸의 아빠DAD OF 3'.

그가 세계 최고 부자 빌 게이츠보다 행복하지 않을 이유가 무엇인가.

32

기술 공유로 1인 생산 시대를 열다

렙랩 연구소

에이드리언 보이어 Adrian Bowyer

- 렙랩 연구소 설립자
- 렙랩 프로 이사
- 전 바스대학교 교수

렙랩 3D 프린터 멘델 출처: reprap.org

매년 1월 초 세계 각지의 정보기술IT 전문 기자들은 미국 라스베이거스로 몰려간다. 세계 최대 가전 전시회 CESConsumer Electronics Show가 열리기 때문이다. 최근 몇 년간 CES의 최대 화제 중 하나는 3D 프린팅 기술이었다.

3D프린터란 3차원 설계도를 바탕으로 플라스틱, 금속 같은 각종 재료를 이용해 입체 조형물을 만드는 것이다. 3D 컴퓨터와 연결된 컴퓨터에 스캐너 또는 CAD(컴퓨터 디자인 프로그램)로 제작한 설계도를 입력하고 출력 버튼을 누르기만 하면 된다. 일반 프린터가 잉크를 밀어내듯 3D프린터는 플라스틱이나 금속 같은 각종 재료를 사출해 얇디얇은 종이처럼 쌓아 올려 입체물을 완성한다. 이미 인공 뼈, 맞춤형 수술 도구, 전투기와 자동차 부품은 물론 구두, 칫솔, 햄버거 패티까지 3D프린터로 만들고 있다. 유럽 최대 항공기 제조업체 에어버스는 최신 기종 A350 XWB에 세계 1위 3차원3D 프린터 업체 스트라타시스가 제작한 부품을 1천 개 이상

사용했다. CES2014에서는 업계 세계 2위인 3D시스템스가 코코아와 설탕으로 초콜릿이며 오색 사탕을 만드는 과정을 선보여 주목받았다. 사물 주위를 한 바퀴 돌기만 하면 3차원 이미지를 컴퓨터에 저장해 프린트할 수 있는 전용 스캐너도 등장했다.

2013년 초 미국의 버락 오바마 대통령은 "3D프린팅이 기존 제조 방식에 혁명을 가져올 것"이라고 말했다. 혹자는 이를 '3차 산업혁명'이라고 부르기도 한다. 기계공업에 기반한 1차 산업혁명(19세기), 대량생산 방식의 2차 산업혁명(20세기)에 이어, 개인 맞춤 및 자가 생산 중심의 디지털 제조 혁명이 시작됐다는 것이다. 세계 제조업의 중심이 중국에서 연구개발R&D 및 디자인 역량이 뛰어난 미국으로 다시 이동하리라는 전망도 나온다.

물건을 유통하고 구매하는 방식도 변할 수밖에 없다. 미국의 시장조사기관 월러스어소시에이츠는 2019년에 3D프린터 시장 규모가 65억 달러에 이를 것이라고 내다봤다. 맥킨지는 2013년 글로벌 보고서에서 '2025년에는 3D프린팅 관련 산업이 4조 달러 규모의 시장을 형성할 것'이라고 예상했다.

세계 각지에서 벌어지는 3D프린터 관련 전시회는 이런 전망이 허언이 아님을, 3D프린터가 이미 사람들의 일상에 파고들기 시작했음을 보여준다. 변화의 기초를 만든 사람은 '3D프린팅 대중화의 아버지'로 불리는 영국의 수학자 겸 기계공학자 에이드리언 보이어Adrian Bowyer다.

개인 맞춤, 1인 제조업 시대를 열다

런던에서 나고 자란 보이어는 1977년부터 영국 바스대학교 기계공학과 교수로 재직했다. 2004년 그는 '누구나 3D프린터를 만들고 이용할 수 있는 세상을 만들겠다'고 결심했다. 당시로서는 불가능해 보이는 꿈이었다.

사실 3D프린팅 기술이 세상에 처음 등장한 것은 30년 전이다. 1984년 미국 발명가 찰리 훌이 관련 기술을 처음 개발한 뒤 3D시스템스를 창업했다. 이후 3D프린터는 각종 산업 현장에서 주로 시제품을 제작하는 용도로 쓰였다. 그러나 기기가 크고 무거웠으며 값도 너무 비쌌다(지금도 공업용 정밀 3D프린터는 최고 10억 원을 호가한다). 일반인들이 사용할 수 있는 저렴한 제품도 1만 달러를 훌쩍 넘었다. 그런데도 보이어가 3D프린터 대중화라는 야심 찬 목표를 세울 수 있었던 것은 세 가지 점에 착안했기 때문이었다.

첫째, 3D프린터를 만드는 여러 기술 중 하나인 FDM(3D시스템스 보유)의 특허권이 만료된 것이다.

둘째, 오픈 소스 방식을 택하기로 한 것이다. 관련 기술을 인터넷을 통해 모두 공개하고, 이를 세계 각지 전문가들과 협업해 발전시켜 나가기로 했다.

셋째, '자기 복제가 가능한' 3D프린터를 구상한 것이다. 쉽게 말해 3D프린터 제조에 필요한 부품 자체를 3D프린터로 만들어내겠다는 복안이었다.

이런 비전을 가지고 바우어는 2005년 3월 바스대학교 내에 렙랩

RepRap 연구소를 개설했다. 렙랩은 '신속 조형 복제Replicating Rapid-prototyper'의 약자다. '신속 조형'이란 3D프린팅 기법 자체를 뜻하는데, 한마디로 '자기 복제 가능한 3D프린터를 만들겠다'는 의미로 해석할 수 있다.

보이어는 인터넷을 통해 세계 각지의 전문가를 규합했다. 미국, 뉴질랜드, 노르웨이는 물론 카자흐스탄 개발자도 있었다. 이들은 주로 이메일과 온라인 메신저로 소통하며 작업을 진행했다. 2007년 최초의 렙랩 3D프린터 '다윈'이 완성됐다. 처음 계획대로 제품에 들어가는 플라스틱 부품들은 모두 자가 제작할 수 있도록 했다. 2009년 선보인 2세대 제품 '멘델'은 '다윈'의 자녀 격이다. 2010년에는 손자 격인 '헉슬리'가 나왔다. 보이어가 각 제품에 세계적 생물학자의 이름을 붙인 것은 3D프린터의 복제와 진화라는 렙랩의 비전을 강조하기 위해서라고 한다.

렙랩은 3D프린터 제작 기술은 물론 각종 제품을 프린트할 수 있는 3차원 설계도까지 인터넷으로 공유한다. 이에 더해 3D프린터로 주요 부품을 제작할 수 있는 기술을 개발한 덕분에 제품 가격은 현저히 낮아졌다. 현재 렙랩 제품의 가격은 5백~9백 유로(70만~130만 원) 수준이다.

렙랩의 도전은 세계의 얼리어댑터와 DIY(자가 제작) 마니아들에게 큰 환영을 받았다. 렙랩에 기반한 3D프린팅 관련 커뮤니티와 기업들이 각지에서 생겨났다. 어느새 렙랩은 개인용 3D프린터 산업의 원조가 됐다.

그중 가장 성공적인 사례는 2013년 6월 세계 1위 3D프린터 업체 스트라타시스가 6억 4백만 달러에 인수한 메이커봇이다. 2009년 렙랩 멤버가 주축이 돼 설립한 메이커봇은 인수 시점까지 보급형 3D프린터 총 2만

2천 대를 판매했다. 이들이 운영하는 온라인 공유 플랫폼 '싱기버스닷컴Thingiverse.com'에는 9만 개 이상의 설계 파일이 올라와 있다. 렙랩을 뿌리로 여러 신생 기업들이 치열한 경쟁을 벌이는 덕분에 제품 가격은 지속적으로 내려가고 있다. CES2014에는 5백 달러짜리 제품도 등장했다. 2014년 2월 3D시스템스가 보유한 고급 3D프린팅 기술SLS의 특허권이 만료되면서 가격은 더욱 가파르게 하락하고 있다.

2012년 보이어는 바스대학교를 떠났다. 현재는 3D프린팅 기술의 구루이자 렙랩 제품 판매사 '렙랩프로'의 이사로 활동 중이다. 2010년 3월 〈조선일보〉와의 인터뷰에서 그는 귀한 기술을 세상에 개방하기로 한 이유를 이렇게 설명했다. "처음부터 남들은 쓰지 못하도록 차단했다면 남은 인생을 전부 누가 내 기술을 가져다 쓰는지 찾으러 다니는 데 허비했을 것이다. 밥 먹을 만큼 살고 재미있게 일하면 됐지 뭐가 더 필요한가." 덕분에 세상은 새로운 가능성을 얻었고, 보이어는 꿈을 이뤘다.

33

웹 2.0 창안한 'IT계의 앨빈 토플러'

오라일리 미디어

팀 오라일리 Tim O'Reilly

- 오라일리 미디어 창업자
- 웹 2.0 창안자
- 메이커 운동 리더

오라일리 미디어 홈페이지　　출처: www.o'reilley.com

해외에서 열리는 대형 행사에 참가할 때 스마트폰은 생명 줄과 같다. 와이파이wi-fi를 통한 무료 국제전화는 기본, 에버노트나 구글독스 같은 클라우드 컴퓨팅 서비스에 각종 자료를 업로드해 두었다가 필요할 때마다 꺼내 본다. 참석하지 못한 프로그램의 내용과 분위기는 페이스북이나 트위터로 실시간 확인할 수 있다. 처음 접하는 조직과 개념은 인터넷 검색으로 알아보고, 비즈니스 미팅 중 필요한 자료는 이메일이나 SNS로 그 자리에서 주고받는다. 요즘은 어떤 컨퍼런스에서든 인터넷을 통한 정보 공개 및 공유와 활용, 글로벌 협업에 대한 이야기가 주요 화두다. 행사장을 둘러보면 세계 각국에서 몰려온 사람들이 나와 마찬가지로 '웹 2.0' 시대를 온몸으로 살고 있음을 확인할 수 있다. 웹 2.0이란 쉽게 말해 PC가 아닌 인터넷망World Wide Web이 지배적인 플랫폼 역할을 하는 구조를 말한다. 누군가 판(플랫폼)을 열면 수많은 이들이 자발적으로 참여해 '작품'을 완성하고 새로운 가치를 창출한다.

예를 들어 보자. 뭔가 궁금한 것이 있을 때 30년 전 사람들은 종이책으로 된 백과사전을 뒤졌다. 20년 전에는 시디롬CD-ROM 형태의 전자 백과사전을 PC로 봤다. 10년 전 완전히 새로운 방식이 등장했다. 인터넷망, 즉 웹의 도움을 받기 시작한 것이다. 2001년 1월 탄생한 위키피디아가 대표적이다. 인터넷에 접속한 사람은 누구나 자유롭게 정보를 덧붙이고 수정할 수 있는 온라인 백과사전이다. PC가 아닌 웹 자체가 정보 교류와 통합, 테크놀로지 활용의 중심이 된 것이다. 여기에 웹 2.0이라는 이름을 붙이고 새 시대의 도래를 선포한 일단의 개척자들이 있었다. 그 핵심에 '오라일리 미디어'의 창업자 겸 CEO 팀 오라일리Tim O'Reilly가 있다.

오라일리 미디어는 정보기술IT 분야에서 세계적인 명성을 떨치고 있는 온·오프 라인 미디어 그룹이다. 또한 새로운 기술과 산업 트렌드를 제시하는 굵직굵직한 컨퍼런스들을 창안하고 개최해 온 곳으로도 유명하다. 이 회사가 내세우는 모토는 '혁신가들의 지식을 널리 퍼뜨려 세상을 바꾸는 것'이다. 이에 걸맞게 팀 오라일리는 웹 2.0 및 정부 2.0을 창안했고, 오픈 소스 운동과 자유 소프트웨어 운동의 지치지 않는 리더로서 IT 중심의 경제, 정치, 사회적 변혁을 이끌어왔다. 그가 'IT 업계의 앨빈 토플러'라는 별명을 얻은 연유다.

오라일리는 아일랜드 태생이다. 태어난 지 6주 만에 가족과 함께 미국 캘리포니아로 이주했다. 하버드대학교를 수료한 전형적인 문학도였던 그는 20대 후반 컴퓨팅 기술의 중요성과 미래 가치에 눈뜬다. 1984년 오라일리 미디어를 설립해 기술서 출판에 주력했다. 그 자신이 컴퓨터 문외한이었기에, 각종 기술 매뉴얼을 일반인도 쉽게 이해할 수 있는 수준으로 바꾸는 데 주안점을 두었다.

이런 시도는 세계적으로 큰 성공을 거두었다. 특히 공개 소프트웨어 '리눅스'를 지지하는 엔지니어 및 사용자 그룹들과 탄탄한 글로벌 네트워크를 구축했다. 1996년에는 세계 최대 온라인 서점 아마존닷컴의 과도한 특허 주장에 맞서서, 공개 비판을 하고 불매운동을 벌이는 등 지식 및 특허 공유 분야의 리더로 떠올랐다.

정보 공유와 개방이 창의성과 투명성을 높인다

2000년 불어닥친 닷컴 버블 붕괴는 오라일리 미디어에도 큰 상처를 남겼다. '1990년대 미국에서 가장 빠르게 성장한 출판사'라는 명성이 무색하게, 2001년에는 직원의 20퍼센트를 해고해야 했다. 이런 상황에서 그는 오히려 새로운 가능성을 봤다. 몇몇 인터뷰에서 그는 "기회는 종종 난관으로 변장을 한다"고 말했다. 당시의 위기 또한 마찬가지였다. 그는 디지털 혁명 과정에서는 창조적 파괴가 일어날 수밖에 없고, 이를 피하기보다 한복판에 뛰어들어 정면 돌파하는 것이야말로 새로운 트렌드를 선점하는 길임을 깨달았다고 한다. 그러한 고민의 결과가 응축된 것이 바로 웹 2.0 개념이다.

2003년 한 회의에서 오라일리 미디어 부사장 데일 도허티는 "닷컴 버블 붕괴 이후에도 여전히 건재한 아마존, 구글, 이베이 같은 회사들은 뭔가 남다른 특징을 공유한다"며 이를 웹 2.0이라는 새로운 개념으로 묶자고 제안했다. 팀 오라일리는 그 '남다른 특징'이 무엇인지를 명확하게 간파했다. 2012년 방한 당시 그는 언론과의 인터뷰에서 "결론적으로 사용자 기여도가 높아야 가치가 있다고 판단했다. 그래서 이전과는 전혀 다른 공유 플랫폼이 등장할 것이라고 생각했다"고 말했다. 바로 '웹'이다. 인터넷만 있으면 언제 어디서나 데이터를 생성, 공유, 저장할 수 있고, 비즈니스를 펼칠 수 있는 세계가 만개하리라고 본 것이다. 이를 위해서는 빠른 인터넷 속도와 뛰어난 사용자 환경UI, 무엇보다 새로운 철학이 필요하다. 바로 '참여, 공유, 개방'의 가치다.

구글이나 아마존, 페이스북은 사용자들이 자발적인 참여와 협업을 통한 창조적 활동으로 각각의 플랫폼을 나날이 풍요롭게 만든다. 이를 공유하고 개방함으로써 새로운 부가가치를 창출한다. 팀 오라일리는 2004년 최초의 '웹 2.0' 컨퍼런스를 개최해 이러한 개념을 널리 퍼뜨리는 한편, '닷컴 버블 붕괴 이후의 구원 타자'로 급부상했다. 2006년 미국의 시사주간지《타임》이 올해의 인물로 '당신You'을 선정하고, 이후 사용자 창작 콘텐츠UCC, User Created Contents가 인터넷 세상의 대세로 자리 잡은 것도 그 연장선에 있다.

그는 오라일리 미디어의 경영에도 웹 2.0 개념을 적극 도입했다. 예를 들어 이 회사에서 발간하는 전자책들은 디지털저작권관리DRM를 적용하지 않은 채 웹사이트에서 판매한다. 덕분에 누구든 어떤 단말기에서든 마음껏 이용하고 공유할 수 있다. 2012년 한 언론과의 인터뷰에서 오라일리는 "웹 2.0 관련 논문을 무료로 공개했더니 1백만 회 이상 다운로드됐다. 이런 관심과 열기를 기반으로 '웹 2.0 엑스포', '웹 2.0 서밋' 같은 행사를 여는 등 지난 8년간 1억 달러 이상의 매출을 올릴 수 있었다"고 설명했다.

정보의 공유와 개방이 인류의 창의성을 북돋우고, 정부의 투명성을 높이며, 세상을 보다 살기 좋은 곳으로 만들 것이라는 그의 신념은 확고하다. 그가 '메이크 페어Make Fair'라는 이름의 대규모 자가 제작DIY 행사를 매년 개최하고, 《메이커Maker》라는 전문 잡지를 발간하는 것도 같은 맥락이다. 누구나 '만드는 사람'이 될 수 있고, 이를 통해 창업하거나 자기만의 세계를 창안할 수 있다.

오라일리는 이제 웹 3.0 시대를 말한다. 모든 것이 센서로 작동되어, 사람들이 의도적으로 자신의 위치를 알리거나 뭔가를 입력하지 않아도 행동과 욕구가 저절로 감지되는 세상이다. 이미 스마트폰은 인간의 눈과 귀 역할을 하고 있다. 구글은 무인 자동차를 개발했다. 의도하지 않아도 수많은 정보가 개방되고, 공유되고, 재창조되는 세상. 아직 웹 2.0의 개방성에도 충분히 적응하지 못한 이들에게는 가히 두려운 미래가 아닐 수 없다. '나눌수록 커지는' 공유와 협업의 가치 체계를 이제라도 일과 삶과 조직에 적극적으로 도입할 때다.

34

세계 최대 모바일 플랫폼을 만들다

구글

앤디 루빈 Andy Rubin

- 플레이그라운드 창업자
- 안드로이드 창업자
- 데인저 창업자
- 아르테미스 리서치 공동 창업자
- 제너럴 매직 공동 창업자
- 전 구글 부사장

안드로이드 아이콘 출처: plus.google.com © Raul Cruzio

구글을 모바일 시대 최강자로 만든 사람은 누구일까? ICT(정보통신기술) 업계 종사자라면 어렵지 않게 답할 수 있을 것이다. 앤디 루빈Andy Rubin, 세계 최대 스마트폰 생태계이자 운영체제OS '안드로이드Android'의 아버지다.

OS란 기기 관리뿐 아니라 각종 응용 프로그램 실행을 가능하게 하는 시스템 소프트웨어다. OS 없는 스마트폰은 그저 부품 덩어리에 불과하다. 오늘날 세계 스마트폰 OS 시장은 사실상 두 회사가 양분하고 있다. 안드로이드를 앞세운 구글, 'iOS'를 채용한 애플이다. 시장조사 업체 IDC에 따르면 2014년 세계 스마트폰 OS 시장에서 안드로이드의 점유율은 81.5퍼센트에 이른다. 반면 iOS 점유율은 14.8퍼센트에 불과했다. 구글이 안드로이드 무료 배포를 통해 삼성전자, 화웨이, HTC, LG전자 같은 세계적인 스마트폰 제조사들과 연합 전선을 형성한 데 반해, 애플은 오직 아이폰에만 iOS를 장착하는 폐쇄성을 고수했기 때문이다.

이제는 너무도 당연하게 생각되는 안드로이드 무료 배포, 즉 오픈 소스 정책은 앤디 루빈이 처음 주창한 2000년대 중반만 해도 '미친 짓'으로 간주되었다. 하지만 전 재산을 쏟아부으며 비전을 밀어붙이는 그를 인정해 준 이들이 있었으니, 구글 공동 창업자 래리 페이지와 세르게이 브린이었다. 2005년 이들은 앤디 루빈이 창업한 '안드로이드'라는 회사를 5천만 달러에 인수했다. 루빈은 구글 직원이 되어 안드로이드 개발을 마무리하고 오픈 소스 정책을 완성했다. 대만 HTC를 시작으로 각 국의 휴대전화 제조사와 이동통신사를 규합해 '오픈 핸드셋 얼라이언스OHA(휴대기기 비독점 연합)'를 결성했다. 이를 바탕으로 구글과 안드로이드를 세계 모바일 시장의 최강자로 만들었다.

그런데 이런 앤디 루빈이 2013년 3월 구글의 모바일 사업 총괄에서 물러난다는 발표가 났다. 사내 권력 투쟁에서 밀려난 걸까? 능력의 한계에 부딪힌 걸까? 실리콘밸리 호사가들의 쑥덕거림이 잦아들 즈음 〈뉴욕타임스〉를 비롯한 몇몇 미국 언론이 일제히 그의 근황을 알렸다. 루빈이 '구글로보틱스 연구 그룹'을 만들어 회사의 차세대 성장 동력인 로봇 개발 및 사업 기획에 매진하고 있다는 것이었다. 아울러 그의 오랜 '로봇 사랑'이 새삼 화제가 됐다. 일단 안드로이드 로고만 해도 연두색 로봇 아닌가.

그의 전력이 궁금해 자료들을 뒤져봤다. 전형적인 실리콘밸리 태생 천재 개발자로 보이는 그가 실은 동부의 평범한 학교를 나와 오랜 기간 샐러리맨 생활을 했고, 창업한 회사나 출시하는 제품마다 실패에 가까운 결과로 이어졌다는 사실이 새삼스러웠다.

앤디 루빈은 뉴욕 인근의 샤파쿠아라는 곳에서 태어났다. 심리학자였던 그의 아버지는 훗날 신용카드 대금 청구서에 전자제품 소개 문구를 넣어 마케팅하는 회사를 차렸다. 덕분에 그의 집은 늘 새로운 기기들로 넘쳐났다. 일찌감치 기계의 매력에 빠진 그는 뉴욕 주에 있는 유티카칼리지에서 컴퓨터공학을 전공했다.

애플, MS, 구글을 거친 로봇 엔지니어

앤디 루빈이 학교를 졸업하고 처음 구한 직장은 뜻밖에도 독일의 광학 전문 제조기업 칼 자이스Carl Zeiss였다. 로봇 엔지니어로서 컴퓨터와 광학 측정 기기 간의 디지털 커뮤니케이션을 담당했다. 근무지를 따라 스위스로 이주했고, 좋아하는 로봇 연구를 하며 나름대로 만족스러운 생활을 했다. 그의 운명을 바꾼 것은 케이먼 군도에서의 휴가 중 우연히 만난 애플 직원이었다. 그의 권유로 애플에 입사한 루빈은 창조적 상상력이 넘치는 엔지니어들에 둘러싸였다. 4년 뒤 애플을 그만두고 합류한 곳도 애플에서 분사한 휴대용 기기 개발업체 '제너럴 매직'이었다.

그는 사무실에 침대를 가져다 놓고 미친 듯이 일했다. 1995년 회사는 기업공개에 성공했지만 매출은 형편없었다. 아이디어가 너무 앞서갔기 때문이다. 실망한 엔지니어 몇 명이 제너럴 매직을 나와 '아르테미스 리서치'라는 회사를 만들었다. 인터넷과 텔레비전의 결합을 시도한 이 회사는 다시 제너럴 매직과 합병한 뒤 웹WebTV라는 이름으로 1997년 마이크로소프트MS에 인수됐다.

또다시 대기업 마이크로소프트의 직원이 된 루빈은 직장 생활에 별 흥미를 느끼지 못했다. 직접 개량한 로봇에 웹캠과 마이크를 달아 회사 이곳저곳을 돌아다니게 하는 유의 장난을 치며 소일했다. 1999년 결국 회사를 그만두고 실리콘밸리 중심가에 가게 하나를 세냈다. 일본 여행 중 구해 온 로봇과 그 모형들로 내부를 장식한 뒤 자신과 비슷한 괴짜 엔지니어들을 불러 모아 밤새 토론을 했다. 그렇게 탄생한 회사가 '데인저'다. 아이디어는 이랬다. '모바일 기기를 만들되 이를 파는 것이 아니라 공짜로 나눠 주고, 이동통신업체가 소비자에게 부과하는 서비스 요금의 일부를 나눠 받는다.'

데인저는 초기 스마트폰 모델인 '사이드킥'을 내놨고, 이는 구글의 두 창업자를 비롯한 실리콘밸리 인사들의 큰 관심을 끌었다. 그러나 역시 매출은 형편없었다. 루빈도 결국 이사회 의장 자리에서 쫓겨났다. 얼마 뒤 회사를 떠난 그는 또 한 번 창업에 도전했다. 오픈 소스 OS를 전면에 내세운 '안드로이드'였다.

루빈은 그동안 모은 돈을 모두 이 프로젝트에 쏟아부었다. 급기야 월세를 낼 수도 없는 지경에 이르렀다. 친구들의 도움으로 근근이 버티던 그는 래리 페이지 구글 창업자에게 메일을 보냈다. 얼마 뒤 구글은 이 회사를 조용히 인수했다. 그리고 3년, 구글의 전폭적인 지원하에 오랜 신념과 비전을 현실화했다. 안드로이드는 돈을 받고 파는 소프트웨어가 아니라, 누구나 마음껏 활용할 수 있는 '플랫폼'이 됐다. 기기 제조업체부터 앱 개발자까지 모두를 끌어안음으로써 놀라운 부가가치를 생산해 냈다. 래리 페이지의 말처럼 "대부분의 사람들은 그를 정신 나간 인간이라고 생각했지만, 그의 통찰은 적절하고 타당했다."

루빈은 페이지가 상찬한 바로 그 통찰력으로 구글의 초기 로봇 비즈니스를 이끌었다. 보스턴 다이내믹스를 비롯해 8개에 이르는 유망 스타트업을 전광석화처럼 인수·합병 하며 사업의 기틀을 다졌다.

2014년 12월 루빈은 또 한 번 대변신을 감행했다. 구글을 그만두고 다시 자기만의 사업을 시작한 것이다. 2015년 4월 그는 IT 스타트업, 특히 하드웨어 초기 기업을 지원하는 일종의 엑셀러레이터인 '플레이그라운드 글로벌Playground Global'의 출범을 알렸다. 루빈은 〈월스트리트저널〉과의 인터뷰에서 "창작자가 본연의 일에만 몰두할 수 있도록 지원하는 것이 목표"라고 말했다. 제품이나 서비스 개발이 아닌 제작, 유통, 재무 등의 문제는 플레이그라운드가 전적으로 지원하겠다는 것이다. 이 회사는 그 대가로 각 스타트업의 지분 일부를 받을 계획이다. 플레이그라운드 글로벌이 초기 유치한 자금은 4800만 달러. 주요 투자자는 구글, HP, 대만 폭스콘 등이다. 이들은 아마도 플레이그라운드 내에서 엑셀러레이팅되는 스타트업들의 멘토이자 협력자가 될 것이다.

남들은 은퇴를 준비하는 50 나이에 루빈은 다시 험난한 창업의 길에 발을 들여놓았다. 로봇과 소프트웨어, 하드웨어 융합이라는 화두를 통해 실리콘밸리의 새 역사를 쓰려고 한다. 애플, MS, 구글이라는 세계 3대 IT 기업에서의 경험, 거듭된 실패와 시행착오에서 얻은 교훈, 하드웨어와 소프트웨어를 모두 이해하고 다룰 줄 아는 능력, 안드로이드 연합을 기어이 꾸려낸 리더십과 설득력. 이만하면 그의 다음 행보를 기대해도 좋지 않을까.

35

제조업 2.0 시대를 연 메이커 운동의 상징

테크숍

짐 뉴튼 Jim Newton

- 테크숍 창업자
- 로럴시스템스 창업자

테크숍 작업장 출처: www.crowd-ltd.com ©Joseph Schell

2013년 3월 한국 최초의 창업 플랫폼을 만들었다. 이름을 어떻게 지을지 고민하다가 D.CAMP(디캠프)로 명명했다. 이후 많은 이들에게 "왜 A도 B도 아닌 D냐?"는 질문을 받았다. 꿈Dream, 역동성Dynamic, 디지털Digital, 디자인Design 같은 의미들과 더불어, 특히 'DIY 정신'을 강조하기 위해서라고 하면 상대는 또 한 번 고개를 갸우뚱했다. "DIY는 주부들이 취미 삼아 하는 뜨개질이나 가구 리폼 같은 것 아니냐"는 것이었다.

DIY는 '스스로 만들기Do It Yourself'의 줄임말이다. 자작自作의 풍토가 강한 미국의 경우 '만드는' 대상은 상상을 초월한다. 전기자동차, 인공위성, 원자로까지 직접 제작한다. 그들은 스스로를 메이커Maker, 혹은 'DIY족DIYer'이라고 칭한다. 몸과 머리를 함께 쓸 줄 아는, 인간 존재와 생활의 물리적 지평을 확장하는 21세기형 장인匠人들이다.

이들이 갈수록 소중해지는 건 상품의 생산, 유통, 소비 패러다임이 급변하고, 이로 인해 고부가가치를 창출하는 방식 또한 달라졌기 때문이다.

기술 발달로 이전보다 훨씬 쉽고 저렴하게 뭔가를 만들 수 있게 됐다. 온라인망을 통해 점포 없이도 세계 어디든 물건을 팔 수 있다. 시장은 개인화되고 다변화된 상품을 원한다. 대기업은 이런 변화 속도를 따라잡기 위해 외부로부터의 혁신 DNA 수혈을 갈망한다. 이러한 수요를 충족할 수 있는 제1후보군이 바로 메이커다. 아울러 창업 성공이 풍성한 일자리 창출로 이어지려면 소프트웨어와 하드웨어가 결합된 새로운 형태의 융합형 제조업이 활성화돼야 한다. D.CAMP를 만들면서 DIY 정신을 유독 강조한 이유다.

바로 그렇기에 참 부러운 것이 있다. 몇 년 전 미국에서 처음 접한 테크숍TechShop이다. 캘리포니아 주 멘로파크는 실리콘밸리 중심인 스탠퍼드대학교 인근 부촌이다. 그곳에 자리한 테크숍TechShop 1호점은 별천지다. 계약 기간에 따라 월 116~175달러를 내면 총 1백만 달러짜리 각종 기기들을 마음껏 사용해 무엇이든 만들 수 있었다. 창작의 재미에 푹 빠진 사람들의 진지하면서 활기찬 에너지를 피부로 느낄 수 있다.

이렇게 멋진 공간을 창안한 사람은 짐 뉴튼Jim Newton이다. 그는 해외 언론과 혁신 전문가들 사이에서 '제조업 2.0 시대를 연 인물', '세계 DIY 업계의 리더'로 꼽힌다. 테크숍 홈페이지에서 발견한 그의 프로필 첫 줄은 이렇다. '최강의 DIY족, 일평생 메이커.' 테크숍은 다른 누구보다 짐 뉴튼 자신을 위한 '꿈의 공장'인 셈이다.

뉴튼은 실리콘밸리의 동쪽 끝이라고 할 수 있는 산호세에서 학창 시절을 보냈다. 산호세주립대학교에서 그래픽 디자인과 상업 일러스트를 전공했다. 대학 때 컴퓨터 프로그래밍에 눈뜬 그는 졸업하자마자 소프트웨어 개발자 겸 그래픽 전문가로서 경력을 시작했다. 어도비시스템스에 다니다가 1990년 로럴시스템스라는 일종의 웹 에이전시 겸 디자인 회사를 설립했다. 이후 16년간 시스코, 선마이크로시스템스, AT&T, 소니, 스리컴3com 같은 실리콘밸리 기업들과 굵직굵직한 프로젝트를 진행했다. 디자인 특허도 여러 개 취득했고, 발명 및 아이디어 개발 전문가로 이름을 얻은 것도 이때였다. 이를 바탕으로 2003년부터 2005년까지 산마테오대학교의 로봇 강좌를 이끌었다. 2004년에는 세계적인 인기 프로그램인 디스커버리 채널 〈호기심 해결사MythBusters〉의 상근 과학 자문위원으로도 활동했다.

뉴튼은 이처럼 '발명 – 과학 – 교육 – 창업'을 잇는 영역을 개척하는 과정에서 남다른 갈증을 느꼈다. 본인도 그렇고 학생들이나 시청자들도 그렇고, 독특한 발명 아이디어나 구상을 구현해 볼 방법이 별로 없었던 것이다. 대형 공장에서나 사용하는 고가의 특수 장비며 전문가용 소프트웨어가 필요한데, 그런 것들을 빌려주거나 사용법을 교육하고 문제에 맞닥뜨렸을 때 함께 해결책을 고민할 수 있는 곳도 없었다.

미국의 상품 제조 수준이 전반적으로 중국에 밀리는 모양새도 그를 자극했다. 직접 나서기로 결심한 뉴튼은 2006년 로럴시스템스와 강의를 모두 접고 테크숍에 대한 구상을 본격화했다. 우선 킨코스 임원 출신 마크 해치를 최고경영자CEO로 영입했다. 킨코스는 인쇄, 복사, 배송을 연계한 혁신적 사업 모델로 급성장한 글로벌 기업이다. 그해 말 멘로파크에 첫 테크숍을 설립했다. 지역 독지가들에게 기부받은 3만 달러가 종잣돈이 되었다.

첨단 장비와 소프트웨어로 아이디어를 실현하는 꿈의 공장

테크숍은 창의성과 도전 정신이 남다른 실리콘밸리 주민들에게 각광받았다. 곧이어 머지않아 인근 샌프란시스코와 산호세에도 매장을 열었다. 주목할 만한 히트작들이 속속 등장했다. '두두케이스'도 그중 하나다.

2010년 당시 28세의 실리콘밸리 창업가 패트릭 버클리는 막 등장한 아이패드를 보는 순간 아이디어가 떠올랐다. 아이패드를 손에 쥘 때 마치 책을 만지는 듯한 감촉을 느낄 수 있다면 어떨까? 아쉽게도 그에게는 시제품을 제작하는 데 필요한 레이저 커터, 라우터 드릴 같은 전문 도구들이 없었다. 대신 집 근처에서 테크숍을 발견했다. 패트릭은 4주간 틈틈이 테크숍을 찾아 견본을 만들었다. 완성된 시제품을 인터넷 쇼핑몰에 올리자 구매 요청이 쏟아졌다. 1천 달러도 되지 않은 돈을 투자해, 아이패드 시판 뒤 첫 4개월 동안에만 1백만 달러의 매출을 올렸다. 이렇게 해서 두두케이스는 어엿한 글로벌 디자인 업체로 성장했다. 이외에도 인큐베이터를 대체하는 미숙아용 담요, 인조 다이아몬드 제조기, 원가를 대폭 낮춘 무인 항공기 같은 혁신적인 제품들이 테크숍에서 탄생했다.

2015년 현재 미국 각지에서 8개 지점을 운영 중인 테크숍에는 3D프린터, 밀링 머신, 캐드CAD 시스템, 컴퓨터 수치 제어기 같은 첨단 장비와 소프트웨어들이 갖춰져 있다. 전문성을 갖춘 직원들이 사용법을 가르쳐준다. 해결하기 힘든 문제에 직면하면 수십만 명에 이르는 온라인 테크숍 회원들이 협업과 멘토링에 나선다. 사이버 세상에서 시장성을 인정받으면 알리바바닷컴 같은 중개 사이트를 통해 중국, 인도, 동남아 등지의 주문자 상표 부착 생산OEM 업체에서 싼값에 소량 생산을 할 수 있다. 테크숍이 1인 제조업 시대의 첨병이자 오픈 이노베이션의 범례로 꼽히는 이유다.

뉴튼은 "아이디어만 있을 뿐 이제까지 아무것도 만들어본 적 없는 사람도 테크숍에서 단시간에 그 결과물을 직접 확인할 수 있다"고 말한다. 그는 이런 활동의 근본적인 가치와 의미에 대해 남다른 의견을 내놓았다. 인간은 본래 메이커로 태어났으며, 만드는 것 자체만으로 충분히 즐거울 수 있다는 것이다. 그래서 뉴튼은 테크숍이 단지 1인 공장이 아닌, 놀이터이자 커뮤니티로 자리매김하기를 바란다. 그는 2007년 미국 경제 전문지 《Inc.》와의 인터뷰에서 이런 말을 했다.

"창업가는 너무 바빠서는 안 된다. 호기심을 잃을 수 있기 때문이다. 열심히 일하기보다 열심히 생각하는 시간을 확보해야 한다……기업을 운영한다는 것은 잠을 잘 때도 돈이 들어온다는 뜻이다. 그렇지 않다면(잠자는 시간까지 줄여서 돈을 벌 고민을 해야 한다면) 내가 비즈니스를 소유한 것이 아니라 비즈니스가 나를 소유한 것이다."

그의 말에서, 왜 우리나라의 유사한 시설들이 큰 반향을 일으키지 못하고 있는지에 대한 단서를 찾을 수 있다. 테크숍의 기본 요소는 재미, 호기심, 커뮤니티다. 아무리 대단한 장비를 갖췄다 해도 특유의 문화를 구현하지 못하면 성공할 수 없다. 뉴튼은 2011년 컨퍼런스 참가를 위해 방한했을 당시 국내 언론과의 인터뷰에서 이런 말을 했다. "한국인은 무언가 만드는 것을 화이트칼라 업무에 비해 천하다고 생각하는 듯하다. 이는 테크숍의 한국 진출과 시민 발명가 양성에 걸림돌이 된다."

우리나라에도 진정한 의미에서 '일평생 메이커'들을 위한 커뮤니티 공간이 생겼으면 한다. 창조경제의 뇌간이 무한 상상력이라면 그 등뼈는 이를 현실화하고 사업화할 수 있는 강력한 문화적 동인과 실질적 작업 기회이기 때문이다.

PART 7

소통의 지평을 넓히다

36

IT로 도시 문제를 해결하다

코드 포 아메리카

제니퍼 폴카 Jennifer Pahlka

- 코드 포 아메리카CfA 설립자
- 전 UBM 임원

코드 포 아메리카 서밋　　출처: www.wikipedia.org

우리나라에 아이폰이 갓 들어온 2009년 12월, 한 소년이 만든 무료 애플리케이션(이하 앱)이 큰 화제를 모았다. 이름하여 '서울 버스.' 서울시와 경기도 지역의 버스 도착 정보를 알려주는 앱이었는데, 유용할 뿐 아니라 사람들에게 '스마트폰의 편리함이란 이런 것이구나'라는 것을 실감하게 해주었다. 앱 공개 얼마 뒤 경기도가 '허락 없이 데이터를 가져다 썼다'며 정보 제공을 거부했다가 사용자들의 거센 항의로 철회해 더욱 유명세를 탔다.

이듬해 여름 미국 샌프란시스코에서 열린 구글 개발자 회의(구글 I/O)에서 뜻밖에도 그 앱의 주인공을 만났다. 당시 고등학교 3학년이던 유주완 군이었다. 많은 대화를 나누지는 못했지만 그가 '서울 버스'에 대해 "그렇게 만들기 어려운 앱은 아니다"라고 했던 것이 기억난다. 사실 내가 궁금했던 것도 그 난이도보다는 '어떻게 그런 걸 만들 생각을 했고, 데이터는 어디서 구했느냐'는 것이었다. 유주완 군은 자신도 모르는 사이 '정부 2.0'이라는 세계 시민운동의 가장 혁신적인 흐름 중 하나에 동참했던 것이다. 그 본류 중 하나가 '코드 포 아메리카Code for America, CfA'다. CfA를 의미 그대로 해석하면 '미국을 위한 컴퓨터 프로그래밍'이다. 지방자치단체와 인터넷 업계 전문가들을 연결해 각 시가 직면한 문제를 해결하는 것이 목표다.

2009년 이 비영리재단을 설립한 이가 제니퍼 폴카Jennifer Pahlka다. 당시 마흔 살 생일을 앞둔 싱글맘이자 잘나가는 커리어 우먼이던 그녀가 어떤 경제적 보상도 장담할 수 없는 일에 뛰어든 건 "세상이 놀랄 만큼 유용한 일을 할 수 있으리라는 느낌" 때문이었다. "나 말고 달리 할 사람이 없다"는 책임감 또한 작용했다고 한다. 폴카가 미국의 여성 IT 단체 NCWIT(전미여성정보기술센터)와의 인터뷰에서 한 말이다.

폴카는 브롱스과학고등학교와 예일대학교를 졸업한 수재다. CMP미디어라는 곳에서 경력을 시작했다. 주로 게임 잡지를 만들고 관련 컨퍼런스를 주최하거나 조직을 운영하는 일을 맡았는데, 그러면서 IT와 업계 전문가들의 커뮤니티에 발을 들였다. 회사가 미국 굴지의 미디어 그룹 UBMUnited Business Media에 흡수되면서 2005~2009년 일련의 웹 2.0 관련 행사 기획에 참여했다. 그중에는 '정부 2.0 서밋', '정부 2.0 엑스포' 같은 것들도 있었다. 이때 만난 사업 파트너이자 멘토가 웹 2.0 개념의 창시자 팀 오라일리다. 세계적인 컴퓨터 서적 출판사 오라일리 미디어의 CEO이자 블로그 '오라일리 레이더'를 통해 IT에 의한 혁신 담론을 이끌어온 인터넷 경제의 구루다. 오라일리를 통해 정보 공유와 협업의 가치에 눈뜨면서 폴카는 남다른 의문을 갖게 됐다. '이렇게 명석하고 열정이 넘치는 IT 업계 사람들이 왜 공공 영역의 발전에는 별 관심이 없는 거지? 우리가 모든 돈을 대는 데다, 심지어 우리를 대표해야 한다고 믿으면서 말이야.'

행동하는 군중이 사회를 바꾼다

마침 2009년 정부 2.0 서밋에서 만난 애리조나 주 투산 시의 시장 수석 보좌관 앤드루 그린 힐에게서 흥미로운 이야기를 들었다. 미국 경영지 《패스트 컴퍼니》와의 인터뷰에서 폴카는 당시 대화를 이렇게 소개했다.

"앤드루 그린은 '지역에 관심을 가져야 한다. 비용은 느는데 수입은 줄어들어서 큰일이다. 시 정부가 일하는 방식을 바꾸지 않으면 결국 파산하고 말 것'이라고 말하더군요. 그때 퍼뜩 CfA의 아이디어가 떠올랐어요. 그 자리에서 이런저런 구상을 펼치기 시작했죠."

그해 9월, 폴카는 이 모든 것을 실현했다. 팀 오라일리, 오픈 소스 운동의 선구자이자 2009년 오바마 대통령의 온라인 선거 캠페인을 주도한 클레이 존슨, 스타트업 창업자 레너드 린 등이 조력자로 나섰다.

CfA 활동의 핵심은 펠로십fellowship이다. 미국 전역에서 뽑은 소수 정예의 개발자와 디자이너들을 각 시와 연결해, 공공 정보를 활용한 IT 솔루션으로 시민 참여를 이끌어내고 문제를 해결한다. 예를 들면 이런 것이다.

미국 보스턴 시의 소방 공무원들은 겨울만 되면 거리의 소화전들이 눈에 파묻혀 그 주변을 청소하느라 애먹었다. 이 문제를 해결하기 위해 CfA의 펠로 한 명이 기발한 아이디어를 냈다. '소화전 입양하기Adopt-A-Hydrant'라는 이름의 앱을 만든 것이다. 이 앱을 깔면 자기 집이나 사무실

주변의 소화전 위치를 알 수 있다. 그중 하나에 자신 또는 회사나 단체의 이름을 걸어놓고, 눈이 오면 그렇게 '입양'한 소화전 주위의 눈을 치운다. 누군가 이름만 내걸고 일을 제대로 처리하지 않으면 다른 사람이 대신 치고 들어갈 수 있다. 게임의 규칙을 도입해 자발적인 시민 참여를 이끌어낸 것이다.

이 앱은 보스턴에서만 영향력을 발휘한 게 아니었다. CfA는 누구나 이 앱을 응용할 수 있도록 관련 코드를 공개했다. 덕분에 호놀룰루는 '쓰나미 경보기 입양하기Adopt-A-Siren', 시카고는 '보도 입양하기Adopt-A-Sidewalk', 멀리 아르헨티나의 부에노스아이레스는 '공원 벤치 입양하기Adopt-A-Park Bench' 앱을 만들었다. 그 외에도 스쿨버스 정보를 알려주는 앱, 민원전화 시스템을 공개해 이웃이 직접 문제 해결에 참여할 수 있게 한 앱, 첫 창업 도우미 앱 등 다양한 솔루션을 내놓았다.

재미있는 것은 펠로가 되려는 이들뿐 아니라 수혜 대상이 되려는 지자체 간 경쟁도 매우 치열하다는 점이다. 지자체들은 CfA와의 협업을 통해 행정 효율성을 높이는 것은 물론 시민들과의 수평적 소통을 강화할 수 있다. CfA의 프로그램 중에는 시정에 보탬이 되는 스타트업을 돕는 '엑셀러레이터', 각 지역 자원봉사자 네트워크를 지원하는 '브리게이드Brigade'도 있다. 전문가를 포함한 시민의 적극적 참여를 통해, 민간에 비해 뒤떨어진 공공 영역의 혁신을 이끌어내려는 취지다.

폴카는 "목소리만 있는 군중이 아니라 행동하는 군중이 되자"고 외친다. 이를 위해서는 공공 기관이 먼저 적극적인 정보 공개에 나서고, 이를 통한 민간의 자발적 혁신 노력에 지원을 아끼지 말아야 한다. 그런 면에서 지자체가 온라인에 무심히 흩뿌려놓은 정보를 긁어모아 '서울 버스'라는 앱을 만든 유주완 군의 행동은 경기도의 질타가 아닌 격려와 감사를 받았어야 한다. 물론 당시 논란 덕분에 공공 정보 활용에 대한 논의가 본격화되는 등 긍정적인 효과도 있었지만 말이다.

박근혜 정부의 주요 공약 중에도 '정부 3.0'이라는 것이 있다. 정보 개방과 공유를 통해 투명한 정부를 만들겠다는 취지다. 문제는 아직 '정부 2.0'의 목표에도 한참 미치지 못한 우리나라가 '3.0'이라는 숫자에 걸맞은 정부-시민 간 협업의 방법론과 시스템을 확립할 수 있느냐 하는 것이다. 더구나 정부와 국회, 청와대 할 것 없이 '소통이 불통'이라는 비판에 시달리고 있는 지금 말이다.

37

보통 사람들의 스토리로 다시 쓰는 역사

스토리코어

데이비드 아이세이 David Isay

- 스토리코어 설립자
- 오디오 다큐멘터리 프로듀서
- 2014년 TED 상 수상

스토리코어 이동식 사무실 출처: https://storycorps.org

세계 최대 지식 공유 컨퍼런스 TED 조직위원회는 매년 11월, 그해 최고의 대중 지식인을 선정해 'TED 상'을 수여한다. 2015년 3월, 그해 수상자의 TED 강연 동영상이 인터넷에 공개됐다. 네티즌은 폭발적인 반응을 보였다. 공개한 지 3개월여 만에 90만 명이 동영상을 시청했다. 주인공은 데이비드 아이세이David Isay, 미국의 구술 기록 프로젝트 스토리코어 창안자다.

아이세이는 전직 라디오 프로듀서이자 유명 오디오 다큐멘터리 감독이다. 그는 2003년 기상천외한 프로젝트를 시작했다. 뉴욕에서도 가장 번잡한 곳 중 하나인 그랜드센트럴 역에 자그마한 녹음 부스를 설치했다. 여기서 가족이나 연인, 친구가 마주 앉아 40분간 진솔한 대화를 나눌 수 있게 했다. 그렇게 채집한 몇몇 사연들을 미국공영라디오방송NPR을 통해 공개했다. 엄청난 반향이 일어났다.

NPR은 아예 이를 정규 프로그램으로 편성했다. 매주 금요일 아침 미국 전역에 방송한다. 미국 의회도서관은 대화를 담은 CD를 영구 소장한다. 도서관 디렉터 페기 벌거는 스토리코어를 "역사의 뼈대에 살을 입히는 놀라운 작업"이라고 평했다. 몇몇 대도시에 있는 고정 부스 외에, 중고 버스를 개조한 이동 부스가 전국 곳곳을 누빈다. 이미 10만 명 이상이 어머니 자궁처럼 어둡고 아늑한 공간에서 평생 가슴에 담아둔 절절한 사연을 토해 냈다. 부스 안에 눈물을 닦는 티슈가 항상 비치되어 있는 이유다.

대화 상대는 가족이 압도적으로 많다. 자주 만나지만 쑥스러워, PC와 스마트폰에 매몰되어서, 혹은 그저 먹고사느라 바빠 얘기다운 얘기를 못 나눠본 이들이다. 처음 부스에 들어설 때의 서먹함은 그 어떤 방해도 없이 서로에게 집중하는 동안 스르르 사라진다. 그 자리를 메우는 건 눈물과 웃음, '미안해요', '고마워요', '사랑해요'라는 말이다. 인터넷에는 "마술 같은 시간이었다" "40분이 4분 같았다" "내 삶은 결코 초라하지 않으며 매 순간 기적이었음을 깨달았다"는 등의 체험 후기들이 매일 올라온다.

아이세이는 '누구나 들려주고 싶은 이야기가 있다'는 생각으로 이 프로젝트를 시작했다고 한다. 유명하지 않은 보통 사람의 삶에도 보석 같은 순간이 있고, 그 이야기들에 마음을 여는 것만으로 미국은 보다 나은 나라가 되리라는 확신이다. 특히 저소득층, 성 소수자, 인종 차별 피해자, 전과자 등 소외된 이들에게 특별한 애정을 기울인다.

"녹음한다는 것은 그들의 삶이 중요하며 모두 잊혀져서는 안 된다는 사실을 환기한다"고 아이세이는 강조한다. 이런 노력들을 통해 보통 사람의 이야기라는 '실'로 미국 역사라는 거대한 '직물'을 새로 짜려 한다. 스토리코어는 "오늘날 가장 중요한 문화적 사건"(작가 알렉스 코트로위츠)이며 "무명의 삶을 예찬하는, 무력감에 빠진 이들에게 살아 있음을 느끼게 하는" (방송 진행자 스터즈 터클) 인류애적 프로젝트로 평가받고 있다. 그 뒤에는 아이세이의 남다른 삶이 있다. 그는 TED 강연에서 자신의 사연을 진솔하게 털어놓았다.

표피적 소통에 대한 강력한 해독제

아이세이는 저명한 정신과 의사 아버지와 지식인 어머니 사이에서 태어났다. 뉴욕대학교를 졸업하고 의대에 다니던 시절 우연히 재활 중인 마약 중독자 두 사람을 만났다. 훗날 아이세이는 "그 두 사람이 자신들의 꿈과 삶을 얘기하기 시작했을 때 내 평생 할 일이 뭔지를 깨달았다"고 회상했다. 그들을 도우려고 직접 제작한 오디오 다큐멘터리가 지역 방송국의 전파를 타면서 삶의 전환점을 맞았다. 아이세이는 미련 없이 의대를 그만두고 오디오 저널리스트가 됐다. 그는 이 일을 하면서 "평범한 이들의 목소리야말로 한껏 부풀려지고 공허한 '셀러브리티 넌센스'보다 훨씬 값진 것"임을 확신하게 되었다. 그즈음 아이세이는 충격적인 사실을 알게 됐다. 아버지 리처드 아이세이 박사가 게이였던 것이다.

이전부터 리처드는 동성애자에 대한 정신의학계의 편견에 맞서 외로운 투쟁을 벌여왔다. 그 자신 '정상적인 남자의 삶'을 살고자 결혼하고 자녀도 봤지만 성적 취향은 치료 대상이 아님을 깨달았기 때문이다. 결혼 10여 년 만에 아내에게 사실을 알렸으나 두 사람은 다시 10년을 더 살았다. 아이들을 위해서였다. 마침내 아버지가 커밍아웃을 하자 아이세이는 남다른 방식으로 반응했다. 〈스톤월을 기억하며〉라는 다큐멘터리를 제작한 것이다. 동성애 인권운동의 촉매가 된 스톤월 사건을 다뤘다. 아이세이는 뉴욕 지역 매체 NY1과의 인터뷰에서 이렇게 말했다.

"다큐멘터리는 아버지께 드리는 선물이었어요. 일생에 걸친 그의 투쟁을 알게 되면서 주류 바깥의 사람들에게 확신을 주고 싶었죠. 부당하게 다뤄진 그들의 삶은 조명받아야 하며, 자기 삶의 가치를 느낄 수 있어야 한다는 걸. 그건 내게 정말 중요한 일입니다."

스토리코어를 통해 알려진 이야기에는 지혜와 영감, 감동이 공존한다. 베버리는 911테러 때 희생된 남편 션과의 마지막 통화를 기억한다. 남편은 그녀에게 "당신은 끝까지 살라"고 말했다. 베버리는 천장이 무너지고 남편의 마지막 숨이 잦아드는 소리를 들으며 사랑하는 이의 이름을 미친 듯이 불렀다. 그녀는 말한다. "하지만 남편에 대한 마지막 기억은 고통이나 두려움이 아닌 용기, 자기희생, 무엇보다 사랑입니다."

1968년 보비와 샌디는 갓 입대한 열아홉 살의 신참 여군이었다. 둘은 사랑에 빠졌지만 누구에게도 그 사실을 털어놓을 수 없었다. 몇 년 뒤 둘은 짧은 휴가를 받아 애틀랜타의 싸구려 모텔에서 비밀 결혼식을 올렸다. 마침내 두 사람이 법이 인정하는 정식 부부가 된 것은 30여 년이 더 지난 뒤였다. 보비는 말한다. "어떤 이들은 사랑하는 사람과 결혼하기 위해 생애의 대부분을 보내기도 한답니다."

퇴역 해군 샘은 손자 에즈러에게 인생에서 가장 슬펐던 순간을 말한다. 워싱턴 D.C.의 영화관에 들어가려다 흑인이라는 이유로 거절당한 기억이다. "매표원은 내게 표를 팔 수 없다고 했어. 내 검은 손을 보고 판매를 거부한 거야. 그녀의 화난 얼굴 위로 (민주주의 상징인) 국회의사당이 비치

더구나. 그날 나는 밤새 울며 거리를 걷고 또 걸었단다."

모바일 혁명과 함께 스토리코어는 새로운 전기를 맞았다. 많은 이들이 스마트폰 애플리케이션을 통해 스토리코어를 만난다. 다른 이들의 대화뿐 아니라 간단한 조작만으로 부스를 예약하고 자기 스토리를 기록할 수 있다. 2008년부터는 '경청의 날National Day of Listening'이라는 프로젝트도 진행 중이다. 추수감사절 이후 첫 금요일, 사랑하는 사람과의 대화를 녹음해 전용 사이트에 올리는 방식이다. TED 코디네이터 크리스 앤더슨은 〈뉴욕타임스〉와의 인터뷰에서 "스토리코어는 표피적 소통에 대한 강력한 해독제"라고 말했다. 40분 분량의 대화는 트위터의 140자 소통과는 완전히 다르다는 것이다.

아이세이는 TED에서 받은 상금으로 미국뿐 아니라 해외에 스토리코어 프로젝트를 확장할 계획이다. IT 기술의 발달이 큰 도움이 되리라고 본다. 하지만 어떤 기술적 외피를 입는다 해도 스토리코어의 근본 정신은 하나다. '누군가의 말에 귀 기울이는 것이야말로 진정한 사랑이다.'

38

고향집 침대에서 세상을 바꾼 소년

매셔블

피트 캐시모어 Pete Cashmore

• 매셔블 창업자

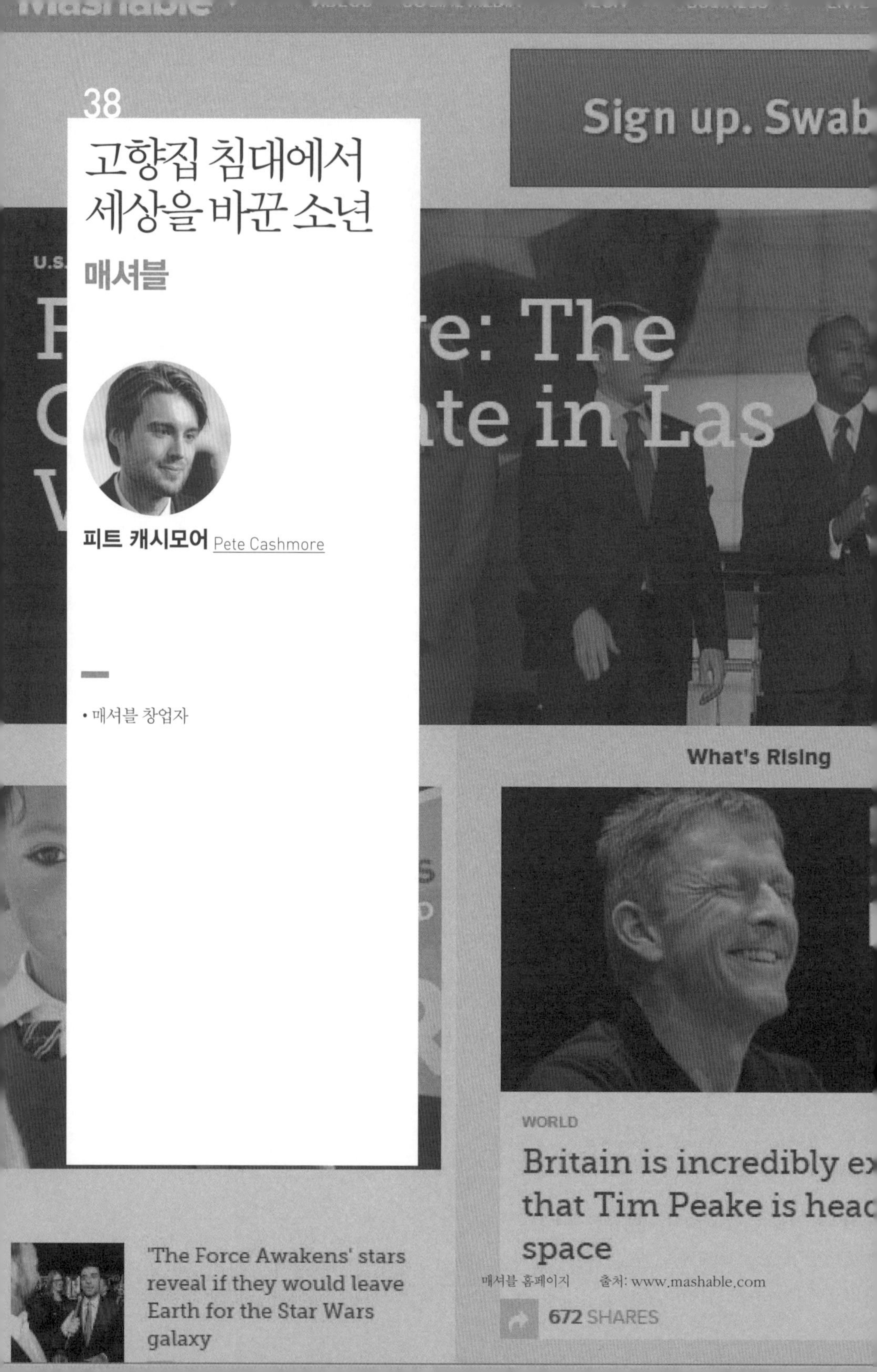

매셔블 홈페이지 출처: www.mashable.com

경제 관련 외신의 진원지라고 하면 〈월스트리트저널〉, 《포브스》 등이 주를 이루던 시절이 있었다. 지금은 아니다. 특히 정보통신기술ICT 분야에서는 이들을 압도할 만한 영향력을 가진 매체들이 속속 등장하고 있다. 매셔블, 테크크런치, 비즈니스 인사이더, 패스트 컴퍼니, 올싱디지털, 엔가젯 등. 이들에게는 공통점이 있다. 먼저 온라인 미디어다. 모두 거대 미디어 그룹이 아닌 '독립 언론'의 형태로 시작했다. 하지만 특종을 잡아내는 능력, 상황 대응 속도, 전문 분야에 대한 트렌드 예측과 분석 수준은 전통 언론을 선도하는 측면이 있다. 이른바 '강소 미디어'의 전형이다.

이들 중에서도 지난 5, 6년간 가장 눈에 띄게 성장한 것이 매셔블Mashable이다. 소셜 미디어와 모바일, 이를 둘러싼 정보통신기술ICT 이슈를 주로 다루는 이 매체는 여러 면에서 놀랍다. 매셔블의 한 달 순 방문자 수는 2400만 명(2015년 6월 기준)에 이른다. 페이스북과 트위터 등을 통해 뉴스를 꼬박꼬박 받아 보는 사람만 850만 명이 넘는다. 대부분

세계 각지의 정보통신기술ICT 및 미디어 전문가, 얼리어댑터들이다. 2012년 3월에는 CNN이 이 매체를 인수·합병M&A 하려다 불발에 그치기도 했다.

무엇보다 주목받는 것은 창업자이자 대표 필자인 피트 캐시모어Pete Cashmore다. 2012년 4월 미국 시사 주간지 《타임》은 당시 만 스물일곱 살밖에 되지 않은 그를 '세계에서 가장 영향력 있는 100인' 중 하나로 선정하며 이런 평가를 했다. "연결 세대connected generation의 선두 주자이자 빛과 같은 존재." 게다가 캐시모어는 남다른 스타성을 갖추기도 했다. '정보통신기술ICT 업계의 브래드 피트'로 불릴 만큼 빼어난 외모와 남다른 유머 감각, 무엇보다 트위터나 페이스북 같은 소셜 미디어를 능수능란하게 다룬다. 미국 미디어 업계나 실리콘밸리에서는 흔한 스탠퍼드대학교나 MIT 같은 명문대 출신이 아닌 점도 이채롭다.

캐시모어는 스코틀랜드 에버딘의 변두리 마을에서 나고 자랐다. 창업 역시 거기서 했다. 겨우 열아홉 살 때였다. 미국 경제 전문지 《Inc.》와의 인터뷰에서 그는 "수많은 거대 기업들이 차고에서 시작했지만, 세상을 바꿀 어떤 아이디어는 침실에서 나온다"고 했다. 물론 자신의 이야기다.

캐시모어는 열세 살 때 심한 맹장염을 앓았다. 수술은 잘되었지만, 회복이 더뎠다. 학교에 가지 못하고 침대에서 보내는 시간이 많았다. 그는 컴퓨터와 인터넷을 친구 삼아 자기만의 공부를 시작했다. 정보통신기술 생태계의 새로운 트렌드와 신기술, 블로그의 세계에 빠져들었다. 고등학교 졸업 뒤 캐시모어가 다시 택한 것도 대학이 아닌 '침실'이었다. 그에게는 자기 주도 학습을 통해 쌓은 방대한 지식, 이를 바탕으로 발전시킨 아이디어가 있었다. '웹 2.0'의 거대한 물결과 그로부터 촉발된 세상의 변화를 담은 블로그를 만들기로 한 것이다.

SNS 기반 기사 유통 시대를 열다

웹 2.0이란 '데이터를 특정인이 소유하거나 독점하는 일 없이, 누구나 손쉽게 정보를 생산하고 인터넷에서 공유할 수 있는 사용자 참여 중심의 인터넷 환경'을 뜻한다. 매셔블의 어원이라고 할 수 있는 '매시업Mashup' 또한 웹 2.0의 핵심 개념이다. 인터넷 서비스 업체들이 무료 제공하는 각종 서비스와 콘텐츠를 혼합해 새 서비스를 개발하는 것을 의미한다. 예를 들어 구글이 무상 공개하는 '구글 맵' 서비스에 맛집이나 부동산 정보를 얹어 새 서비스를 내놓는 식이다. 이는 다시 소셜 네트워크 서비스SNS로 대표되는 소셜 미디어 시대의 개화를 불러왔다.

PC뿐 아니라 다양한 모바일 기기를 통해 누구든 언제 어디서나 인터넷에 접속하고, 페이스북, 트위터, 유튜브 같은 SNS를 통해 전 지구적 소통을 하며, 수많은 공개 플랫폼과 정보를 매시업해서 자기만의 서비스를 내놓을 수 있는 세상. 열아홉 살의 캐시모어가 스코틀랜드 변두리 침대 위에서 글로벌 미디어를 창간할 수 있었던 배경이다. 아울러 이렇듯 거대한 트렌드를 일찍이 포착해 자기 담론화함으로써 캐시모어는 시대를 표상하고 이끌어가는 젊은 리더로 부상했다.

2005년 캐시모어는 매셔블을 시작하면서부터 소셜 미디어 혁명을 화두로 삼았다. 예를 들어 새로운 서비스가 등장하면 이것을 직접 써보고, 강점과 약점은 물론 효율적인 사용법까지 제시했다. 마침 당시는 마이스페이스, 유튜브, 페이스북 등 SNS의 인기가 하루가 다르게 치솟던 때였다. 덕분에 매셔블은 서비스를 시작한 지 한 달 만에 3천 달러의 광고 매출을 올렸다.

캐시모어는 이에 만족하지 않고 곧바로 영향력 확대에 나섰다. 블로거 한 명을 고용하고, 글로벌 시장을 겨냥해 본격적인 행보에 나섰다. 맨 먼저 시작한 일은 미국 시간에 맞춰 낮과 밤을 바꿔 사는 것이었다. 한 언론과의 인터뷰에서 그는 "매일 아침 6시나 7시에 잠들었다. 정오쯤 일어나 에너지가 완전히 소진될 때까지 글을 쓰고 또 썼다. 뉴스가 거의 안 나오는 토요일에는 (잠을 보충하기 위해) 하루 종일 잤고, 일요일부터 다시 쓰기 시작했다. 18개월 넘게 이런 생활을 했다"고 말했다.

노력 끝에 블로그가 자리를 잡자 그는 미국 샌프란시스코로 이주를 감행했다. 드디어 실리콘밸리에 입성한 것이다. 매셔블은 정식 미디어의 면모를 갖추고 체계적인 마케팅을 시작했다. 가장 심혈을 기울인 것은 트위터의 활용이었다. 트위터 서비스 초기인 2007년 일찌감치 매셔블 계정을 만들고, 기자들이 새 글을 올리는 순간 이것을 트위터로 알려 독자들을 끌어들였다. 사용자를 기다린 것이 아니라 직접 찾아 나선 것이다. 페이스북에서도 유사한 활동을 했다. 현재 120여 명 정도 되는 매셔블 기자들 대부분은 각종 SNS의 파워 유저들이다.

무엇보다 매셔블은 이제 '기술 기업'이다. 자체 개발한 빅 데이터 분석 기술인 '벨로시티Velocity'를 통해 독자들의 이용 행태를 속속들이 파악한다. 사이트에 머무는 시간, 페이지 뷰, 기사 공유 패턴 같은 것들이다. 실제로 매셔블 사이트에는 각 기사마다 제목 밑에 독자들의 공유 패턴을 보여주는 '벨로시티 그래프'가 공개돼 있다. 해당 기사의 인기도는 물론 그 지속 시간까지 확인할 수 있다. 매셔블의 기자와 편집자들은 이런 분석 결과들을 활용해 주제를 잡고, 후속 기사를 쓰며, 사이트 편집을 하고, 각 독자에게 알림 메시지를 보낸다.

여러 인터뷰에 따르면 캐시모어의 부모는 아들이 매일 낮에는 자고 밤에는 컴퓨터를 끼고 앉아 뭔지 알 수 없는 일을 해도 이를 문제 삼거나 추궁하지 않았다고 한다. 캐시모어 스스로도 돈을 벌겠다는 생각보다 '어제보다 오늘이 낫군' 하는 기분을 느낄 수 있는 것만으로 만족하며 좋아하는 일에 집중했다고 한다. 그러고 보면 우리나라 청소년이라고 해서 자기 방에서 세상을 바꾸지 말란 법은 없다. 성공을 향해 가는 길은 다양하다. 특히 지금처럼 세계가 하나로 열려 있고, 창업이나 새로운 시도를 하는 데 큰돈이 들지 않는 때는 더욱 그렇다. 내 아이가 캐시모어 같은 청년으로 자라기를 원한다면 부모부터 바뀌어야 하지 않을까.

39

세계의 교실을 연결하는 록스타 티처

칸 아카데미

살만 칸 Salman Khan

- 칸 아카데미 설립자
- 아스펜 인스티튜트 이사
- 전 커넥티브 캐피털 매니지먼트 애널리스트

강연하는 살만 칸　출처: www.khanacademy.org

매년 3월이면 지구촌 혁신 리더들의 눈은 미국 캘리포니아 주 롱비치에 쏠린다. 세계 최대 지식 컨퍼런스 TED 때문이다. TED는 매년 걸출한 스타, 시대를 이끌어가는 아이디어를 배출해 왔다. 2011년 스타는 단연 살만 칸Salman Khan이었다. 그의 발표가 끝나자마자 청중들은 앞다퉈 자리에서 일어나 박수와 환호를 보냈다. 화룡점정은 빌 게이츠 마이크로소프트MS 창업자의 등장이었다. 게이츠는 인터뷰어가 되어 칸에게 여러 질문을 던졌다. 게이츠는 이런 결론을 내렸다.

"지금 여러분은 교육의 미래를 봤습니다."

살만 칸은 미국의 비영리 교육 동영상 사이트 '칸 아카데미Khan Academy' 설립자다. 별명은 '록스타 티처.' 슈퍼스타에 버금가는 인기 강사라는 뜻이다. 세계 온라인 교육업계의 패러다임을 바꿨다는 평을 듣는다. 칸 아카데미 사이트에서는 2015년 6월 말까지 무려 4억 건의 수업이 진행됐다. 세계 각지 50만 명의 교사들이 이 사이트에 등록해 각종 도움을 받고 있다. 수학, 과학, 역사, 문학은 물론 금융학, 컴퓨터공학, 예술 이론까지 아우른다. 국외 이용자의 비중이 40퍼센트가 넘는다. 한국어를 포함해 세계 28개 국어로 서비스하기 때문이다. 이 모든 것이 무료다.

시작은 소소했다. 칸은 방글라데시와 인도 출신 이민자 부모에게서 태어나 미국 남부 뉴올리언스에서 자랐다. 매사추세츠공과대학MIT에 진학해 수학, 전기공학, 컴퓨터과학 학사 학위를 받았다. 이어서 하버드대학교 비즈니스스쿨에서 MBA를 취득했다. 그리고 당연한 수순인 듯 대표적인 고소득 직종인 헤지펀드 분석가가 됐다. 2004년 말 동부 보스턴의 잘나가는 여피족이던 그는 짬을 내서 열두 살짜리 사촌 여동생 나디아의 수학 공부를 봐주기로 했다. 나디아는 뉴올리언스에 살았기 때문에 인터넷으로 과외를 시작했다. 시간 맞추기가 쉽지 않은 데다 다른 사촌들도 부탁을 하자 2006년 묘안을 짜냈다. 강의 동영상을 제작해 유튜브에 올렸다. 채널 제목은 칸 아카데미로 정했다.

칸은 TED 강연에서 "실제 사촌보다 '자동화automated 버전의 사촌'을 더 좋아하더라"고 당시 친척들의 반응을 소개해 청중의 웃음을 자아냈다. 언제든, 원하는 부분을, 원하는 만큼, 폐 끼친다는 부담 없이, 반복 시청할 수 있었기 때문이다.

좋아한 것은 사촌들뿐만이 아니었다. 입소문이 퍼지면서 예상하지 못한 반응들이 터져 나왔다. 유튜브 채널에는 "처음으로 '미분'을 하며 미소지었다" "마치 쿵후를 통달한 느낌이다" "행렬을 이해하다니, 하루 종일 기분이 좋았다"는 댓글들이 이어졌다. 세계 곳곳에서 감사의 편지가 날아들었다. 덕분에 12세의 자폐아 아들이 분수와 소수를 이해하는 믿을 수 없는 일이 일어났다는 부모, 여름방학 내내 동영상으로 공부해 만점으로 지역 대학에 합격했다는 빈곤층 소년도 있었다. 이들의 반응을 읽고 칸은 불현듯 깨달았다. '내가 사람들을 돕고 있구나!' TED 현장에서 그는 이렇게 말했다. "생각해 보세요. 저는 헤지펀드 분석가였다고요. 사회적 가치 실현은 저에게 무척 낯선 일이었어요."

칸은 흥분했다. 시간을 쪼개 계속 동영상을 만들었다. 2007년, 2008년, 2009년 11월이 됐을 때 칸은 결단을 내렸다. 금융계를 떠나 칸 아카데미에 집중하기로 했다. 캘리포니아 주 실리콘밸리 인근으로 이사해, 칠판 하나와 가정용 비디오 녹화기만으로 새 삶을 시작했다. 서비스 유료화는 전혀 고려하지 않았다. 훗날 그는 경제 전문지 《포춘》과의 인터뷰에서 "나에게는 이미 아름다운 아내와 귀여운 아들, 집과 승용차 두 대가 있었기 때문"이라고 밝혔다. 칸 아카데미를 비영리단체로 등록하고 기부금을 모았다. 1백만 달러를 모금해 온라인에 가상 학습 도서관을 만들겠다는 목표를 세웠다. 꿈은 그가 전혀 예기치 못한 방식으로 실현되었다.

배움의 경계를 허무는 무료 교육 시대를 열다

2010년 8월 《포춘》은 "빌 게이츠 MS 창업자가 우연히 알게 된 무료 교육 사이트에 푹 빠졌다"고 보도했다. 칸 아카데미였다. 게이츠는 아들 로리와 함께 대수학부터 생물학까지, 강좌들을 두루 섭렵했다. 당시 칸 아카데미의 수업 동영상 수는 1630개, 하루 평균 방문자 수는 7만 명을 헤아리고 있었다. 게이츠는 그 무렵 콜로라도 주에서 열린 한 행사에서 "믿을 수 없을 만큼 훌륭하다. 헤지펀드 업계에서 교육계로 무대를 옮긴 IQ 160의

사나이에게 깊은 감명을 받았다"고 극찬했다. 매년 7억 달러를 교육계에 기부하는 빌 게이츠는 기꺼이 칸 아카데미의 강력한 지원군이 됐다.

그해 9월에는 구글의 '프로젝트 10의 100제곱' 공모전에서 '세상을 바꿀 5가지 아이디어' 중 하나로 뽑혔다. 170여 개국에서 제출된 15만 개 아이디어와 겨룬 결과였다. 구글은 칸 아카데미에 2백만 달러를 쾌척했다. 빌 게이츠와 구글이 '엔젤angel(초기 벤처기업의 개인투자자)'이 되어준 셈이다.

마법 같은 스토리가 이어졌다. 돈을 버는 것이 목적이 아닌, '대박'과는 거리가 먼 이곳에 실리콘밸리의 핵심 인재들이 속속 모여들었다. 가장 극적인 뉴스는 크레이그 실버스테인의 합류였다.

2012년 2월 10일, 실리콘밸리 마당발인 〈월스트리트저널〉 칼럼니스트 카라 스위처가 IT 전문 미디어 '올싱디지털'(〈월스트리트저널〉의 온라인 매체)에 특종을 터뜨렸다. '구글 1호 직원'이자 개발 담당 임원인 실버스테인이 퇴사해 칸 아카데미에 합류한다는 것이었다. 스위처는 "실버스테인은 내가 '착한 구글'이라고 말하는 바로 그것을 늘 상징해 왔다"고 썼다. 실버스테인은 스탠퍼드대학교 박사 과정 중 구글의 첫 직원이 됐다. 이후 14년간 뛰어난 검색 기술 전문가이자 엔지니어들의 멘토로서 구글 특유의 문화를 이끌었다. 그의 선택은 '세상을 바꾸는 것'이야말로 실리콘밸리 기업가 정신의 요체임을 새삼 일깨웠다.

이렇듯 적극적인 인재 영입을 통해 칸 아카데미는 오늘도 '언제든, 누구에게든 훌륭한 교육 기회를 제공한다'는 목표에 성큼성큼 다가가고 있다. 핵심만 간추려 한 편에 15분을 넘지 않는 강의, 완벽한 습득을 목표로 정교하게 설계한 연습 문제, 학습 목표와 공부 주제 간의 연관 관계를 한눈에 보여주는 '지식 지도', 학습 시간과 성취도 등을 담은 상세하고 명료한 그래픽 차트. 여기에 '우수 배지', '에너지 포인트' 같은 게임 요소까지 곁들여 학습 의욕을 자극한다.

미국을 비롯한 각국 학교들이 칸 아카데미를 수업 파트너로 삼고 있다. 동영상 학습을 숙제로 내고, 과거 숙제로 내던 것을 수업에서 소화한다. 집에서는 동영상으로 자기 진도와 수준에 맞는 공부를 하고, 학교에서는 교사와 상호 학습을 하는 것이다. 교사는 칸 아카데미가 제공하는 정교한 데이터를 통해 학생 한명 한명을 더욱 깊이 이해할 수 있다. 칸은 또한 한국 소년이 영국 소녀의 선생이 되고, 뉴욕 대학생이 콜카타 노동자의 선생이 되는 비전을 제시한다. 칸은 TED에서 "근본적으로 우리가 건설하려는 것은 글로벌 단일 교실"이라고 말했다.

칸 아카데미 사이트의 팀 소개란에는 직원 60여 명의 이름, 사진, 경력 등이 실려 있다. 스탠퍼드대학교와 MIT 출신이 대부분이다. 서른여덟 번째 직원은 애완견 토비. 직함은 '웰빙 관리자director of wellness'다. 페이지 상단에는 이런 구절이 있다. "우리는 소수의 위대한 사람들이 큰 변화를 만들어낼 수 있다고 믿습니다."

뛰어난 엘리트가 자신의 능력을 세계를 위해 쓰기로 했다. 돈이 있는 자는 돈으로, 지식이 있는 자는 지식으로 그 길에 동참했다. 세계의 수많은 교사와 학습자, 자원봉사자들이 그 변화에 속도를 더했다. 기회의 평등이라는 '진정으로 평평한 세상'에 한 발 더 다가섰다. 살만 칸은 자신의 신념을 멋지게 증명해 냈다.

PART 8

지구촌 문제에 도전하다

40

전 세계 사회 혁신가들의 후원자

아쇼카

빌 드레이튼 Bill Drayton

- 아쇼카 설립자
- 미국 예술·과학 아카데미 회원
- 2013년 '올해의 창의성 상' 수상
- 전 맥킨지 컨설턴트

아쇼카 홈페이지　　출처: www.ashoka.org

스타트업 생태계에 발을 들여놓은 뒤 창업자만큼이나 많이 만나게 된 이들이 있다. 창조경제 관련 정부 정책을 입안하고 시행하는 사람들이다. 이들 중 상당수는 'D.CAMP 같은 콘셉트의 창업 지원 시설을 구축하려면 돈이 얼마나 들고 조직은 어떻게 꾸려야 하느냐'고 묻는다. D.CAMP는 내가 은행권청년창업재단 기업가정신센터장으로서 구축한 국내 최초의 창업 생태계 허브다. 그럴 때마다 솔직히 말문이 막힌다. 돈? 물론 적지 않게 든다. 하지만 결정적인 요건은 아니다. D.CAMP만 해도 애초 잡은 인테리어 예산의 절반도 쓰지 않았다. 매달 1백여 건의 프로젝트가 진행되는, 명실공히 한국 창업 생태계의 심장부가 됐지만 그런 성과를 내기 위해 쓴 홍보비 또한 거의 없다. 그렇다면 나름의 '비법'은 뭘까? 생태계 각 주체들과의 유연하고 광범위한 네트워크다. 그런 면에서 D.CAMP는 '시설'이라기보다 '플랫폼'에 가깝다.

그렇다면 조직은 어떻게 운영했을까? D.CAMP는 서너 명이 1백 일 남짓 만에 구축했다. 그것도 각자 다른 사업을 병행하면서 말이다. 내 일 네 일 따지지 않고 좋아서 덤볐기에 가능했다. 이후로도 마치 스타트업 조직처럼 운용했다. 그러니 내 입에서 엉뚱한 답이 나올 수밖에. "저기…… 사람부터 고민해보시죠."

실은 꽤 난감한 이야기다. 말하자면 체인지 메이커로서 역량이 뛰어난 사람을 찾으라는 것인데, 이는 이력서만으로 가늠하기 힘들다. 정량화가 어려운 만큼 사람을 강조하는 것 자체가 공염불로 여겨질 수 있다. 한데 여기 "시스템을 바꾸려면 오직 사람에 투자하라"고 외쳐온 사람이 있다. 세계 최대 사회적 기업가 지원 기구 '아쇼카Ashoka'의 설립자 겸 CEO 빌 드레이튼Bill Drayton이다.

드레이튼은 '사회 혁신 기업의 구루', '사회적 기업가정신의 아버지'로 불린다. 세계 최초의 사회 혁신 기업가이자 그 용어와 정의를 창안한 인물이기도 하다. '체인지 메이커'라는 표현을 가장 먼저 사용한 사람 중 한 명이기도 하다. 2013년 그는 미국 스미스소니언 협회와 벤저민 프랭클린 창의 재단이 선정한 '올해의 창의성 상'을 수상했다. 2005년에는《US뉴스앤드월드리포트》와 하버드대학교 케네디스쿨(공공 정책 전문 대학원)이 뽑은 '미국 최고의 지도자 25인'에 선정되기도 했다.

드레이튼은 자신의 궁극적인 목표가 "세상 모든 이를 체인지 메이커로 만드는 것"이라고 말한다. 이를 위해 세계를 돌며 그 씨앗 역할을 할 사회적 기업가를 발굴하고 투자한다. 이름하여 '아쇼카 펠로Ashoka Fellow'다.

2006년 노벨 평화상 수상자 무하마드 유누스 그라민 은행 설립자도 아쇼카 펠로다. 저렴한 태양 에너지 개발로 전기 없이 살던 1백만 명에게 빛을 선사한 브라질의 사회적 기업 '솔라 홈 시스템'의 파비오 로사 창업자 또한 아쇼카의 전폭적인 지원을 받았다. 현재 아쇼카는 연간 3500만 달러에 이르는 운영 자금과 세계 71개국, 3천여 명의 펠로를 둔 세계적인 비영리기구이다. 드레이튼은 "10대 초반의 '체인지 메이킹' 경험이 오늘의 나를 만들었다"고 말한다.

뉴욕에서 태어난 드레이튼은 초등학교 5학년 때 신문 만들기에 빠졌다. 용돈을 모아 등사기를 구입하고 학생 기자단을 조직해 32~50면짜리 신문을 제작했다. 광고를 따고 배급도 도맡았다. 이를 통해 남다른 아이디어를 실현하고 사회에 긍정적인 영향을 끼치는 법을 배웠다. 그는 '창의성 상' 수상 기념 강연에서 "아쇼카 펠로의 80퍼센트가 나처럼 10대 시절 체인지 메이킹 경험을 했다"고 말했다. 누군가의 절실한 필요에 공감하고, 문제를 해결하기 위해 행동에 나서는 것이야말로 체인지 메이커의 필수 자질이며, 이는 어려서부터 체계적으로 연습하고 발달시켜야 할 능력이라는 것이다.

아쇼카 펠로–시스템 혁신 아이디어 실행자

하버드대학교에 들어간 뒤에도 드레이튼은 아이디어가 있으면 즉시 실행하되, 혼자가 아닌 팀워크를 지향하고, 사회의 각 세력과 파트너십을 형성해, 실질적 성과를 도출하는 훈련을 계속했다. 대표적 활동이 '아쇼카 테이블'을 조직한 것이다. 학생들이 정부 및 기업의 주요 인사와 만나 사회 이슈를 토론하고 해결책을 모색할 수 있는 기회를 제공했다. 아쇼카는 기원전 3세기 인도 부흥기를 이끌었던 황제의 이름이다. 이는 훗날 아쇼카의 모태가 됐다.

1963년 여름방학 때는 독일에 머물던 중 차를 몰고 인도로 달려가기도 했다. 훗날 막사이사이상을 받은 사상가이자 빈민 운동가 비노바 바베를 만나기 위해서였다. 옥스퍼드대학교에서 경제학, 공공재정학, 역사학을 전공하고 예일대학교 로스쿨을 졸업한 뒤에도 드레이튼의 사회 혁신에 대한 열망은 줄지 않았다. 이후 10여 년간 맥킨지 뉴욕 사무소와 미국 환경보호청에서 일하면서 공공 정책 관련 전문성을 키웠다.

1981년 드레이튼은 마침내 오래 꿈꿔 온 아쇼카를 설립했다. "세상에서 가장 강력한 세력은 기존 시스템을 변화시킬 수 있는 아이디어와 이를 실행할 수 있는 능력을 겸비한 사람이다. 이들을 사회적 기업가라고 한다면, 나는 그들을 돕는 조직을 만들고 싶었다." 몇몇 인터뷰에서 그가 밝힌 재단 설립 취지다.

그해 드레이튼은 최초의 아쇼카 펠로를 선정했다. 하지만 초기 재원 5만 달러로는 할 수 있는 일들이 많지 않았다. 돈벌이와 조직 운영을 병행하느라 허덕이던 1984년, 맥아더 재단의 펠로로 선정됐다. 5년간 50만 달러를 지원받게 되자 미련 없이 전업 활동가의 길로 들어섰다. 세계 각지를 돌면서 본격적으로 펠로 발굴에 나섰다. 1985년에는 36명의 펠로를 선정했다. 직접 해당 지역을 찾아가서 주민들의 의견을 듣고 현장 조사를 했다. 이런 과정을 통해 아쇼카만의 펠로 선정 기준과 엄격한 심사 규정을 정립했다.

아쇼카 펠로가 되려면 총 5단계의 심사를 통과해야 한다. 여기서 지원자의 약 87퍼센트가 탈락한다. 단계별로 각기 다른 심사 위원들과 짧게는 서너 시간, 길게는 이틀에 걸쳐 인터뷰를 해야 한다. 심사 위원들은 지원자의 창조성과 도덕성, 기업가적 자질을 평가한다. 아울러 그의 아이디어가 얼마나 새로운지, 사회적 영향력은 어느 정도가 될지를 검토한다.

선발된 펠로에게는 3년간 약 5만 달러의 생활 지원금, 전문 분야 컨설팅, 네트워크 구축 같은 전방위적인 지원이 이어진다. 맥킨지부터 국제 로펌까지 수많은 전략적 제휴사들이 도움을 준다. 무엇보다 펠로 간의 온·오프 라인 커뮤니티를 통해 아이디어를 세계로 확장하고 국제적 협업을 할 수 있는 기회를 제공한다. 덕분에 아쇼카 펠로의 51퍼센트가 국가 차원의 정책을 바꾸고, 72퍼센트가 영리·비영리 간의 벽을 허물며, 75퍼센트가 해당 분야의 시장 패턴을 바꾸는 데 성공했다.

우리나라에도 2013년 아쇼카 지부가 출범했다. 그해 한국 최초의 아쇼카 펠로가 탄생했다. 제주올레 서명숙 이사장, 사이버문화 자정 운동을 하는 인폴루션 제로의 박유현 대표다. 2014년에는 영광스럽게도 나에게 심사 기회가 주어졌다. 아쇼카의 펠로 심사 과정이 얼마나 엄정하며, '그냥 좋은 것'이 아니라 '좋은 이유가 분명한 것'에 가치를 부여한다는 사실을 직접 확인할 수 있었다.

드레이튼이 자주 하는 말이 있다. "사회적 기업가는 생선을 주거나 낚시하는 법을 가르치는 사람이 아니다. 수산업 자체를 혁신하는 사람이다."

그런 점에서 우리나라의 창조경제를 이끌 사람도 무엇보다 사회적 기업가 정신의 소유자여야 하지 않을까. 아쇼카 펠로의 엄정하고 깊이 있는 심사 기준을 벤치마킹해 우리 나름의 '창조경제 펠로'를 선정하고 중책을 맡기는 것도 고려해 볼 만한 일이라고 생각한다.

41

폐품으로 명품 만드는 친환경 브라더스

프라이탁

마커스 프라이탁, 다니엘 프라이탁

Markus Freitag, Daniel Freitag

• 프라이탁 공동 창업자

프라이탁의 다양한 제품들　　출처: www.freitag.com

매년 3월 중순이면 미국 텍사스 주 오스틴을 찾는다. 세계 최대 창조 산업 축제 'SXSW South of Southwest'에 참가하기 위해서다. 현장에는 늘 음악, 영상, 인터넷 산업에 종사하는 '기크geek'들이 넘쳐난다. 기크의 사전적 의미는 '괴짜'이지만, 영미권에서는 주로 '특정 분야에 대한 지적 열정이 강한 사람'이라는 뜻으로 쓰인다.

이런 오스틴 거리의 기크들이 유난히 선호하는 브랜드가 있다. 프라이탁Freitag. 스위스 패션 액세서리 메이커다. 오스틴 방문 전후에는 캘리포니아 주 실리콘밸리에 들르곤 하는데, 여기서도 같은 모습을 자주 볼 수 있다. 다른 많은 세계적 패션 브랜드처럼 프라이탁도 개성이 뚜렷하다. 우연히 마주친 멋쟁이가 그 가방을 메고 있다면 알아채지 못하기란 힘들다.

우리나라에서도 서서히 인지도를 높여가고 있는 이 제품들은 사실 '쓰레기'로 만든 것이다. 그런데 가방 하나에 20만~80만 원을 호가한다. 애호가들은 그 사실을 잘 알면서도 새로운 모델이 나올 때마다 열성적으로 구입한다. 초기작 중 하나는 뉴욕 현대미술관MoMA에 영구 소장돼 있다. 프라이탁은 애플, 나이키와 함께 할리우드 영화 노출이 유독 잦은 브랜드로 꼽힌다. 세계 각지에 460여 개 매장이 있으며 연간 30만 개 이상 판매된다. 상장 회사가 아닌 만큼 매출을 잘 공개하지 않지만 〈파이낸셜타임스〉의 보도에 따르면 2012년 매출은 약 360억 원이었다. 이 특별한 성공스토리는 22년 전 스위스 취리히의 한 고속도로 교차로변 아파트에서 시작됐다.

프라이탁의 창업자는 마커스 프라이탁과 그의 동생 다니엘이다. 마커스는 광고 영상을, 다니엘은 그래픽 디자인을 공부하는 학생이었다. 지금도 그렇지만 두 사람은 열렬한 자전거 마니아다. "평생 단 한 번도 자동차를 운전해 본 적이 없다"고 할 정도다. 이런 그들에게 북유럽 특유의 습하고 비가 오락가락하는 날씨는 고역이었다. 스케치북을 들고 나선 날에는 더했다. 크고, 가볍고, 방수가 잘되는 가방이 절실했다. 가방을 메고 자전거를 타야 하니 끈이 짧아서 상체에 딱 밀착되는 메신저백 형태이면 금상첨화일 것이다. 하지만 시중에서는 구할 수 없었기에 형제는 직접 만들기로 했다. 마커스가 사는 아파트 창문을 통해 알프스 산맥을 넘어 교차로로 밀려드는 트럭들을 내려다보다 기가 막힌 아이디어가 떠올랐다. 타르를 칠해 튼튼할 뿐 아니라 방수성도 뛰어난 트럭 덮개를 써보기로 한 것이다.

마커스와 다니엘은 버려진 트럭 덮개와 자동차 안전벨트, 자전거 폐타이어 따위를 얻어 와서 작업을 시작했다. 집 욕조에서 덮개를 세척하고 재봉틀로 직접 박음질을 했다. 냄새와 소음으로 이웃들의 항의가 빗발쳤지만 어떻게든 첫 작품을 만들었다. 결과는 만족스러웠다. 형제는 이걸로 아예 사업을 하기로 마음먹었다. 공업용 재봉틀 두 대를 구해 본격적으로 뛰어들었다. 뜨거운 반응이 이어졌다. 가볍고 내구성 강한 메신저백은 자전거 출퇴근족의 필수품이 됐다. 자동차 안전벨트를 재활용한 버클형 어깨 끈은 세계적으로 유행했다.

아이폰 케이스를 비롯한 스마트 기기 액세서리 시장에서도 프라이탁의 위상은 남다르다. 어느 것 하나 같은 제품이 없다는 것도 강점이다. 재활용 재료를 쓰기 때문에 이전에 사용한 흔적이 어떻게든 남아 있다. 수작업으로 만드는 만큼 '손맛'도 다 다르다. 프라이탁이 세계적인 패셔니스타들의 사랑을 받을 수 있었던 것은 이런 독창성과 희소성 때문이다. 소재의 내구성 또한 탁월하다. 못으로도 잘 뚫리지 않고 망치로 내려쳐도 흠집이 나지 않는다. 비싸지만 그만큼 오래 쓸 수 있다. 이런 강점들 덕분에 프라이탁은 광고나 마케팅에 거의 돈을 들이지 않고도 브랜드를 알리고 키워나갈 수 있었다.

안전벨트부터 폐타이어까지, 재활용의 변신

그렇다면 형제는 어떻게 '없으면 만들면 된다, 재활용하면 된다'는 생각을 이토록 쉽게 하고 행동에 옮길 수 있었을까. 두 사람은 큰 창고가 딸린 농가에서 자랐다. 각종 장비와 목재, 쇠붙이들이 널린 창고에서 여러 가지를 함께 만들었다. 때로는 거리로 나가 버려진 자전거 바퀴 따위를 주워 와서 새롭게 변모시키곤 했다. 아버지는 훌륭한 멘토였다. 쓰레기를 가지고 뭔가 새롭고 유용한 물건을 만들어낼 수 있다는 것을 몸소 보여줬다. 오랜 공동 작업을 통해 다져진 팀워크, 형제애, 장인 정신, 창조의 기뻠에 대한 경험과 자각이 성공의 밑거름이 됐다.

2015년에는 새롭게 'F-ABRIC'이라는 의류 브랜드를 선보였다. 애초 목표는 판매가 아니었다. 직원들이 입을, 친환경적이면서 튼튼하고 실용적인 작업복을 만들려고 했다. 하지만 마음에 쏙 드는 원단이 없었다. 형제는 결국 직접 만들기로 했고, 결국 꿈꾸던 천연 소재 섬유를 개발하는 데 성공했다. 유럽의 몇몇 자생식물에서 추출한 리넨, 헴프, 모달 등의 천연 소재들을 활용한 것이다. 새로 개발한 원단은 1백 퍼센트 생분해성 물질이기 때문에 제 역할을 다하고 난 뒤에 퇴비로도 쓸 수 있다고 한다. 옷 스타일은 프라이탁, 그리고 창업주 형제들이 고수해 온 가치관에 걸맞게 단순하고 자연스럽다.

지금 프라이탁은 업사이클링upcycling 분야를 대표하는 글로벌 사회적 기업이다. 업사이클링이란 버려진 재료에 전문가의 창조성을 더해 이전보다 가치 있는 제품을 만들어내는 것이다. 두 창업자는 '인간People과 지구Planet를 보호함으로써 선한 이윤Profit을 얻는다'는 기업 철학을 어렵게 지켜왔다. 빗물을 모아 공업용수로 쓰고, 버려진 컨테이너를 개조해 공장을 만든다. 곳곳에 재활용품 수거대를 운영한다. 좋은 일자리를 만들고 높은 품질을 유지하고자 인건비가 비싼 스위스 현지 생산을 고집한다. 외부 자금을 통한 사업 확장을 경계해 온 것도 이런 방식을 고수하기 위해서다. 투자를 받고 주식시장에 상장하면 아무래도 가치관보다 수익을 우선하는 경영을 해야 할지도 모르기 때문이다.

아울러 형제의 검박하고 친환경적인 생활 방식은 그 자체로 하나의 '브랜드 스토리'가 되었다. 프라이탁 홈페이지에는 이들의 짧은 인터뷰가 실려 있다. 두 사람은 매일 아침 9시에 출근해 6시까지 일에 몰두한다. 퇴근 뒤에는 자전거를 타고, 저녁 식사를 준비하며, 가족과 시간을 보낸다. 규칙적이고 정갈한 일상이다. 이들은 제품과 이를 만들어내는 과정은 물론 자신들의 삶까지도 스스로 선택한 가치관에 따라 세심하게 설계하고 다듬어왔다.

다니엘은 "내 인생의 가장 큰 성공은 20년 전 처음 만든 가방이 지금도 사랑받고 그 현대성을 잃지 않는 점"이라고 말한다. 마커스는 "꿈과 아이디어를 실현한" 기쁨을 강조한다. 결국 형제의 오늘을 만든 것은 거창한 이념이나 문제의식보다 '바로, 지금, 나의 꿈과 신념에 대한 헌신'이었다.

42

소외된 8억 명을 위한 디자인 혁명

국제개발기업

폴 폴락 Paul Polak

- 적정기술 비정부기구 iDE 창설자
- 윈드호스 인터내셔널 공동 창업자 겸 CEO
- D-Rev 창업자

태양열 펌프 출처: ideorg.org

몇 년 전 유튜브에서 인상 깊은 동영상 하나를 발견했다. 필리핀의 한 빈민가, 철길 옆 좁은 부지에 누추한 집들이 다닥다닥 붙어 있다. 창문 하나 없는 집 안은 암흑 세상이다. 코앞도 보이지 않는 어둠을 피해 사람들은 해가 질 때까지 밖을 떠돈다. 밥도 길에서 먹고 빨래도 길에서 한다. 그런 동네에 '태양의 데미'라고 불리는 남자가 있다. 그는 빈 페트병에 정제수와 약간의 표백제를 채워 일종의 태양광 전구를 만든다. 각 집의 지붕에 구멍을 뚫고 이 페트병을 상단은 실외, 하단은 실내에 속하도록 고정한다. 페트병 상단을 비춘 햇빛은 혼합액을 투과하면서 에너지가 증폭돼, 병 하단이 속한 실내를 환하게 비춘다. 동영상 속 주민들은 말한다. "페트병이 우리 집을 밝히리라고는 생각도 못했어요." "이제 이거 없이는 못살아요."

데미에게 마법 같은 기술을 전수해 준 것은 '마이셸터My Shelter('나의 피난처'라는 뜻)'라는 이름의 비영리재단이다. 재단은 브라질 기술자 알프레드 모저가 2002년 개발한 초간단 페트병 전구를 전 세계에 보급하는 일을 한다. 이름하여 '리터 오브 라이트The Liter of Light' 운동. 대표적인 적정기술 프로젝트다.

적정기술appropriate technology이란 특정 지역의 경제, 문화, 환경 조건을 고려해 그곳에서 생산과 소비를 할 수 있도록 고안된 기술을 말한다. 환경오염, 질병 유발 같은 피해를 최소화하는 데도 역점을 둔다. 필터가 내장돼 있어 오염된 물을 바로 빨아 마실 수 있는 '라이프 스트로', 아궁이에 불을 때는 대신 태양열로 요리하는 '셰플러 조리기' 같은 것들이 있다.

1960년대 이 개념을 처음 내놓은 사람은 독일의 경제학자 에른스트 슈마허다. 하지만 적정기술을 세상을 바꾸는 큰 흐름으로 발전시킨 사람은 국제개발기업iDE, International Development Enterprises 설립자이자 베스트셀러 《적정기술 그리고 하루 1달러 생활에서 벗어나는 법Out of Poverty》의 저자 폴 폴락Paul Polak이다.

폴락은 "전 세계 디자이너와 기술자의 90퍼센트는 상위 10퍼센트의 부유한 고객을 위해 일한다. 소외된 90퍼센트를 위한 디자인 혁명, 기술 혁명이 필요하다"고 말한다. 그는 빈곤층을 자선 대상이 아닌 고객으로 보아야 하며, 시장 개발과 마케팅에 능한 기업가가 그 흐름을 이끌어야 한다고 강조한다. 인도주의 관점에 치우쳐 있던 적정기술에 시장주의와 기업가 정신의 가치를 더한 것이다. 이 같은 접근을 통해 폴락은 세계 11개국에 적정기술을 보급했고, 2천만 명가량을 빈곤의 악순환에서 건져내는 데 성공했다. 1982년 1인 기업으로 시작한 iDE는 현재 직원 5백여 명, 예산 2천만 달러의 글로벌 비정부기구가 됐다.

빈곤층은 자선 대상이 아닌 고객이다

40대 후반에 적정기술의 세계로 뛰어들기 전까지 폴락은 정신과 의사였다. 체코에서 태어나 캐나다와 미국에서 공부한 그는 콜로라도 주 덴버에서 실력 있고 봉사 의식이 투철한 의사로 이름을 날렸다. 사업에도 재능이 있어 부동산으로 부를 쌓았다. 폴락은 중증 정신질환자 대상의 지역 공동체 기반 클리닉을 운영했는데, 그 과정에서 빈곤층의 정신 건강을 위해서는 상담보다 경제문제 해결이 먼저라는 것을 깨달았다. 아울러 방글라데시를 여행하면서 하루 1달러도 안 되는 돈으로 살아가는 세계 8억 명의 삶에 눈떴다. 폴락은 현장에 발 딛고, 어려움에 처한 이들에게 귀 기울이며, 구체적 방안을 찾아내야 빈곤 문제를 해결할 수 있다고 생각했다. 1982년 iDE를 설립한 이후 세계를 돌며 3천 세대가 넘는 빈곤층과 심층 인터뷰를 진행한 연유다.

폴락은 이 과정을 통해 최빈곤층 대다수가 소규모 농지에 생계를 의존하고 있음을 깨달았다. 이들의 삶을 획기적으로 바꾸려면 어떻게 해야 할까? 폴락은 각국 정부는 물론 민간단체들도 엉뚱한 곳에서 답을 찾고 있다고 여겼다. '기부'와 '대기업', '지속적인 경제 성장'이 빈곤을 퇴치하리라는 잘못된 믿음이었다. 폴락은 이를 '3대 허구'로 규정하며, 근본적인 해결을 원한다면 빈곤층의 수익 자체를 높여야 한다고 주장했다. 그는 적정기술과 비즈니스의 접목에서 돌파구를 찾았다. 빈곤층을 고객의 위치에 올려놓고 적정기술을 통해 그 필요need를 충족할 방법을 고심했다.

답은 역시 현장에 있었다.

세계 각지 빈농들의 공통점은 농지로 물을 끌어올 방법이 거의 없다는 것이다. 강우에만 의존하다 보니 생산성이 떨어지고 건기에는 아예 농사를 짓지 못한다. 폴락은 이 문제를 해결하기 위해 발로 페달을 밟아 지하수를 끌어 올리는 족동식 펌프treadle pump를 개발했다. 펌프 제작비는 8달러, 우물을 파고 파이프를 연결하는 비용까지 포함하면 대략 25달러가 든다. 그는 이를 기부하지 않고 농민들이 직접 사도록 했다.

사람은 공짜보다 제 돈 들여 산 물건에 더 애착을 갖는다. 열심히 관리하며 최대한 활용한다. 이런 자발적 동기는 생산성 향상과 직결된다. 실제로 이 펌프를 구매한 농가는 연간 소득이 1백 달러 이상 증가했다. 아울러 펌프를 생산하고 판매, 유통하는 과정에서 새 일자리가 생겨났다. 우물을 파고 파이프를 연결하는 사람들도 돈을 벌었다. 생산과 소비의 선순환 고리가 형성된 것이다. 심지어 iDE까지 이윤을 얻었다.

폴락은 적정기술을 이용한 빈곤 문제 해결은 대기업에게도 좋은 일이라고 강조한다. 세계 인구의 90퍼센트가 차지하고 있는 새로운 시장을 키우고 다지는 과정이라는 것이다. 그런 만큼 삼성, 애플 등 글로벌 기업들이 90퍼센트를 위한 기술과 디자인 개발에 동참할 것을 호소한다. 세계 수십억 고객이 '2달러짜리 안경, 10달러짜리 태양전지 손전등, 1백 달러짜리 집'을 고대하고 있음을 잊지 말라는 것이다. 이 같은 폴락의 통찰력은 이미 현실에서 그 가치가 증명되고 있다. 샤오미는 다른 제품의 절반 가격밖에 하지 않는 스마트폰으로 중국을 비롯한 개발도상국 시장을 빠르게 장악하고 있다. 인도의 타타그룹은 최소한의 기능만 갖춘 초저가 승용차 '타타나노'로 국민 기업이 됐다.

폴락이 말하는 적정기술 연계 사업의 성공 비결은 싱거울 만큼 단순하다. 2012년 5월 방한했을 때 기자 간담회에서 그는 이렇게 설명했다. "나는 적정기술을 현지에 도입하기 전 그 지역의 전형적인 가정을 골라 7시간 인터뷰하고, 또 다른 일곱 가족을 찾아 한두 시간씩 돌아가며 대화를 나눈다. 보통 5일 정도 걸리는데 이렇게 해서 실패한 경우는 거의 없다." 사회적 기업 또한 결국 답은 고객에게 있다.

43

풀뿌리 소비자 운동의 역사를 바꾸다

공정무역

브루스 크라우더 Bruce Crowther

- 공정무역 마을 창시자
- 수의사
- 《공정무역은 세상을 어떻게 바꿀 수 있을까?》 공동 저자

1984년생

공정무역 마을 마크 출처: www.fairtradetowns.org

영국 잉글랜드 북서부의 랭커셔 주는 산업사나 노동운동사를 연구하는 사람이라면 그냥 지나칠 수 없는 곳이다. 산업혁명의 진원지이자, 기계파괴운동Luddites Movement으로 대표되는 근대 노동운동의 발원지, 세계 최초의 협동조합 '로치데일 조합'이 탄생한 곳이면서, 임기 내내 노동집단과 격렬히 대립한 마거릿 대처 전 영국 수상의 고향이기도 하다. 2000년대 이후 이런 랭커셔에 다른 듯 같은 또 하나의 의미가 덧붙여졌다. 이름하여 '공정무역Fairtrade의 메카'다.

공정무역이란 남미, 아프리카, 동남아시아 같은 개발도상국 생산자들과의 공정한 거래를 통해 해당 지역 농민과 노동자들의 삶에 긍정적이고 지속적인 변화를 도모하는 것을 말한다. 대개 친환경 농산물이나 제품을 직거래하는 소비자 운동의 형태를 띤다. 핵심 정신은 '자선이 아니라 정의Justice not Charity'라는 홍보 문구로 요약할 수 있다. 일상생활에서 공정무역 인증 마크가 부여된 제품을 소비함으로써 제3세계 사람들에게 정당한 대가를 보장하고, 이를 통해 지속 가능한 미래를 열어가자는 것이다. 1940년대 태동한 공정무역 운동은 특히 유럽 지역을 중심으로 큰 세력을 얻고 있다. 2012년 런던 올림픽의 경우 행사에 쓰인 식재료는 물론 숙소 침대 시트까지 공정무역 인증 제품만을 사용해 화제가 됐다.

이 공정무역 운동이 지구촌 곳곳으로 퍼지는 데 결정적인 역할을 한 곳이 바로 랭커셔 주의 작은 마을 가스탱Garstang이다. 2001년 이곳은 세계 최초의 '공정무역 마을Fairtrade Town'이 됐다. 이를 계기로 세계 30여 개국 총 2224개(2015년 8월 기준)의 공정무역 마을이 생겨났다. 영국은 공정무역 선진국으로 거듭났다.

마을의 창시자는 브루스 크라우더Bruce Crowther다. 가스탱이 공정무역 운동의 상징이자 롤모델이 될 수 있었던 것은 그야말로 이름 없는 평범한 시골 마을이었기 때문이라고 강조한다. "특별한 점 하나 없다는 바로 그 평범함이 오히려 분명한 메시지를 전한다. 의지와 헌신만 있다면 세계 어느 곳의 어떤 공동체나 공정무역 마을이 될 수 있다"는 것이다(브루스 크라우더 공저 《공정무역은 세상을 어떻게 바꿀 수 있을까?Fair Trade Bevolution》).

실제 공정무역 마을 운동은 '풀뿌리 소비자 운동' 혹은 '풀뿌리 시민혁명'의 세계적 모범 사례라고 할 수 있다. 창의적인 활동가들의 끈질긴 헌신이 지역 주민들의 열정을 끌어내는 데 성공할 경우 어떤 위력을 발휘하는지를 선명하게 보여준다. 주민의 삶의 질과 만족도를 높일 뿐 아니라 국제적 연대를 통해 인류의 공동선共同善을 실현하는 데 기여한다. 그러고 보면 리더 역할을 한 크라우더야말로 뼛속 깊이 시민 활동가의 DNA

를 지닌 사람이다.

크라우더는 리버풀대학교에서 수의과학을 전공한 수의사다. 그는 대학을 졸업하기 직전인 1984년, 영국의 세계적 구호단체 옥스팜Oxfam 활동가가 되었다. 1992년 결혼과 함께 가스탱에 정착해 동물병원을 여는 한편, 옥스팜 가스탱 지부를 설립했다. 이어 그곳에 공정무역을 정착시키기 위해 본격적인 활동에 들어갔다. 그는 가스탱이 공정무역의 진원지가 되기에 충분한 잠재력을 갖췄다고 봤다. 랭커셔 주처럼 산업화와 노동운동의 최전선에서 역사적 분투를 해온 공업 지역 사람들에게 '공정한 노동에 대한 공정한 대가'라는 공정무역의 모토는 쉽게 공감할 수 있는 것이었기 때문이다.

공정무역으로 경제 정의를 실현하다

그러나 현실은 녹록지 않았다. 크라우더와 옥스팜 동료들은 이 단순한 메시지를 지역 주민들에게 전달하고 호응을 이끌어내기까지 수년 동안 실패를 거듭했다. 언론은 관심을 보이지 않았고, 시의회나 종교단체들도 시큰둥했다. 크라우더는 극심한 좌절과 무력감을 느껴야 했다. 돌파구는 꿈결에 찾아왔다. 어느 날 밤 크라우더는 잠을 자다 불현듯 공정무역 마을에 대한 아이디어를 떠올렸다. 잊을세라 펜과 종이를 찾아 이를 기록했다. 핵심은 개발도상국 생산자들과 가스탱 농민들 간의 공감대 형성이었다.

2000년 3월 '공정무역을 위한 2주간' 행사 때 크라우더와 옥스팜 동료들은 지역사회 각 분야 대표들을 식사에 초대했다. 테이블에 놓인 먹음직

스러운 음식들은 공정무역 상품과 가스탱 지역 농산물로 만든 것이었다. 크라우더는 공동 집필한 책에서 "개발도상국 생산자들에게 공정 가격을 지불하자는 공정무역 운동이 정당한 가격을 받고자 애쓰는 가스탱 농민들의 노력과 같다는 점"을 보여주기 위해 이 같은 이벤트를 기획했다고 회고했다. 예상은 적중했다. 참석자들은 공정무역 운동에 깊은 공감을 표시했다. 크라우더는 더 나아가 "가정이나 직장에서 공정무역 제품을 사용하겠다는 서명에 동참해 달라"고 호소했다. 그리고 곧바로 행동에 들어갔다.

크라우더와 활동가들은 행사 참석자들의 집과 직장을 일일이 방문해 서명을 독려했다. 교회, 학교, 동네 가게까지 빠짐없이 돌았다. 참석자의 95퍼센트가 서명에 동참했다. 이런 호응에 힘입어 그해 4월 지방의회 연례 공청회에서는 가스탱을 공정무역 마을로 공표하는 의견을 통과시켰다. 그러자 각계의 관심이 이어졌다. 그해 말 가스탱을 방문한 영국 하원의원이자 국제개발부 차관 조지 포크스는 "가스탱에서 시작된 불꽃은 전국에, 나아가 세계에 들불처럼 번져갈 것"이라고 말했다.

실제 가스탱의 성취는 세계 공정무역 운동의 새로운 전기가 됐다. 2001년 11월 영국 공정무역재단은 가스탱을 '세계 최초의 공정무역 마을'로 공식 선포했다. 아울러 공정무역 마을(또는 도시, 섬, 구, 지방, 학교 등) 인증의 다섯 가지 기준을 공표했다. 지방의회의 공정무역 지원 결의와 제품 사용, 지역 상점의 공정무역 상품 구비, 지역 기업 및 사회기관의 공정무역 제품 사용, 지속적인 언론 홍보와 캠페인, 공정무역 운영위 구성을 통한 협력과 지원 등이다.

영국 국내외 수많은 지역과 기관, 단체들의 가스탱 배우기가 이어졌다. 덕분에 영국 내 공정무역 마을 수는 2012년 말 기준 554개에 이르렀다. 해외에서의 성과도 눈부시다. 전 세계 2200개가 넘는 지역이 공정무역 마을 인증을 받았다. 영국은 '공정무역 국가', 웨일즈는 아예 '공정무역 수도'가 됐다.

특기할 만한 점은 아프리카, 남미 등 운동의 수혜 대상으로 여겨져온 지역에서도 공정무역 마을이 등장하기 시작했다는 것이다. 이 물꼬를 튼 것도 크라우더다. 아프리카 가나의 뉴 코포리듀아 공정무역 코코아 마을을 지원하는 한편 가스탱과의 자매결연을 추진한 것이다. 이를 다시 미국 최초의 공정무역 마을이 펜실베이니아 주 미디어 시와 연결해 3개 대륙을 가로지르는 연대망을 구축했다.

가스탱 시는 2011년 마을 중심부에 공정무역마을국제센터FIG를 열었다. 세계 각지에서 몰려온 사회활동가와 관광객들을 지원하기 위해서다. 크라우더를 비롯한 몇몇 활동가들의 지칠 줄 모르는 의지와 행동력이 지역민 전체의 삶을 송두리째 바꾼 것이다. 크라우더는 세계적인 명성을 얻은 뒤에도 여전히 가스탱에 살면서 지역 봉사자이자 파트타임 수의사로 활동 중이다.

정부는 물론 각종 단체들은 흔히 변화의 동력을 조직 정비나 예산 확보에서 찾는다. 하지만 가스탱의 성공 사례에서도 알 수 있듯 결국 진정한 힘은 사람, 그리고 연대에서 나온다. 사회 변화를 주도하려는 이들에게 가장 중요한 역량이 열정과 창의성, 네트워킹 능력인 이유다.

참고 문헌

part 1 답은 사람에게 있다

1. 전 세계 창업자의 스승
폴 그레이엄 : Y컴비네이터

〈Y Combinator〉 wikipedia.org

〈Paul Graham〉 wikipedia.org

〈About Y Combinator〉 ycombinator.com

〈Bio〉 paulgraham.com

〈Top Startup Incubators and Accelerators: Y Combinator Tops With $7.8 Billion In Value〉 Forbes, 2012.4.30, Tomio Geron

〈"What Happens at Y Combinator"〉 Y Combinator blog, 2012. 6, Paul Graham

〈Combinator Is Boot Camp for Startups〉 Wired, 2011. 5.17, Steven Levy

〈The 25 Most Influential People on the Web - #7 Paul Graham〉 Bloomberg Weekly, 2008. 9

〈중소기업뉴스 - [경영노트] 실리콘밸리의 벤처 플랫폼, Y컴비네이터〉 2012.9.24, 최병삼

《세상을 바꾼 32개의 통찰》, 제시카 리빙스턴지음 · 김익환 옮김, 크리에디트, 2007.11.15

《해커와 화가Big Ideas From Computer Age》, 폴 그레이엄 지음 · 임백준 옮김, 한빛미디어, 2005. 10. 4

2. 실리콘밸리 생태계를 디자인하다
마이클 모리츠 : 세쿼이아 캐피털

〈Michael Moritz : Venture Capitalist〉 Sequoia Capital : sequoiacap.com

〈Michael Moritz〉 wikipedia.org

〈Sequoia Capital〉 wikipedia.org

〈Alibaba's IPO Rattles the Global Chessboard〉 Linkedin.com, 2014. 9. 17, Michael Moritz

〈Charlie Rose Talks to Sequoia Capital's Michael Moritz〉 Bloomberg.com, 2013. 2. 7, Charlie Rose

〈The Mercury News Interview: Sequoia's Michael Moritz on long shots and how he picks companies〉 Mercury News, 2009. 6. 5, Elise Ackerman

〈Michael Moritz is not ready to retire〉 Fortune, 2013. 6. 24, Adam Lashinsky

〈Inside Sequoia Capital: Silicon Valley's Innovation Factory〉 Forbes, 2014. 3. 26, George Anders

〈Super VC Mike Moritz diagnosed with rare medical condition, steps back〉 Gigaom, 2012. 5. 21, Om Malik

〈The World's Top 10 Venture Investors For 2014〉 Forbes, Alex Konrad, 2014. 5. 26

〈Michael Moritz Puts the Tech Ecosystem in Historical Perspective〉 TechCrench, Michael Moritz, 2013. 9. 9

〈실리콘밸리 전설적 투자가의 경고〉 머니투데이, 2013. 9. 16, 유병률

〈실리콘밸리 '벤처캐피털 전설' 모리츠 회장〉 조선일보, 2013. 10. 17, 이신영

〈실리콘밸리의 마이다스, 마이클 모리츠〉 www.interpiler.com, 2011. 4. 11, 김상훈

〈쿠팡, 실리콘밸리서 1억불 유치〉 한국경제, 2014. 5. 30, 임현우, 박영태

〈글로벌페이스-벤처투자자 마이클 모리츠〉 아시아경제, 2012. 7. 20, 나주석

〈1336억원...전설적 벤처투자가의 '신화적 기부'〉 동아일보, 2012. 7. 13, 이종훈

《언싱커블 에이지》, 조슈아 쿠퍼 라모 지음 · 조성숙 옮김, 알마, 2010. 2

《스티브잡스와 애플 Inc.》, 마이클 모리츠 지음 · 김정수 옮김, 랜덤하우스코리아, 2010. 8

3. 자선 영웅이 된 e커머스의 원조
피에르 오미다이어 : 이베이 / 오미다이어 네트워크

〈Pierre Omidyar〉 wikipedia.org

〈eBay〉 wikipedia.org

〈Firstlook〉 firstlook.org

〈An Interview with Pierre Omidyar〉 The New York Times, 2013.10.13, David Carr

〈Inside eBay Billionaire Pierre Omidyar's Battle to End Human Trafficking〉 Forbes, 2012.11.8, Clare O'Connor

〈The Omidyar way of giving〉 The Economist, 2013.10.26

〈세계의 자선사업가 - 피에르 오미디야르, 자선계의 아이언맨〉 루트임팩트 블로그, 2012.12.20, 정경선

〈우리 시대의 자선 영웅, 오미디야르: 임팩트스퀘어의 "그 사람이 알고 싶다" 제1편〉 임팩트스퀘어, 2012.7.31, 변영진

〈피터 티엘 (Peter Thiel)과 피에르 오미디야르 (Pierre Omidyar), 그 혁신의 공통 분모〉 beSUCCESS, 2012.7.10, 이한종

〈'슈퍼리치' 오미다이어, 굿머니로 세상 바꾼다〉 별난 기업(가)들의 열정 스토리 (블로그), 2013.12.31, 이형교

〈Why - IT 혁신가 언론 진출… 아마존 이어 이베이 창업자도〉 조선비즈, 2013.10.18, 남민우

〈세계의 자선사업가 - 자선섹터의 여성 리더들〉 루트임팩트 블로그, 2013.8.20, 정경선

〈골방에서 취미로 올렸다 벼락부자 되다〉 시사저널, 2013.10.31, 김중태

〈창간기획 - One IT 현장을 가다 - 이베이〉 전자신문, 2011.9.26, 강병준

4. 인류의 삶 바꾼 '페이팔 마피아' 대부
피터 틸 : 페이팔 / 팰런티어

〈Peter Thiel〉 wikipedia.org

〈Paypal〉 wikipedia.org

〈Peter Thiel: 'We attribute too much to luck. Luck is an atheistic word for God'〉 The Guardian, 2014.9.21, Carole Cadwalladr

〈Status-Seekers and 'Wantrepreneurs': Still Far From Thiel's Tech Utopia〉 Wall Street Journal, 2015.9.18, Evelyn M. Rusli

〈페이팔 창시자 피터 티엘의 9가지 조언? - 오늘의 "모범 사례"는 우리를 막다른 길로 이끌 뿐이다〉 beSUCCESS, 2014.12.26, 정현욱

〈피터 틸 창조경영론 1 - 사람들이 모르는 비밀을 캐라〉 아시아경제, 2014.12.29, 백우진

〈피터 시엘, 기술주 논란에 반박 "국체가 더 거품"〉 아시아경제, 2014.10.14, 박병희

〈머스크와 페이팔 마피아는 어떻게 성공했나〉 비즈니스포스트, 2014. 8.31, 이명관

5. 전복과 혁신의 디자인 씽커
데이비드 켈리, 톰 켈리 : IDEO / D스쿨

〈IDEO〉 wikipedia.org

〈David M. Kelley〉 wikipedia.org

〈Tom Kelley〉 wikipedia.org

〈The Ten Faces of Innovation〉 Doubleday, 2005.10.18, Tom Kelley & Jonathan Littman

〈Creative Confidence〉 Crown Business, 2013.10.15, Tom Kelley & David Kelley

〈아티스트 정보 - 세계 디자인의 심장을 뛰게 하는 IDEO 창립자, 빌 모그리지〉 현대슈퍼시리즈 - 컬처 스토리(블로그), 2011. 9.28

〈크리에이티브 팩토리의 유쾌한 리노베이션 - IDEO〉 designdb.com, 2010.11.22

〈사회적 혁신을 디자인하다 - IDEO〉 IP Miracle 블로그, 2013. 4.18

〈보이지 않는 디자인, 서비스를 디자인하라 - 서비스 디자인 선두 기업 IDEO〉 디자인하우스 - 월간디자인, 2010.10, 김영우

〈디자인 혁신 - IDEO〉 윤현상재 블로그, 2013.11.5

〈디자인적 사고를 통한 경영해법〉 건설경제, 2012. 6. 7, 권순욱

〈디자인 싱킹, 우리는 인간관찰에서 시작한다〉 매일경제, 2012. 5.11, 황미리, 용환진

〈글로벌리포트/IDEO - 고객의 삶 현미경으로 관찰하라〉 이코노미 21, 2007. 6.13, 김은지

〈GLOBAL 미국 - 산업디자인 귀재 IDEO〉 한경비즈니스, 2004. 8. 8, 유영석

〈사랑받는 기업 DNA - 세상을 바꾸는 디자인 아이디어 뱅크 IDEO〉 포춘코리아, 2011. 8.25, 신기주

〈일해보고 싶은 기업 'IDEO'가 말하는 '혁신'은?〉 한화데이즈 블로그, 2012. 4.29, 정민호, 최동석

〈끊임없는 IDEO 혁신비밀, 신발상자에…〉 조선 이코노미플러스, 2009. 5.13, 김보원

6. 세계 최고의 혁신 공무원
에드윈 리 : 샌프란시스코 시장

〈Edwin Lee〉 wikipedia.org

〈San Francisco Announces Sharing Economy Working Group〉 shareable.net, 2012.3.27, Neal Gorenflo

〈San Francisco Mayor Announces Program to Introduce World-Class Entrepreneurs to the $142B Public Sector Market〉 entrepreneur.sfgov.org, 2013. 9.10, Office of the Mayor City & County of San Francisco

〈Mayors Voices: San Francisco Mayor Ed Lee〉 National Geographic: City Solutions, 2013.10.18, C40 News Team

〈샌프란시스코 시장에 중국계 첫 선출 임박〉 연합뉴스, 2011.11. 7, 고유선

〈공유경제를 막는 법들〉 한겨레21, 2012.05.25, 박현정

〈온라인으로 개인 아파트·차 빌려주고 구직정보 공유〉 한겨레 2012. 9.20, 김광수

〈IT기업 오라클의 '축제'…샌프란시스코가 춤춘다〉 한국경제, 2012.10. 2, 김보영

〈대한민국이 살려면 샌프란시스코를 다시 보라〉 머니투데이, 2013.10.15, 유병률

〈서울시-美샌프란시스코, 정책교류 협약체결〉 머니투데이, 2013.10.20, 기성훈

〈"도시 혁신은 다양한 생각 하나로 묶는 작업"〉 한겨레, 2013.10.21, 안창현

〈창조경제, 샌프란시스코에서 배운다〉 조선일보, 2013.10.30

〈"경제 인프라 살려야 대도시 지속성장"〉 매일경제, 2013.10.21, 강다영

〈공유 운동, 앞으로는 어떤 일이 기다리고 있을까?〉 작은것이 아름답다, 2013. 9, 닐 고렌플로 지음 · 정다예 옮김

7. 린 인, 성공한 여성의 금기를 깨다
셰릴 샌드버그 : 페이스북

〈Sheryl Sandberg〉 wikipedia.org

《Lean In: Women, Work, and the Will to Lead》 Knopf, 2013.3, Sheryl Sandberg

〈Sheryl Sandberg and Anna Maria Chavez on 'Bossy,' the Other B-word〉 Wall Street Journal,

2014.3.8, Sheryl Sandberg, Anna Maria Chavez

〈Ban the word bossy. Sheryl Sandberg lights up TEDWomen 2013〉 TED Blog, 2013.12.5, Helen Walters

〈Sheryl Sandberg's Full HBS Speech: Get On A Rocketship Whenever You Get The Chance〉 Business Insider, 2012.5.25, Jay Yarow

〈샌드버그 페이스북 COO 새 책에서 "여성들이여 과감해져라"〉 전자신문, 2012. 8.31, 김용주

〈페이스북 여걸 샌드버그, 정계 진출 시동〉 조선비즈, 2013. 4. 8, 김수진

〈셰릴 샌드버그와 새 책 '뛰어들어라'〉 조선비즈, 2013. 4. 8, 김수진

〈마크 저커버그보다 돈 잘버는 그녀의 메시지 "여자들이여 야망을 가져라"〉 한국경제, 2013. 6. 6, 박한신

〈여성들의 유리천장은 바로 자신〉 매일경제, 2013. 6. 7, 김슬기

〈페이스북 COO "여성 지도자 늘어야 더 나은 세상 온다"〉 블로터, 2013. 7. 4, 정보라

〈페이스북 COO 샌드버그 인터뷰〉 한겨레, 2013. 7. 4, 임지선

〈페이스북 2인자 샌드버그, 마흔다섯에 1조원 부호 등극〉 중앙일보, 2014. 1.23, 위문희

〈[Weekly BIZ] [Cover Story] 구글 · 페이스북의 금맥을 찾은 여인〉 조선비즈, 2012. 9.15, 이인묵, 이신영

〈페이스북 COO 셰린 샌드버그 "꽃다발 대신 세탁기를 돌려라"〉 체널예스, 2013. 7. 8, 엄지혜

〈'페이스북 2인자' 셰릴 샌드버그, 세계 워킹 맘의 롤모델 되다〉 레이디경향, 2013. 8. 9, 박은혜

part 2 한계를 뛰어넘다

8. 알파독, 로봇의 미래를 열다
마크 레이버트 : 보스턴 다이내믹스

〈Boston Dynamics〉 wikipedia.org

〈Marc Raibert〉 wikipedia.org

〈About Us〉 bostondynamics.com

〈Marc Raibert〉 MIT Leg Lab (ai.mit.edu)

〈Google Adds to Its Menagerie of Robots〉 The New York Times, 2013.12.14, John Markoff

〈Marc Raibert: What's New Since BigDog? (IROS 2013 Keynote)〉 IEEE Spectrum, 2013.11. 5, Erico Guizzo

〈What is Boston Dynamics and why does Google want robots〉 The Guardian, 2013.12.17, Samuel Gibbs

〈Marc Raibert of Boston Dynamics〉 The Engineer, 2010. 2.22, Stuart Nathan

〈Big Dog, 미국의 로봇 기술〉 엔지니어의 세상살이 (블로그), 2007.11.18, 작성자 파이리친구

〈터미네이터 닮은 로봇 아틀라스 공개〉 ZDNet Korea, 2013. 7.14, 송주영

〈로보틱스 서포트베이 1: 구글이 삼킨 위대한 로봇기업 보스턴 다이나믹스〉 slow news 블로그, 2014. 1.27, 작성자 Terry

〈[과학이 미래다] 생명체를 모방하여 로봇 동작을 획기적으로 개선한다〉 천지일보, 2012. 8.19, 조영조

〈로봇이 장애물 치우고 현관문도 연다〉 동아사이언스, 2013.12.26, 전승민

〈반쪽 로봇이 터미네이터로…휴머노이드 진화사〉 ZDNet Korea, 2013. 7.15, 이재구

〈[세계는 지금] 전장 누비는 터미네이터… '살인기계' 윤리문제 쟁점화〉 세계일보, 2013. 4.14, 백소용

9. 공상과학을 실현하는 남자
엘론 머스크 : 스페이스X / 테슬라모터스 / 페이팔

〈Elon Musk〉 wikipedia.org

〈Tesla Motors〉 wikipedia.org

〈SpaceX〉 wikipedia.org

〈My Life in Business〉 British GQ, 2015. 2.12, Patrick Hoelck

〈Interview: Elon Musk〉 Newsweek, 2011. 4.24, Marlow Stern

〈America's 20 Most Powerful CEOs 40 and Under〉 Forbes, 2011. 2.14, Jacquelyn Smith

〈The Mind Behind Tesla, SpaceX, SolarCity...〉 TED Talks, 2013. 2

〈美 벤처신화 신흥인맥, '페이팔 마피아'가 뜬다〉 아이뉴스24, 2012. 2.22, 박영례

〈[글로벌페이스] 우주여행사 스페이스X의 앨런 머스크 CEO〉 아시아경제, 2012. 5. 6, 조윤미

〈[정지훈의 IT 인물열전] 엘론 머스크〉 주간동아, 2011. 4.25, 정지훈

〈'돈과 꿈의 만남'우주여행에 미친 IT재벌들〉 ZDNet Korea, 2004.10. 9, Jim Hu

〈머스크 테슬라 모터스 창업자, 트위터 독설 화제〉 조선일보, 2013. 5.28, 류현정
〈'테슬라, 달린다'…전기차 시장, 티핑포인트에 왔나〉 뉴스핌, 2013. 6. 4, 김윤경

〈테슬라, 전기車 충전소 100곳 설치…평생 무료 충전〉 동아일보, 2013. 5. 31, 최정은

〈민간 우주선 기업 '스페이스엑스'〉 디지털타임스, 2013. 3. 5, 안경애

〈애플 따라하기… 자동차 딜러 없앤 '테슬라의 영업 실험'〉 중앙일보, 2012. 7.13, 박현영

〈공상과학책 끼고 살던 소년 "20년내 화성을 식민지로…" 상상력 크기가 꿈을 바꾼다〉 한국경제, 2012.12. 6, 임기훈

〈[정보] 테슬라 자동차 (Tesla motors)에 대해 알아보자.〉 일간베스트, 2013. 5.15, 작성자 jjing

10. '대륙의 실수'에서 태풍의 눈으로
레이쥔 : 샤오미

〈Xiaomi〉 wikipedia.org

〈Lei Jun〉 wikipedia.org

〈[ET뷰 플러스] 거대 스타트업 샤오미, 스마트홈까지 바라보다〉 전자신문, 2015. 8.21, 구지은

〈애플도 따돌린 샤오미, 중국 시장점유율 1위로〉 서울경제, 2015. 8. 4, 최용순

〈짝퉁 취급 당하다 태풍이 된 샤오미…고객을 친구로 '참여감'의 힘〉 매일경제, 2015. 9.11, 이향휘

〈샤오미가 스마트폰 회사라고? IoT시장 글로벌 강자 급부상〉 파이낸셜뉴스, 2015. 7.26, 박지영

〈"중국産 편견 깼다"… 샤오미 배터리 등 인기몰이〉 조선일보, 2015. 7.22, 이미지

〈샤오미 가세로 中 핀테크 시장 '후끈'〉 전자신문, 2015. 5.13, 류경동

〈누가 샤오미를 하드웨어 업체라 했나〉 The Scoop, 2014. 4.17, 김건희

〈중국의 애플 '샤오미', 애플 또 제쳤다!〉 전자신문, 2014. 7.11, 김창욱

〈갤럭시 턱밑 中샤오미폰의 위력〉 비즈니스워츠, 2014. 7.10, 임일곤

〈中샤오미, '짝퉁' 이미지 벗고 애플 · 삼성 '정조준'〉 조선비즈, 2014. 5.28, 한동희

〈샤오미는 어떻게 삼성을 밀어냈나〉 비즈니스포스트, 2014. 7.10, 임수정

〈샤오미(小米), 세상을 놀라게 하다〉 매일경제, 2014. 7. 4, 손호진

〈삼성전자 위협하는 '작은 쌀알'〉 시사IN, 2014. 6. 29, 임정욱

〈[뉴스 클립] 뉴스 인 뉴스 (236) '중국판 애플' 샤오미 창업자 레이쥔〉 중앙일보, 2014. 2.24, 신경진

〈[중국인물] '중국의 잡스' 신흥 IT부호 레이쥔 샤오미회장〉 뉴스핌, 2014. 5.15, 강소영

〈대륙의 잡스, 레이쥔 비교 분석(1)〉 King Kong Writes (블로그), 2013.10.19, 작성자 King Kong

〈[People] "회사 문닫게 하지 않는다면 추진하라"〉 Economy Insight, 2014. 5. 1, 주이스 지음 · 유인영 옮김

11. 발명하는 디자이너, 21세기 다빈치
토머스 헤더윅 : 헤더윅 스튜디오

〈Thomas Heatherwick〉 wikipedia.org

〈About - Heatherwick Studio〉 heatherwick.com

〈The Seed Cathedral - The 50 Best Inventions of 2010〉 Time, 2010.11.11, Bryan Walsh

〈Building the Seed Cathedral - Thomas Heatherwick〉 TED.com, 2011. 5.17

〈Thomas Heatherwick: the new Leonardo of design〉 The Guardian, 2012.5.18, Nicholas Wroe

〈Q+A with Thomas Heatherwick〉 Architectural Digest, 2012. 3.31, Josephine Minutillo

〈[월간디자인 2011 10월 400호 특집] 헤더윅 스튜디오〉 디자인 연구자 (네이버 블로그) 2011.10. 5, 작성자 김보섭

〈Prince Philip Designers Prize 2006〉 메쎄디자인 (네이버 블로그), 2006.12. 4, 작성자 은빛화살

〈과학자의 호기심과 예술가의 감성을 가진 디자이너 토마스 헤더윅〉 꿈의 공작소 (네이버 블로그), 2006. 7. 6, 작성자 에피소드

〈"우리 시대의 다빈치"라 불리는 '괴물 디자이너'〉 한겨레, 2014. 1.22, 구본준

〈'뉴 럭셔리' 새로운 물결소유를 넘어 경험하게 하라〉 중앙SUNDAY, 2013. 1. 4, 최현정 옮김

〈英 '흉물' 폐발전소가 갤러리로…'리자인의 힘'〉 한국경제, 2012. 9.25, 김희경

〈[디자인과학] 영국의 다빈치 '헤더윅 스튜디오'〉 YTN 사이언스, 2013. 6.13 (영상)

〈[영국특집 4] A Dream Maker - 2012년 런던 올림픽 성화대 디자인의 주인공, 토마스 헤더위크〉 CASA.co.kr, 2012. 7, 류진영

〈[지금, 제일 잘나가는 디자인 전문 회사 6] 건축부터 패션까지 섭렵하는 영국의 다빈치, 헤더윅 스튜디오〉

design.co.kr, 2011.10, 김보섭

〈[케빈 맥컬래프] 디자인에 대한 저항〉 VisualVerb (네이버 카페), 2007. 2.23, 작성자 이한준
〈[영국문화] 토마스 헤더윅, 씨앗의 성전〉 박종성교수의 영국문화 이야기 (온라인 포럼), 2010.12.23 이한솔, 홍지연

〈창조적인 도전가, 토마스 헤더윅〉 스타일 조선, 2009. 9, 고성연

12. '고객 경험'의 가치를 높이다
토니 셰이 : 자포스 / 다운타운 프로젝트

〈Tony Hsieh〉 wikipedia.org

〈Zappos〉 wikipedia.org

《Delivering Happiness》 Grand Central Publishing, 2010. 6. 7, Tony Hsieh

〈Got talent?〉 The Economist, 2011. 9.10

〈What's behind Tony Hsieh's unrelenting drive to remake downtown Las Vegas?〉 Las Vegas Sun, 2012. 4.20, Joe Schoenmann

〈5Things on Having No Boss〉 Wall Street Journal, 2015. 5. 20, rachel emma silverman

〈Zappos Zaps Its Job Postings〉 Wall Street Journal 2014. 5. 26, ADAM AURIEMMA

〈직원이 흥에 겨워 춤을 추면 고객은 행복해진다 - 우리에게 없으면 경쟁업체라 해도 안내해준다'는 고객의 만족 응대 방식〉 시사매거진 세계, 2012. 7.16, 김미란

〈위클리비즈 창간 4주년 빅4 인터뷰 - '고객 우선' 재포스의 토니 셰 CEO〉 조선일보, 2010.10. 6, 박수찬

〈왜 Amazon은 Zappos를 인수했나?〉 Creativity, Innovation, and Tech (블로그), 2009. 7.23, 변지석

〈1조를 벌면 무엇을 할 것인가?〉 머니투데이, 2013. 7.22, 유병률

〈존백의 미국횡단 - 괴짜들의 회사, 자포스~!〉 letsSARM (블로그), 2013. 4. 2, 백운용

〈딜리버링 해피니스 (Delivering Happiness) - 창업자 토니로부터 배운 교훈〉 조성문의 실리콘밸리 이야기 (블로그), 2011.12.20, 조성문

〈딜리버링 해피니스Delivering Happiness 서평 기록〉 영감의 순간 (블로그), 2011. 6.12

〈행복을 파는 회사, Zappos 이야기〉 하이컨셉 & 하이터치 (블로그), 2009.10.26

〈김인수 기자의 사람이니까 경영이다 - 자포스 CEO의 최후 통첩: 보스 없는 조직에 적응 못할 사람은 떠나라〉 매일경제, 2015. 4. 10, 김인수

〈제104호 사회적경제리포트 - 토니셰이의 사임과 라스베가스 다운타운 프로젝트의 미래〉 사회적경제센터리포트 제104호, 2014. 9. 29, 조우석
〈완벽한 수평구조, 과연 좋을까〉 월간마이더스, 2014년 7월호, 유정식

part 3 연결하고 공유하라

13. 집과 여행의 개념을 바꾸다
브라이언 체스키, 조 게비아, 네이선 블레차르지크 : 에어비앤비

〈Airbnb〉 wikipedia.org

〈Brian Chesky〉 wikipedia.org

〈Joe Gebbia〉 wikipedia.org

〈Founders〉 airbnb.com

〈Airbnb's Parisian Guests Want To Live Like Locals, With 70% Staying Outside Typical Hotel Districts〉 TechCrunch, 2013. 6.12, Ryan Lawler

〈Airbnb - #19: The World's 50 Most Innovative Companies〉 Fast Company, 2012. 2. 7, Austin Carr

〈Airbnb co-founder: 'We believe it's time for our invention, and it appears the world agrees〉 The Guardian, 2013. 6. 5, Stuart Dredge

〈First the spare room, then the world: the rise of Airbnb〉 GQ.com, 2013. 7. 3, Oliver Franklin

〈에어비앤비 창업자, "한국 진출 본격화"〉 조선비즈, 2013. 1.29, 안상희

〈"호텔 묵는다는 것, 이젠 구식이죠… 현지인 집으로 가보세요."〉 동아일보, 2013. 1.30, 김상훈

〈함부르크, 주택법 개정…에어비앤비 확산 물꼬〉 ZDNet Korea, 2013. 7. 4, 전하나

〈에어비앤비, 재해시 '무료숙박 공유' 툴 출시〉 경제투데이, 2013. 7. 2, 석유선

〈공유경제 개념 스타트업, 기존 법규정과 충돌 잇따라〉 연합뉴스, 2013. 7. 1, 임상수

〈[매경 MBA] 피어 네트워크의 초능력〉 매일경제, 2013. 6.28, 김인수

〈[What] '에어비앤비'를 아세요〉 부산일보, 2013. 6. 8, 최혜규

〈[특집| 공유경제 꽃 피나]소유하지 마세요, 공유해서 쓰세요〉 주간경향, 2013. 6. 5, 최영진

〈전 세계 색깔있는 빈방, 여행자들 꿈으로 엮었죠〉 중앙일보, 2013. 5. 6, 나원정

〈숙박공유 사이트 '에어비앤비'에서 엿보는 공유경제〉 연합뉴스, 2013. 1. 29, 성연재

〈에어비앤비, '공유경제' 비즈니스로 작년 250% 성장〉 아이티데일리, 2013. 2 .26, 고수연

〈Airbnb가 배운 뼈아픈 6가지 위기관리 교훈〉 momentMobile(블로그), 2011. 7.30, 작성자 내이름은 주황

〈에어비앤비의 두 가지 키워드〉 Interpreting Compiler(블로그), 2013. 2. 3, 김상훈

〈이노베이터 이야기 - 에어비앤비 (AirBnB)가 주는 교훈〉 조용호의 변화하는 세상읽기(블로그), 2012. 3.13, 작성자 조용호

〈새로운 플랫폼 위에 지어진 비즈니스, Airbnb〉 조성문의 실리콘밸리 이야기(블로그), 2011. 6. 22, 작성자 조성문

〈온라인 숙박 중개업체 '에어비앤비' _Airbnb / 2008〉 대한민국 대표 쇼핑 첫걸음 블로그 _Chemical Litmus_ (블로그), 2013. 1.28, 작성자 달한냥

14. 지구적 비즈니스 인맥의 창안자
리드 호프먼 : 링크트인

〈LinkedIn〉 wikipedia.org

〈Reid Hoffman〉 wikipedia.org

〈About LinkedIn〉 LinkedIn.com.

〈Forbes The World's billionaires: Reid Hoffman〉 Forbes, 2015. 1

〈Lecture 13 ? How To Be A Great Founder〉 동영상, Reid Hoffman, http://www.howtostartastartup.co/lecture-13-great-founder-reid-hoffman

〈The Start-up of You〉 Random House, 2012. 2.16, Reid Hoffman & Ben Casnocha

〈Reid Hoffman: Searching for Breakout Ideas〉 Wall Street Journal, 2012. 2.29, Spencer E. Ante

〈Reid Hoffman: Founding A Startup Is Like 'Throwing Yourself Off A Cliff'〉 Business Insider, 2013. 5. 9, Julie Bor

〈링크드인 창업가의 '스타트업 성공 운영법 5가지'〉 머니투데이, 2014.12.2, 이해진

〈링크드인 CEO 제프 위너 인터뷰〉 Elly's Alley (블로그), 2012.11.21, 엘리 한 지음 · 한성은 옮김

〈아무 것도 일정을 잡지 않는 것의 중요성〉 EstimaStory.com, 2013. 7. 1

〈The Importance of Scheduling Nothing〉 LinkedIn Blog, 2013. 4. 3, Jeff Weiner

〈美고용 낙관론 '솔솔'…구인구직SNS 링크드인도 덩달아 '꿈틀'?〉 SBS CNBC, 2012. 2.13, 박민영

〈페이스북 추월한 링크드인 아십니까?〉 한국일보, 2011. 5.20, 최연진

〈[Weekly BIZ] [Story] 누가 실리콘밸리의 거품을 말하는가〉 조선비즈, 2011. 9. 3, 김남인

〈[글로벌 이노베이션 DNA]링크드인 혁신의 핵심은 '단순화'〉 전자신문, 2013. 6. 30, 정진욱

〈[북리뷰] 스타트업처럼 살아라 – 링크드인 창업자의 실리콘밸리식 커리어계발론〉 지식창고 블로그, 2012. 4.10, 미산

〈'링크드인', 가장 빨리 성장한 IT기업〉 전자신문, 2013. 6. 6, 김인순

《어떻게 나를 최고로 만드는가》, 리드 호프만, 벤 카스노카 지음 · 차백만 옮김 · 알에이치코리아, 2012. 7.27

15. 연결과 공유로 100년 운송업을 혁신하다
트래비스 칼라닉 : 우버

〈Uber, Inc.〉 wikipedia.org

〈Travis Kalanick〉 wikipedia.org

〈Garrett Camp〉 wikipedia.org

〈All Hail The Uber Man! How Sharp-Elbowed Salesman Travis Kalanick Became Silicon Valley's Newest Star〉 Business Insider, 2014.1.11, Alyson Shontell

〈Resistance is Futile〉 Inc. Magazine, 2013. 8, Christine Lagorio-Chafkin

〈In Conversation with Uber's Travis Kalanick〉 TechCrunch, 2014. 9. 8, Michael Arrington

〈불법논란 '우버' "장발도 예전엔 불법…혁신 배척 말아야"〉 머니투데이, 2014. 9. 30, 강미선

〈미 IT 허브들, 업체 키우냐? 규제하냐? 고민〉 파이낸셜뉴스, 2014. 9. 29, 정지원

〈서울, '우버 퇴출' 칼 빼들었다〉 ZDNet Korea, 2014. 9. 29, 백봉삼

〈우버, 전세계 '스톱 위기'〉 한국경제, 2014. 9. 29, 김순신

〈美 내슈빌 공항, '우버' 영업 첫 공식 허가〉 이데일리, 2014. 9.27, 신정은

〈박원순 시장이 생각하는 우버 논란 해법〉 블로터, 2014. 9.17, 이성규

〈'불법논란' 우버, 택시 이어 음식배달. 택배까지 사업 확장〉 조선비즈, 2014. 9.15, 이재은

〈프리미엄 리무진 서비스 '우버', 한국서 발진〉 블로터, 2013. 7. 31, 최호섭

〈불법이냐 공유경제냐: 우버(UBER) 택시를 둘러싼 4가지 이야기〉 허핑턴포스트코리아, 2014. 7. 6, 원성윤

〈[르포] 우버 직접 타보니 '택시 혁명'…기사 "박원순 시장 덕에 이용자 급증"〉 조선비즈, 2014. 8. 8, 김참

〈우버 택시, 사고나면 보험금 받을 수 있나?〉 CNETKorea, 2014. 8. 8

16. 만인 창업 시대를 연 대륙의 창업 영웅
마윈 : 알리바바그룹

〈Alibaba Group〉 wikipedia.org

〈Jack Ma〉 wikipedia.org

〈Billionaire Jack Ma teaches you how to be successful in life and business〉 Vulcan Post, 2014. 2.25, Pris

〈China Inside 중국 내 주요 연구 동향 : 중국에도 청년 창업 열기가 확산〉 한국금융연구원, 2014. 1

〈中 젊은 억만장자는 많이 배운 자수성가형 인물〉 아시아경제, 2011. 5.17, 박선미

〈"인맥에 가격 없다" 입회비 수억, 6700만원짜리 와인 마시기도〉 중앙일보, 2014. 1. 25, 신경진

〈[알리바바 연재 기획 9편] 마윈에게 묻는 알리바바 성공비결〉 All That China (블로그), 2013. 1.4, 작성자 이주호

〈[알리바바 연재 기획 5편] '서호논검(西湖论剑)' 중국 인터넷을 논하다〉 All That China (블로그), 2012.11.24, 작성자 이주호

〈9월 알리바바의 대박상장, 새롭게 시작하는 CEO 마윈의 기업가정신〉 20 (블로그), 2014. 9.24, 작성자 이름뭐짓지

〈[PEOPLE] 중국 알리바바의 잭 마(Jack Ma), 그가 만든 127조원 마술의 비결〉 beSUCCESS (블로그), 2013.12. 6, 작성자 이한종

〈[특파원칼럼]알리바바 성공 신화, 중국엔 또 다른 숙제〉 경향신문, 2014. 9.24, 오관철

〈마윈이 몰락한 선배 기업가의 전철을 피하는 방법은?〉 이코노믹리뷰, 2015. 2.1, 최진홍

〈마윈 알리바바 회장 사교클럽, 창업 사관학교로 탈바꿈〉 국민일보, 2015. 1.28, 손병호

17. 보통 사람의 꿈 이뤄주는 창의 플랫폼
페리 첸, 얀시 스트리클러, 찰스 애들러 : 킥스타터

〈Kickstarter〉 wikipedia.org

〈Perry Chen〉 wikipedia.org

〈Small Donations in Large Numbers, with Online Help〉 The New York Times, 2010. 3.14, Matt Villano

〈Kickstarter Fesses Up: The Crowdsourced Funding Start-Up Has Funding, Too〉 All Things D, 2011. 3.27, Peter Kafka

〈Kickstarter? There's now an official iPhone app for that〉 The Guardian, 2013.1.14, Stuart Dredge

〈Spike Lee Film Raises $1.4 Million on Kickstarter〉 TIME.com, 2013. 8.21, Eliana Dockterman

〈킥스타터 (kickstarter.com)〉 MENAISSANCE MAN (네이버 블로그), 2011. 6.15, 작성자 anackne

〈[용어로 보는 IT] 크라우드펀딩 (Crowdfunding)〉 네이버캐스트, 2013. 3.28, 정보라

〈디자인 선순환 플랫폼 "디자인으로 벤처하는 시대"〉 FUN & PUN 디자인태그 (네이버블로그), 2012. 5.26, 작성자 디자인태그

〈킥스타터 덕분에 쏟아지는 하드웨어 혁신 스타트업〉 시사in, 2012. 8. 20, 임정욱

〈2년만에 5300만달러 모은 개미들의 힘〉 매일경제, 2011. 6.14, 김슬기

〈크라우드펀딩 온라인을 통해 인디 아티스트 도약의 발판이 되다〉 KOFICE (한국문화산업교류재단), 2012. 4.24, 박봉구

part 4 데이터가 미래다

18. 빌려 쓰는 소프트웨어 시대를 열다
마크 베니오프 : 세일즈포스닷컴

〈Marc Benioff〉 wikipedia.org

〈Salesforce.com〉 wikipedia.org

〈Board of directors - Marc Benioff〉 salesforce.com

〈Behind the Cloud〉 Wiley, 2009.10.19, Marc Benioff, Carlye Adler

〈Why Salesforce.com Ranks #1 On Forbes Most Innovative List〉 Forbes, 2012. 9. 5, Victoria Barret

〈2012 Businessperson of the Year - Marc Benioff〉 Fortune, 2012.11.16

〈And the winners were... Innovation awards〉 The Economist, 2012.12.1

〈Marc Benioff Says, 'There Would Be No Salesforce.com Without Steve Jobs'〉 TechCrunch.com,

2013. 9.10, Sarah Perez, Anthony Ha

〈Salesforce.com, Oracle partner in cloud〉 ZDNet, 2013. 6. 25, Andrew Nusca

〈Salesforce.com named the "World's Most Innovative Company" by Forbes Magazine〉 salesforce.com, 2011. 8. 22, Phil Novack

〈[숙명의 라이벌 막전막후] 오라클 vs 세일즈포스, 인터넷 서비스 기업 맞서 '클라우드 통합' 맞손〉 이투데이, 2013.8. 21, 김나은, 조정은

〈"스티브 잡스가 클라우드를 존재하게 했다"〉 ZDNet Korea, 2013. 9.11, 김우용

〈[글로벌 페이스] 마크 베니오프 세일즈포스닷컴 CEO〉 아시아경제, 2012.10. 31, 박병희

〈[드림포스 2012] 마크 베니오프 세일즈포스닷컴 CEO 기조연설〉 전자신문, 2012. 9.20, 박서기

〈소셜엔터프라이즈, 5년내 45억달러 시장〉 ZDNet Korea, 2012. 6.28, 김우용

〈[세계의 눈/토머스 프리드먼]하나의 국가, 두 개의 혁명〉 동아일보, 2011.10. 25, 토머스 프리드먼

〈[델 위드 2011] 세일즈포스닷컴 CEO, "연설 취소됐다고 트위터에 올렸더니…"〉 디지털데일리, 2011.10.14, 백지영

〈[창간기획]세일즈포스닷컴의 마크 베니오프〉 전자신문, 2011. 9.19, 성현희

〈FAQ : 세일즈포스닷컴의 드림포스에 대해 궁금한 것들〉 CIO korea, 2011. 9. 1, Chris Kanaracus

19. 교육 혁명 이끄는 천재 엔지니어
세바스찬 스런 : 유다시티/ 구글 X

〈Sebastian Thrun〉 wikipedia.org

〈Udacity〉 wikipedia.org

〈Google X〉 wikipedia.org

〈Sebastian Thrun〉 stanford.edu

〈About Us〉 udacity.com

〈Special Report: The FP Top 100 Global Thinkers - #4 Sebastian Thrun〉 Foreign Policy, 2012.11. 26, Alicia P.Q. Wittmeyer

〈Two giants of online learning discuss the future of education〉 TED Blog, 2014. 1.28, Helen Walters

〈Udacity CEO And Former Google X Head Reflects On What Makes America Special〉 Forbes,

2013.12.9, Peter High

〈Sebastian Thrun: What's Next for Silicon Valley?〉 Wall Street Journal, 2012. 6.15, Andy Kessler

〈In conversation with: Sebastian Thrun, CEO, Udacity〉 Fortune, 2014. 4. 10, Adam Lashinsky

〈Google Talking to Auto Makers About Self-Driving Car〉 Wall Street Journal, 2014. 5.13, Alistair Barr

〈Divining AI, and the future of consumer robotics〉 CNET, 2006. 7. 20, Candace Lombardi

〈[Focus] 상아탑 흔드는 'MOOC 열풍'…'온라인 유학'이 뜬다〉 한국경제, 2013.12.13, 손정희

〈[이슈분석]해외 석학 교육의 민주화, MOOC로 실현된다〉 전자신문, 2014. 4. 22, 박소라

〈'온라인 교육혁명', 대학 강의실 변화를 부른다〉 교수신문, 2014. 6.16, 김봉억

〈[열린 교육 혁명의 주역 MOOC]모든 이들을 위한 프로그래밍〉 전자신문, 2014. 6.12, 이수진

〈"800만이 선택한 온라인교육 코세라를 아세요?"〉 머니투데이, 2014. 6.10, 김도윤

〈[발언대] 온라인 교육환경 변화 기대 크다〉 디지털타임스, 2014. 5.26, 구국모

〈해외에선 진격의 무크 서비스, 국내는 '오리무중'〉 전자신문, 2014. 5.26, 김명희

〈[체험기] 코세라 무크(MOOC), 짧고 질 좋은 강의 돋보여〉 조선비즈, 2014. 5.17, 유진우

〈[시론] MOOC(온라인 대중공개 강좌)에 주목하는 이유〉 디지털타임스, 2014. 3.11, 금동화

〈"온라인 수업, 강의실과 공존할 것"〉 블로터, 2014. 1.27, 이지현

〈[시론] 대학혁신, 무크혁명을 주목하라〉 한국경제, 2013.12.27, 임진혁

〈구글 '무인 자동차'로 면허 획득, 실용화 눈 앞에…〉 베타뉴스, 2012. 5. 9, 방일도

〈1인 3역 Sebastian Thrun〉 차곡차곡 시간쌓기 (블로그), 2012.10. 9, 작성자 파이오

20. USB 없는 세상 연 성공 창업 교과서
드루 휴스턴 : 드롭박스

〈Drew Houston〉 wikipedia.org

〈Dropbox〉 wikipedia.org

〈Dropbox's Cloud Storage Kings Drew Houston and Arash Ferdowsi Win Founder of The Year Crunchie〉 TechCrunch, 2014. 2.10, Josh Constine

〈Dropbox CEO Drew Houston Explains How To Become A Leader Quickly〉 Business Insider, 2013.12. 6, Max Nisen
〈The World's 10 Most Eligible Billionaire Bachelors〉 Forbes, 2014. 3. 3, Natalie Robehmed

〈Drew Houston's Commencement address〉 MIT News, 2013. 6. 7, Drew Houston (http://news.mit.edu/2013/commencement-address-houston-0607)

〈드롭박스 (Dropbox), 가장 단순한 문제를 해결해주는 가장 우아한 제품〉 ValleyInside, 2012.12.30, Sungmoon Cho

〈전 세계에서 재산이 가장 많은 미혼 남성 Top10〉 2014. 3.11. (네이버 블로스 포스팅)

〈잡스의 8억불 인수제의 거절한 '드롭박스'〉 아이뉴스24, 2011.10.19, 이균성

〈스티브 잡스도 탐낸 드롭박스 이야기〉 Bloggertip 블로그 출처, 2011.11.12. (http://bloggertip.com/3982)

21. 데이터 과학자들의 UFC를 만들다
앤서니 골드블룸 : 캐글

〈Anthony Goldbloom〉 wikipedia.org

〈Kaggle〉 wikipedia.org

〈About〉 kaggle.com

〈Anthony Goldbloom - 35 Innovators Under 35 2013〉 MIT Technology Review, 2013. 8.21, Rachel Metz

〈BIg Data Shrinks to Grow〉 The New York Times, 2014. 1. 1, Quentin Hardy

〈"In The Studio," Kaggle's Anthony Goldbloom Is Building A New Kind of Marketplace〉 TechCrunch, 2013.1.10, Semil Shah

〈The World's 50 Most Innovative Companies 2014〉 Fast Company, 2014. 2.10, Fast Company Staff

〈50 Smartest Companies〉 MIT Technology Review, 2014. 2.18, Brian Bergstein

〈The Rise Of The DIY Data Scientist〉 Fast Company Labs, 2013. 7. 9, Ciara Byrne

〈Predictive Analytics in Action: Anthony Goldbloom of Kaggle〉 SmartDataCollective, 2013. 4. 26, Cindy Weng

〈Kaggle's Contests: Crunching Numbers for Fame and Glory〉 Bloomberg BusinessWeek, 2012. 1. 4, Ashley Vance

〈Mathematicians Predict the Fture with Data from the Past〉 Wired, 2013. 4. 10, Klint Finley

〈액센츄어 '테크놀로지 비전 2014', 디지털 기술 여섯 가지 동향 발표〉 뉴스와이어, 2014. 4.11

〈[경영전략 트렌드] 구글 검색어 보면 현대차 판매량 보인다〉 한경비즈니스, 2014. 2.10, 조미나

〈3백만달러(30억) 벌기 예측만 정확하다면 오케이_ 케글(Kaggle) 사이트 안내)〉 Autocadplus (네이버블로그), 2012.10.30, 작성자 물의나라

22. 오바마의 비밀 디지털 병기

조 로스파스, 야샤 프랭클린-호지 : 블루스테이트디지털

〈Blue State Digital〉 wikipedia.org

〈Clay Johnson〉 wikipedia.org

〈Blue State Digital Company Profile〉 wpp.com

〈Jascha Franklin-Hodge〉 linkedin.com

〈Obama's Secret Digital Weapon〉 Bloomberg Businessweek, 2008.6.28, Tom Lowry

〈Blue State Digital Takes Over the World〉 TechPresident 2009.8.31, Nancy Scola

〈Blue State Digital Acquisition: Co-Founder Joe Rospars Dishes〉 Fast Company, 2011.1.3, E.B. Boyd

〈The Geeks Behind Obama's Web Strategy〉 boston.com, 2009.1.8, David Talbot

〈Interview: Jascha Franklin-Hodge, Blue State Digital Partner, on Being Acquired by Global Giant WPP〉 TechPresident, 2010.12.30, Nancy Scola

〈Walsh's new tech chief faces challenges, opportunities〉 The Boston Globe, 2014.7.26

〈오바마 캠프의 비밀병기 '블루 스테이트' 아시나요〉 전자신문, 2008.6.26, 류현정

〈미국 대선 온라인으로만 치른다면 오바마가 백전백승〉 전자신문, 2008.10.7, 류현정

〈"문제는 네트워크야, 이 바보야!"〉 동아일보, 2008.11.5, 정호재

〈[글로벌리포트] "오바마 승리 뒤엔 IT가 있었네"〉 전자신문, 2008.11.10, 류현정

〈키보드 워리어는 어떻게 선거 운동원이 되었는가〉 미디어스, 2012.11.1, 윤다정

〈대통령 선거 D-14, 아직도 정치인의 단어를 믿으시나요?〉 채널예스, 2012.12.5, 엄지혜

〈오바마 재선 주역 '디지털 사단', 민간서 뭉쳤다〉 연합뉴스, 2013.3.28, 류미나

〈"SNS로도 감정 전염된다" 페북, 69만명 '은밀한 실험'〉 한겨레, 2014.6.30, 박현

〈2012 정치 커뮤니케이션의 변화, 그 중심에 'SNS(Social Network Service)'가 있다〉 광고정보센터, 2012.4.18, 김상균

〈[Global trend] 오바마 캠프의 사례를 통해 알아보는 정치커뮤니케이션〉 광고정보센터 매거진, 2012.5 김상균

〈[2012 오바마 캠페인] ①-㉓〉 Peak15 Communications (블로그), 2012.4.12 - 2012.8.10, 작성자 Peak15

〈[2012 오바마 재선 승리의 비결 3가지] 비주얼 커뮤니케이션, 소셜 타겟팅, 마이크로 베네핏〉 Peak15 Communications (브로그), 2012.11.7, 작성자

〈오바마를 통해 배우는 소셜 미디어 활용 성공 전략〉 블로터, 2008.12.22, 주니캡

23. O2O 비즈니스의 최전선
제프 베저스 : 아마존닷컴

〈Jeff Bezos〉 wikipedia.org

〈Amazon.com〉 wikipedia.org

〈Amazon's Next Delivery Drone: You〉 Wall Street Journal, 2015.6.16, Greg Bensinger

〈Inside Amazon: Wrestling Big Ideas in a Bruising Workplace〉 The New York Times, 2015.8.16, Jodi Kantor and David Streitfeld

〈The Best-Performing CEOs in the World〉 Harvard Business Review, 2014.11, Adi Ignatius

〈Jeff Bezos To Acquire The Washington Post For $250M〉 TechCrunch, 2013.8.5, Anthony Ha

〈투자에서 혁신을 찾다…성공하려면 아마존처럼〉 뉴스토마토, 2015.6.7, 윤석진

〈아마존의 다양한 배송혁신에 담긴 메시지〉 ZDNet Korea, 2012.7.17, 김승열

〈아마존 제프 베조스 "올해 우주선 시험 비행"〉 조선비즈, 2015.4.13, 김남희

〈[IT인물열전] "콘텐츠와 서비스를 팝니다" 아마존의 창업자 제프 베조스〉 동아일보, 2015.2.26, 강일용

〈제프 베조스 "아마존은 여전히 신생기업"〉 아이뉴스24, 2014.12.3, 안희권

〈'아마존 창업자' 제프 베조스가 워싱턴 포스트를 인수한 5가지 이유〉 IT World, 2013. 8.8, Matt Hamblen

〈미 워싱턴포스트, '아마존' 창업자에 팔렸다〉 경향신문, 2013.8.6, 손제민

〈WP 인수한 제프 베조스 "종이신문 20년내 사라질 것"〉 머니투데이, 2013.8.7, 유병률

〈[전자책 서평] 아마존을 성공으로 이끈 비밀, '제프 베조스'〉 동아일보, 2013.4.11, 윤리연

〈'대세 아마존'?…美 일자리 창출 엔진 역할도 자처〉 뉴스핌, 2013.7.30, 김윤경

〈아마존에 언론 생존의 길이 있다〉 기자협회보, 2012.5.9, 우병현

〈"인터넷 시대에 승부 걸자"…돈 빌려 창고서 창업…태블릿PC까지 영토 확장〉 한국경제, 2011.10.6, 임기훈

〈[정지훈의 IT 인물열전] 제프 베조스 · 피에르 오미디아르〉, 2011.6.13, 주간동아, 정지훈

〈아마존 CEO, 1년 새 재산 7.6조 늘어〉 아시아경제, 2011.9.29, 이진수

〈[이남희 기자의 Innovative CEO 열전 ④] '쉼없는 혁신가' 제프 베조스 아마존닷컴 창업자〉 신동아, 2011.1.25, 이남희

part 5 거래의 규칙을 바꾸다

24. 소유하는 음악에서 듣는 음악으로
다니엘 에크 : 스포티파이

〈Spotify〉 wikipedia.org

〈Daniel Ek〉 wikipedia.org

〈Spotify: Eating Google's Lunch and Loving It〉 Wall Street Journal, 2013.8.6, Johannes Ledel, John Stoll

〈Time 100 - Daniel Ek〉 Time, 2012.4.18, Ashton Kutcher

〈톰 요크 "신예 뮤지션 푸대접한다" 스포티파이 비난〉 스포츠경향, 2013.7.23, 박효재

〈이글스도 돌아섰다! 음원 스트리밍 실시〉 텐아시아, 2013.7.11, 권석정

〈핑크 플로이드 음악, 디지털 음원 유통 시작〉 스포츠경향, 2013.6.20, 최우규

〈원하는 음악 · 영화 저장않고 실시간 감상 '대중화 선언'〉 메일경제, 2013.5.20, 손유리

〈구글, 소셜 · 지도 더 강력해지고 음악까지 넘봐〉 조선닷컴, 2013.5.16, 류현정, 양서은

〈열돌 맞은 애플 아이튠즈, 스트리밍 서비스 · 유튜브에 협공당해〉 이데일리, 2013.4.28, 김유성

〈[이머징 이슈] 음원 플랫폼〉 전자신문, 2013.4.4, 이경민

〈죽어가던 음악산업 회생…1999년 이후 첫 매출 증가〉 조선비즈, 2013.2.27, 한동희

〈스포티파이, 1억달러 투자 유치 성공〉 아이뉴스24, 2012.11.15, 안희권

25. 패션업, 스마트폰과 경쟁하다
야나이 다다시 : 유니클로

〈Tadashi Yanai〉 wikipedia.org

〈Uniqlo〉 wikipedia.org

〈유니클로의 변신〉 한겨레, 2014.4.20, 이강국

〈JAPAN NOW - 유니클로 탄생 30주년 대전환… 영업 최전방 지킬 '로컬'의 힘 키우기 작전〉 매일경제, 2014.4.7, 강다영

〈유니클로의 성공 비결… 혁신, 가격파괴, 기업가 정신〉 한국경제, 2014.3.7, 고기완

〈日 유니클로 회장 '고희(古稀)경영' 나선 이유는… "자식 능력 못 믿어"〉 이데일리, 2013.10.14, 김태현

5〈[Brand Story in Asia] 유니클로, "팩스로 전달된 그 이름은 원래…"〉 아시아엔, 2013.5.13, 박소해

〈유니클로 식(式) 불황 속 성공 경제학〉 이데일리, 2012.11.30, 김미경

〈'싼 옷' 팔아 '비싼 몸' 된 유니클로 제국의 황제〉 한국경제, 2012.4.26, 김동현

〈[경제와 사람] SNS로 젊은층과 소통하며 만드는 옷… "싸지만 싸구려 아니다" 불티〉 한국일보, 2011.11.5, 최진주

〈[Close-up] 일본 최고 부자 된 야나이 다다시 유니클로 회장 인터뷰〉 중앙일보, 2011.3.31, 배명복

〈[슈퍼 리치 스토리] 중저가 의류로 성공한 日 갑부의 철학 "실패하고 또 실패하라"〉 한국일보, 2010.11.5, 남보라

〈[세계의 부자] 야나이 다다시 패스트리테일 회장〉 매일경제, 2009.12.11, 채수환

〈[Billionaire] "1승9패의 각오로 덤비면 어떤 일이든 성공" - 일본 최고 부자 야나이 다다시 유니클로 회장 인터뷰〉 한경비즈니스, 2009.6.22, 차병석

〈고객 스스로 패션 조립하게 하라〉 한국경제, 2009.4.26, 안상미

〈일본을 입히는 남자… 일(日) 최고 부자가 된 옷장수 '유니클로' 야나이 회장〉 조선일보, 2009.9.19, 선우정

《야나이 다다시, 유니클로 이야기》 가와시마 고타로 지음 · 양영철 옮김, 비즈니스북스, 2010.1.15

《1승 9패 유니클로처럼》 김성호 지음, 위즈덤하우스, 2010.4.24

《왜 유니클로만 팔리는가》 가와시마 고타로 지음 · 이서연 옮김, 오늘의책, 2010.4.28

26. 세계인의 라이프 스타일 디자이너
잉바르 캄프라드 : 이케아

〈Ikea〉 wikipedia.org
〈Ingvar Kamprad〉 wikipedia.org

〈이케아가 상상하는 '2025년 미래 주방'〉 전자신문, 2015.5.8, 이석원

〈'갤S6 무선충전' 삼성 10년 결실… 이케아와 손잡고 대중화〉 연합뉴스, 2015.3.2, 고상민

〈'이케아 가격'의 비밀… 나사 무게 0.1g도 줄인다〉 조선일보, 2014.6.16, 심현정

〈이건희 회장 '세계 100대 부자' 복귀, 자산 12조원〉 머니투데이, 2013.11.6, 김신회

〈Biz Trend: 미로 같은 이케아 매장… 길 찾아 헤매다보면 "어~ 이것도 사야겠네"〉 한국경제, 2011.3.10, 임기훈

〈이케아, 알고보니 탈세 덩어리〉 머니투데이, 2011.1.27, 송선옥

〈세계를 매혹시킨 스웨덴 라이프 스타일〉 한경 비즈니스, 2007.7.5, 이정환

〈라이프스타일을 팝니다〉 한겨레21, 2006.12.7, 김경훈

〈캄프라드, "구두쇠란 세평이 자랑스럽다"〉 세계일보, 2006.3.28, 조현일

〈이케아 창업자의 친나찌 행위 아 우리 사회의 친일〉 블로그 출저, 2014.3.31, 박재항 〈http://blog.naver.com/jaehangpark/40209424790〉

《이케아, 북유럽 스타일 경영을 말하다》 앤더스 달빅 지음 · 김은화 옮김, 한빛비즈, 2013.11

《이케아, 불편을 팔다》 뤼디거 융블루트 지음 · 배인섭 옮김, 미래의창, 2013.5

《이케아 그 신화와 진실》 엘렌 루이스 지음 · 이기홍 옮김, 이마고, 2012.6

27. 인터넷 날개 단 대륙의 호랑이
마화텅 : 텐센트

〈Ma Huateng〉 wikipedia.org

〈Tencent〉 wikipedia.org

〈텐센트자금 최소 43억위안 유입…이젠 한국벤처가 원한다?〉 머니투데이, 2015.8.17, 성연광, 김지민, 홍재의

〈[중국양회] '인터넷 플러스' 시대 선도자 텐센트 마화텅〉 뉴스핌, 2015.3.9, 조윤선

〈마윈 알리바바 회장 '中 최고 부자'서 밀렸네〉 파이낸셜뉴스, 2015.8.20, 박하나

〈中텐센트, 加메신저 앱 '킥'에 5000억달러 투자〉 아시아경제, 2015.8.19, 박병희

〈알리바바는 줄고, 텐센트는 늘고… 실적 명암 갈렸다〉 전자신문, 2015.8.13, 김창욱

〈[책] '사회적 책임'이 만든 텐센트 신화〉 서울경제, 2015.7.10, 송주희

〈마화텅 텐센트 회장 "인터넷은 만능 아니다…신격화 안돼"〉 연합뉴스, 2015.5.21, 한승호

〈[창간특집 텐센트3] 20대 창업 마화텅, 10년만에 '15조' 대부호〉 한국경제, 2015.3.6, 정주용

〈中텐센트 마화텅 회장, 이달 자사주 4200억원 매각〉 이데일리, 2014.12.12, 신정은

〈글로벌 영웅 시리즈 〈36〉 마화텅 중국 IT기업 텐센트 창업자〉 중앙일보, 2014.11.16

28. 오프라인 유통의 혁신가
제임스 시네갈 : 코스트코

〈Costco〉 wikipedia.org

〈James Sinegal〉 wikipedia.org

〈An Interview With Jim Sinegal, Co-Founder of Costco〉 The Motley Fool, 2013.7.31, Brendan Bynes

〈How Costco Became the Anti-Wal-Mart〉 The New York Times, 2005.7.17, Steven Greenhouse

〈Costco CEO Craig Jelinek Leads the Cheapest, Happiest Company in the World〉 Bloomberng BusinessWeek, 2013.6.6, Brad Stone

〈[Cover Story] 마진 15% 넘으면 상품 가격 내린다〉 조선비즈, 2012.8.18, 이신영

〈최저가에 대한 강력한 믿음, 코스트코(COSTCO)〉 변화와 혁신, 금융의 미래 (블로그), 2012.8.27

〈[같이하는 가치투자] 세계1위의 회원제 창고매장: 코스트코(Costco Wholesale)〉 VIP투자자문 공식 블로그, 2011.3.2

〈싸게 팔수록 많이 남는 마법의 사업모델, 코스트코〉 변화와 혁신, 금융의 미래 (블로그), 2013.6.11

〈코스트코 '저가 고집'…코카콜라 납품가 올리자 한달간 판매중지〉 한국경제, 2011.9.1, 강유현

〈코스트코(Costco)와 그 창업자 제임스 시네갈(James Sinegal)이야기〉 벤처스퀘어, 2012.1.26, 조성문

〈코스트코 열풍 - 소비자(Shopper)들이어 길을 잃어라〉 벤처스퀘어, 2012.5.4

〈성숙산업의 비즈니스 혁신과 코스트코 창업자 강연〉 MBA Blogger, 2012.5.16

〈[기획] 美 코스트코가 꿈의 직장된 비결… "급여는 높게 마진은 낮게… 직원 행복이 기업 경쟁력"〉 국민일보,

2014.5.30, 천지우

〈[Fun한 경영이야기] 불편 투성인데 매출 대박…코스트코, 누구냐 넌〉 매일경제, 2014.9.3, 김재진

〈코스트코가 '가장 좋은 직장'에 뽑힌 이유〉 비즈니스포스트, 2014.9.11, 김희정

〈[따뜻한 기업, 뜨거운 리더] 급여는 높게, 가격은 낮게〉 신동아, 2013.8.26, 구미화

29. 세계 영상 사업 재편한 미디어 괴물
리드 해스팅스 : 넷플릭스

〈Reed Hastings〉 Wikipedia.org

〈Netflix〉 Wikipedia.org

〈Netflix Has Revolutionized the TV Industry Several times in Just 17 Years〉 Business Insider, 2014.9.12., Veronique Dupont

〈Exclusive Interview with Netflix CEO Reed Hastings: Netflix's Market Opportunity Is A Lot Bigger Than You Think〉 Business Insider, 2011.4.4, Henry Blodget and Dan Frommer

〈How Netflix Reinvented HR〉 Harvard Business Review, January 2014, Patty McCord

〈'Netflixed' author talks Hastings' glory, hubris, white lies (Q&A)〉 C-NET, 2012.10.3, Greg Sandoval

〈Out of Africa, Onto the Web〉 The New York Times, 2006.12.17, (as told to) Amy Zipkin

《스트리밍 강자 헤이스팅스, 한국엔 언제 진출하나》 아시아경제, 2015.2.27., 백우진

〈〈넷플릭스 특집〉'VOD 업계의 이케아' 넷플릭스, 어떤 회사?〉

〈〈넷플릭스 특집〉 텃세 강한 한국 사장, 극복 가능할까?〉

〈〈넷플릭스 특집〉 미리 써본 넷플릭스, 과연 '명불허전'〉 IT 동아, 2015.1.30., 김영우

〈동영상 서비스 '무서운 놈' 이 온다〉 동아일보, 2015.1.20., 황태호

〈리드 헤이스팅스 넷플릭스 회장, 비디오 즐겨 빌려보던 영화광…연체료 40달러 낸 뒤 창업 도전〉 한국경제, 2014.1.17, 김보라

〈데스크칼럼 - 블록버스터의 종말〉 파이낸셜뉴스, 2013.11.14, 정순민

part 6 열린 플랫폼으로 혁신하라

30. 농사짓는 엔지니어의 유쾌한 반란
마친 자쿠보스키 : 오픈 소스 에콜로지

〈Open Source Ecology〉 wikipedia.org

〈Open-source hardware〉 wikipedia.org

〈Oepen Source Philosophy〉 opensourceecology.org (동영상.), 2014. 5. 26, 오픈 소스 에콜로지

〈Open-sourced blueprints for civilization〉 ted.com, 2011. 5, Marcin Jakubowski

〈About - Marcin Jakubowski〉 opensourceecology.org

〈Global Village Construction Set〉 opensourceecology.org

〈Marcin Jakubowski〉 opensourceecology.org/wiki

〈GLobal Village Construction Set〉 Kickstarter, 2011.10, Marcin Jakubowski

〈LG경제연구원 '3D 프린팅, 개인 생산 시대를 연다'〉 상상 (블로그) 2013.10.7

〈Open-source Hardware〉 Interaction (블로그), 2011.8.16

〈타임지 선정, 2012 최고의 발명품 26개는?〉 머니투데이, 2012.11.6, 홍연

〈오픈소스 생태계와 저렴한 개방형 생산기술들〉 벤처스퀘어, 2011.6.27, 정지훈

〈오픈소스로 농업을 혁신하라〉 벤처스퀘어, 2012.2.9, 정지훈

〈오픈소스 HW, "특허가 기술 진보 막는다"〉 블로터, 2013.5.3, 이지영

〈SDF 서울디지털포럼 2013에서 IT 분야의 오픈소스 트렌드 소개〉 CAD & Graphics 2013.4.18, 정수진

〈[블로터포럼] '오픈소스 하드웨어'를 말한다〉 블로터, 2013.6.24, 이지영

31. IT 패러다임 바꾼 '괴짜들의 왕'
리누스 토발즈 : 리눅스

〈Linus Torvalds〉 wikipedia.org

〈Linux kernel〉 wikipedia.org

〈Linux Foundation〉 wikipedia.org

〈Richard Stallman〉 wikipedia.org

〈[-용어로 보는 IT] 우분투 (Ubuntu)〉 네이버캐스트, 2013.2.8, 이지영

〈리눅스의 역사와 배포판 종류를 알아보자〉 전자신문, 2009.4.2, 차상국

〈리눅스의 유래〉 컴퓨터로 만드는 세상 (블로그), 2012.12.26

〈리눅스 [Linux]〉 Naver 지식백과 - 시사상식사전

〈GNU/Linux〉 Naver 지식백과 - 정보자본 (커뮤니케이션북스 2013), 백욱인

〈[그가 게임 룰을 바꿨다] '리눅스의 아버지' 리누스 토발즈〉 전자신문, 2014.1.19, 안호천

〈리눅스와 오픈소스 IT역사를 다시 쓰다〉 컴퓨터월드, 2013.11.3, 한상곤

〈[기획]리눅스 창시자 '리누스 토발즈', "PC 시장에서도 리눅스 시대 열려"〉 전자신문, 2012.10.10, 성현희

〈20살 된 리눅스의 추억〉 디지털데일리, 2011.08.26, 이민형

〈[김상훈 기자의 That's IT]생큐! 리눅스 20년〉 동아일보, 2011.08.24, 김상훈

〈토발즈가 밝히는「오픈소스 솔라리스와 리눅스 개발 철학」〉 CNET Networks (ZDNet Korea), 2004.12.23, Stephen Shankland

〈"상업성과 순수성은 충돌하지 않는다"…리눅스창시자 리누스 토발즈〉 아이뉴스24, 2002.12.12, 황치규

《리눅스 그냥 재미로》 리누스 토발즈 · 데이비드 다이아몬드 지음, 한겨레신문사, 2001.4.20

32. 기술 공유로 1인 생산 시대를 열다
에이드리언 보이어 : 렙랩 연구소

〈RepRap Project〉 wikipedia.org

〈Adrian Bowyer〉 wikipedia.org

〈3D printing〉 wikipedia.org

〈3D프린터, 넌 못하는 게 뭐냐?〉 헤럴드경제, 2014.1.10, 이슬기

〈[3차 산업혁명 '3D 프린터']미래를 바꿀 7대 혁신 기술…3D 프린터 하나로 미니 공장 차린다〉 매경이코노미, 2013.11.25, 강승태, 서은내

〈[2020년 대한민국] '제3의 산업혁명' 이끌 마법 상자 전면 등장〉 한경비즈니스, 2014.1.27, 이홍표

〈핵심특허 만료…가격파괴 원년〉 이코노미스트, 2014.1.14, 김태윤

〈3D 프린터〉 네이버캐스트, 2012.1.29, 이정아

〈IT 접목한 '똑똑한 제조업' 美日獨 날고, 한국은 기고…〉 동아일보, 2014.1.16, 이상훈, 문병기, 정임수

〈〈PRNewswire〉RS Components와 RepRapPro, 전 세계 엔지니어들에게 3D 인쇄기술 제공〉 연합뉴스, 2013.12.04

〈3D 프린팅, 개인 생산 시대를 연다〉 LG경제연구원, 2013.10.7, 홍일선, 서기만

〈'3D프린터' 확산에 가장 큰 걸림돌은 '안전'〉 전자신문, 2014.1.7, 안호천

〈가격도 성능도 점점 좋아지는 '3D프린터'〉 전자신문, 2014.1.15, 안호천

〈3D 프린터, 1년 이내에 본전 뽑는다〉 IT World, 2013.8.2, Lucas Mearian

〈[조선일보 창간 90주년 특집] [2030 미래를 가다] [1] 물건을 '인쇄'한다: 英 렙랩 연구소〉 조선닷컴, 2010.3.5, 조인원

33. 웹 2.0 창안한 'IT계의 앨빈 토플러'
팀 오라일리 : 오라일리 미디어

〈Tim O'Reilly〉 wikipedia.org

〈O'Reilly Media〉 wikipedia.org

〈[아이뉴스 24 창간 6년] "웹 2.0에서 희망의 씨앗을"〉 아이뉴스24, 2006.3.19, 김익현

〈팀 오라일리 "불법 공유? 진짜 무서운 건 무관심" 블로터, 2012.5.23, 정보라

〈[Hello Guru] '웹 2.0 시대' 창시자에게 웹의 미래를 묻다〉 매일경제, 2012.6.8, 손재권, 황미리

〈팀 오라일리를 통해 보는 차괴적 혁신〉 하이컨셉 & 하이터치 (블로그), 2011.4.25

〈팀오라일리(Tim Oreily) 가 말하는 3가지 교훈〉 JK's World - Things to do while you're alive (블로그) 2008.7.6

《열린 정부 만들기》 팀 오라일리, 다니엘 래드롭, 로렐 루마 지음 · CC Korea 옮김, 에이콘 출판, 2012.2.29

《빅 데이터 어떻게 활용할 것인가》 오라일리 미디어 지음 · 배장열 옮김, 제이펍, 2013.7.31

34. 세계 최대 모바일 플랫폼을 만들다
앤디 루빈 : 구글

〈Android Creator Andy Rubin Launching Playground Global Firm to provide support, advice to tech startups making devices〉 Wall Street Journal, 2015.4.6, Alistair Barr/Daisuke Wakabayashi

〈Andy Rubin〉 wikipedia.org

〈Android OS〉 wikipedia.org

〈Google's Rubin: Android 'a revolution'〉 CNET, 2009.5.21, Tom Krazit

〈Update from the CEO〉 Google Official Blog, 2013.3.13, Larry Page

〈I, Robot: The Man Behind the Google Phone〉 The New York Times, 2007.11.4, John Markoff

〈Google's Andy Rubin Gives a Flash of Tablet Future〉 All Things D, 2010.12.6, Ina Fried

〈앤디 루빈 군단, 이번엔 로봇으로 일낸다〉 ZDNet Korea, 2013.12.5, 이재구

〈구글, 모토로라 인수에 결적적 역할… '안드로이드의 아버지' 루빈 부사장〉 국민일보, 2011.8.18, 김아진

〈앤디 루빈이 말하는 안드로이드 개발 비화… "원래는 카메라 OS였다"〉 CIO Korea, 2013.4.17

〈[SMART PEOPLE] 안드로이드의 아버지 앤디 루빈〉 앱스토리 매거진, 2012.9.5, 김준혁

〈[월드피플]구글 제국 '숨은 공신' 앤디 루빈〉 이데일리, 2011.8.18, 임일곤

〈[트렌드] 스마트폰 모바일 OS의 변천사〉, 2012.7.30, 정환용

〈거의 모든 IT의 역사 (87) - 안드로이드의 탄생비화〉 하이컨셉 & 하이터치 (블로그) 2011.1.31

35. 제조업 2.0 시대를 연 메이커 운동의 상징
짐 뉴튼 : 테크숍

〈TechShop〉 wikipedia.org

〈Welcome〉 techshop.ws

〈TechShop Executive Management Team〉 techshop.ws

〈Jim Newton, patron saint of do-it-yourselfers〉 CNN, 2012.10.9

〈Case Study #2: The Inventor's Best Friend〉 Inc., 2007.07.01, Mike Hofman

〈Meet Jim Newton, Founder of TechShop: "TechShop was created because I wanted my own dream shop"〉 Novedge, 2013.3.5, Aurora Meneghello

〈Jim Newton TechShop Founder와의 대화〉 wooksoon (블로그) 20011.9.11

〈[스마트클라우드쇼 2011] '1인 제조시대' 짐 뉴튼 테크숍 회장〉 조선비즈, 2011.8.17, 류현정

〈[스마트클라우드쇼 2011] 테크숍 CEO "시민발명가 집단이 온다"〉 조선비즈 2011.8.25, 류현정

〈美 테크숍 "창업의 꿈 이뤄 드립니다"〉 한국경제, 2012.5.8, 김병근

part 7 소통의 지평을 넓히다

36. IT로 도시 문제를 해결하다
제니퍼 폴카 : 코드 포 아메리카

〈About〉 codeforamerica.org

〈Code for America〉 wikipedia.org

〈Jennifer Pahlka〉 wikipedia.org

〈About〉 codeforamerica.org

〈Jennifer Pahlka - Speaker〉 ted.com

〈Interview with Jennifer Palka - Audio〉 National Center for Women & Information Technology, 2012.1.2, Lucy Sanders, Larry Nelson

〈U.S. Government Open-Sources IT Dashboard to Help Cut Tech Costs〉 mashable.com, 2011.3.31, Jolie O'Dell

〈[단체소개] Code for America〉 한국자원봉사문화 블로그, 2012.8.17

〈공공정보 구슬 꿰어 보배 만들어보아요〉 한겨레21, 2013.3.8, 박현정

〈오픈의 탄생, 그리고 미래〉 블로터, 2010.8.27, 김재연

〈시민들이 소화전 주변의 눈을 자발적으로 치우게 할 수 있을까〉 조용호의 변화하는 세상읽기 (블로그), 2012.7.16, 조용호

〈더 나은 정부, 시민 손으로 코딩하자〉 블로터, 2012.7.27, 강현숙

〈팀 오라일리의 사인 "Let's Make Government Work!"〉 Creative Commons Korea, 2012.7.13, Codenamu

〈2012 서울디지털포럼 정부2.0 심화세션, 어떤 이야기가 오고갔을까?〉 Creative Commons Korea, 2012.5.31

〈"공공정보 개방, 이렇게 해보자"〉 블로터, 2012.5.24, 정보라

〈[칼럼]민주주의를 지키는 아마추어의 시대가 온다〉 청년의사, 2013.3.5, 정지훈

37. 보통 사람들의 스토리로 다시 쓰는 역사
데이비드 아이세이 : **스토리코어**

〈David Isay〉 wikipedia.org

〈StoryCorps〉 wikipedia.org

〈Richard Isay〉 wikipedia.org

〈National Day of Listening〉 wikipedia.org

〈David Isay Wins 2015 TED Prize for StoryCorps, an Oral History Project〉 The New York Times, 2014, Noam Cohen

〈Everyone around you has a story the world needs to hear〉 ted.com, 2015. 3, Dave Isay

〈매일춘추- 데이브 아이세이(Dave Isay)〉 매일신문, 2010. 2. 9, 김정학

〈StoryCorps Founder Dave Isay Documents Everyday Lives〉 "One On 1 with Budd Mishkin" (video series), NY1, 2011.5.9, Budd Mishkin

〈Ordinary people tell StoryCorps their love stories〉 USA TODAY, 2012.2.6, Bob Minzesheimer

〈Person of the Week: David Isay〉 ABC News, American Broadcasting Company, 2005.5.20

〈Dr. Richard Isay, Lover and Fighter, Dies at 77〉 gaycitynews.nyc, 2012.7.4, Andy Humm

〈개인의 이야기로 기록하는 역사〉 블로그 출저, 2010.8.12, 최하나

《고마워요 엄마 (이야기 집단이 찾아낸 가슴 뭉클한 우리 어머니들의 이야기)》 데이브 아이세이 지음 · 권혁 옮김, 돋을새김 2011.6

38. 고향집 침대에서 세상을 바꾼 소년
피트 캐시모어 : **매셔블**

〈Pete Cashmore〉 wikipedia.org

〈Mashable〉 wikipedia.org

〈Pete Cashmore - 2012 Time 100: The World's 100 Most Influential People〉 Time, 2012.4.18

〈Mashable's Pete Cashmore: 'I Obsessively Looked at the Numbers'〉 Inc.com, 2012.12.26, Chris Beier

〈CNN Is Said to Be in Talks to Acquire Mashable〉 The New York Times, 2012.3.12, Brian Stelter

〈Twitter lists and real-time journalism〉 CNN.com, 2009.11.4, Pete Cashmore

〈Success Secrets of Pete Cashmore who started blogging at age 19〉 mybloggertricks.com, 2013.5.18, Nida Zaidi

〈Pete Cashmore Most Influential Blogger (Updated)〉 justinterview.blogspot.com, 2013.4.27

〈[창간 13년] IT언론, 작은 것이 더 강하다〉 아이뉴스24, 2013.03.19, 김익현

〈CNN과 합병 앞둔 매셔블 창업자 '피터 캐시모어'〉 하이퍼텍스트 (티스토리 블로그), 2012.3.14, 작성자 엑스리브리스

〈'스타워즈' 방불케하는 IT 저널리즘 현장〉 하이퍼텍스트 (티스토리 블로그), 2012.5.18, 작성자 엑스리브리스

39. 세계의 교실을 연결하는 록스타 티처
살만 칸 : 칸 아카데미

〈Khan Academy〉 wikipedia.org

〈Salman Khan〉 wikipedia.org

〈End of an Era: Google's Very First Employee, Craig Silverstein - Technically, No.3 - Leaving〉 All Things Digital, 2012.2.9, Kara Swisher

〈Salman Khan: Let's use video to reinvent education〉 Ted.com, 2011.3, Salman Khan

〈Meet the Team〉 khanacademy.org (https://www.khanacademy.org/about/the-team)

〈$10 million for Project 10^10 winners〉, Google Official Blog, 2010.9.24, Lorraine Twohill

〈Bill Gates' favorite teacher〉 Fortune Magazine, 2010.8.24, David A. Kaplan

〈칸 아카데미가 인기있는 이유〉 Venture Square 블로그 출처, 2010.1.20, SMATOOS

〈'착한 구글' 상징이던 1호 직원 크레이그 사표를 던지다〉 중앙일보, 2012.2.13, 이나리

part 8 지구촌 문제에 도전하다

40. 전 세계 사회 혁신가들의 후원자
빌 드레이튼 : 아쇼카

〈Bill Drayton〉 wikipedia.org

〈About〉 ashoka.org

〈Bill Drayton〉 ashoka.org

〈Start Following Your Dreams, Stop Worrying About What You're 'Supposed To Do'〉 Linkedin - Pulse, 2013.3.12, Bill Drayton

〈Bill Drayton Receives the 2013 Benjamin Franklin Creativity Laureate Award〉 ashoka.org, 2013.3.19

〈COVER STORY ②|세상을 바꾸는 CEO들〉 이코노믹리뷰, 2006.6.20

〈['사회적 기업'이 희망이다]Ⅲ - (1)지원펀드 - 아쇼카 재단〉 경향신문, 2007.11.4, 최희진

〈아쇼카 재단 설립자 "한국사회 변화하려면 '체인지메이커' 길러라"〉 뉴시스, 2010.6.3, 류난영

〈"좋은 세상을 원한다면 변화창조자가 돼라"〉 머니투데이, 2010.6.7, 이경숙, 이언주

〈[Close-up] 방한한 아쇼카 재단 창립자 빌 드레이튼 대표〉 중앙일보, 2010.6.4, 서경호

〈세계 Top 10 사회적 기업가를 찾아서 ②'아쇼카 재단' 창업자 빌 드레이튼〉 조선일보 2010.5.18, 오혜정

《보노보 혁명》 유병선 지음, 부키, 2007.12.27.

41. 폐품으로 명품 만드는 친환경 브라더스
마커스 프라이탁, 다니엘 프라이탁 : 프라이탁

〈Freitag〉 wikipedia.org

〈Bags of cash from cast-offs〉 Financial Times, 2012.1.04., Haif Simonian

〈Freitag〉 Magazine B, November 2011.

〈Freitag: Out of the Bag〉 Prestel Pub., 2011, Renate Menzi

42. 소외된 8억 명을 위한 디자인 혁명
폴 폴락 : 국제개발기업

〈Paul Polak〉 wikipedia.org

〈International Development Enterprises〉 wikipedia.org

〈About Paul〉 paulpolak.com

〈Out of Poverty: What Works When Traditional Approaches Fail〉 Berrett-Koehler, 2009, Paul Polak

〈적정기술 (Appropriate Technology)〉 네이버캐스트, 2012.4.9, 장하원

〈인류의 가치를 높이는 '진짜기술'〉 한겨레21, 2013.11.15, 이희욱

〈딱 있을 곳에 있는 기술은 아름답다〉 한겨레21, 2012.8.10, 정은주

〈캄보디아 자원봉사 갈 때 필요한건 뭐?〉 동아사이언스, 2012.7.15, 김규태

〈[DT 광장] 빈곤 탈출의 통로, 적정기술〉 디지털타임스, 2012.6.18, 이성범

〈"빈민도 고객이다"…'적정기술'에 주목하라〉 노컷뉴스, 2012.5.28, 장규석

〈이머징 이슈 - 적정기술〉 전자신문, 2011.07.27, 황태호

〈[창간특집] 소외된 90%를 위한 '국경없는 적정기술'〉 이투뉴스, 2012.04.30, 이준형

〈지속가능한 삶의 기술, 적정기술(Appropriate Technology)을 만나다〉 자립하는 삶을 만드는 적정기술 센터 - 카페, 2013.07.15

《소외된 90%를 위한 비즈니스 - 모두를 행복하게 만드는 새로운 발상》 폴 폴락 · 맬 워윅 지음, 이경식 옮김, 더퀘스트, 2014. 1. 15

《적정기술 그리고 하루 1달러 생활에서 벗어나는 법》 폴 폴락 지음 · 박슬기 옮김, 새잎, 2012.6.8

43. 풀뿌리 소비자 운동의 역사를 바꾸다
브루스 크라우더 : 공정무역

〈Fairtrade Town〉 wikipedia.org

〈Fairtrade Towns〉 fairtradetowns.org

〈The Fig Tree〉 fairtradecentre.org

〈Two royal honours for Fairtrade pioneers〉 Fairtrade Foundation Press, 2009.01.06

〈The Fairtrade Towns Story〉 Cities for MDGS, Bruce Crowther

〈Bruce Crowther - Founder, Fairtrade Town Movement and Fair Trade Activist〉 Green Solutions Magazine, 2011.08.07

〈The Fair Trade Revolution〉 Pluto Press, 2011.01.15, Editor John Bowes (Editor)

〈건강에서 환경, 이젠 사회로… 진화하는 '착한 소비'〉 한겨레, 2009.2.27, 이원재

〈공정무역은 세상을 어떻게 바꿀 수 있을까?〉 수이북스 공식 블로그, 2012.5.9

〈공정무역 (Fair Trade)과 여성일자리〉 서울시 여성가족재단, 2010.12

〈영국에서 급성장하는 Fair trade제품〉 맥반석 (네이버 블로그), 2005.7.22, 작성자 어부바

〈세계최초의 공정무역 마을 가스탕 이야기〉 SooTory (티스토리 블로그), 2013.3.29, 작성자 수아띠

〈공정무역의 세계: '공정'은 '발전'의 또 다른 이름〉 쿠켄 네이버캐스트, 2013.5.01, 정연주

〈공정무역으로 제3세계에 지속가능한 희망을〉 peoplepower21.org, 2007.3.1, 박창순

〈대안경제아카데미 예스이노베이션(2) - 공정무역〉 newspower.co.kr, 2008.9.9, 이범진

〈런던올림픽 #1 - 올림픽은 공정하게 공정무역으로〉 베네핏 시리즈 (네이버 블로그), 2012.7.24, 이지수

〈[이사람] "한국 공정무역 활동 신나 보이던데요"〉 한겨레, 2013.5.12, 박기용

〈공정무역으로 성장한 도시, 영국의 가스탕에게 배운다〉 아시아공정무역네트워크 (네이버블로그), 2012.08.16, 작성자 아공네

체인지 메이커

초판 1쇄 인쇄 2015년 12월 23일 | 초판 1쇄 발행 2015년 12월 30일

지은이 이나리
펴낸이 김영진

본부장 조은희 | 사업실장 김경수
책임편집 차재호
디자인 팀장 신유리 | 디자인 당승근
영업 이용복, 방성훈, 정유, 류다현

펴낸곳 (주)미래엔 | 등록 1950년 11월 1일(제16-67호)
주소 137-905 서울시 서초구 신반포로 321
미래엔 고객센터 1800-8890
팩스 (02)541-8249 | 이메일 bookfolio@mirae-n.com

ISBN 978-89-378-2215-5 03320

* 와이즈베리는 ㈜미래엔의 성인단행본 브랜드입니다.
* 책값은 뒤표지에 있습니다.
* 파본은 구입처에서 교환해 드리며, 관련 법령에 따라 환불해 드립니다.
  단, 제품 훼손시 환불이 불가능합니다.

와이즈베리는 참신한 시각, 독창적인 아이디어를 환영합니다.
기획 취지와 개요, 연락처를 bookfolio@mirae-n.com으로 보내주십시오.
와이즈베리와 함께 새로운 문화를 창조할 여러분의 많은 투고를 기다립니다.

「이 도서의 국립중앙도서관 출판시도서목록(CIP)은 서지정보유통지원시스템 홈페이지(http://seoji.nl.go.kr)와
국가자료공동목록시스템(http://www.nl.go.kr/kolisnet)에서 이용하실 수 있습니다.
(CIP제어번호: CIP2015030851)」